O PLANO FLORDELIS

VERA ARAÚJO

O PLANO FLORDELIS
BÍBLIA, FILHOS E SANGUE

Copyright © Vera Araújo, 2022

Preparação
KATHIA FERREIRA

Revisão
EDUARDO CARNEIRO
RAYANA FARIA

Checagem
MARIANA FILGUEIRAS

Foto de Capa e infográfico
MARCELO THEOBALD | AGÊNCIA O GLOBO

Design de capa e miolo
MARCELO PEREIRA | TECNOPOP

Diagramação
ILUSTRARTE DESIGN E PRODUÇÃO EDITORIAL

Este livro foi publicado antes do julgamento de Flordelis, que foi adiado em duas ocasiões - a saber, 09/05/2022 e 06/06/2022. A obra poderá sofrer atualizações após o resultado do julgamento.

cip-brasil. catalogação na publicação
sindicato nacional dos editores de livros, rj

A692p

    Araújo, Vera.
       O plano Flordelis : bíblia, filhos e sangue / Vera Araújo. - 1. ed. - Rio de Janeiro : Intrínseca, 2022.
       296 p. ; 21 cm.

    ISBN 9786555604702

22-78743
                                            CDD: 923.2
                                           CDU: 929:32(81)

     1. Flordelis, 1961-. 2. Carmo, Anderson do. - Assassinato. 3. Políticos - Biografia - Brasil. 4. Igreja protestante - Clero - Biografia. I. Título.

Gabriela Faray Ferreira Lopes - Bibliotecária - CRB-7/6643

[2022]
Todos os direitos reservados à
Editora Intrínseca Ltda.
Rua Marquês de São Vicente, 99/6º andar
22451-041 – Gávea
Rio de Janeiro – RJ
Tel./Fax (21) 3206-7400
www.intrinseca.com.br

1ª edição
AGOSTO DE 2022
impressão
BARTIRA
papel de miolo
PÓLEN NATURAL 80g/m²
papel de capa
CARTÃO SUPREMO ALTA ALVURA 250g/m²
tipografia
SCALA

NÚCLEO MAIS PRÓXIMO DE
FLORDELIS E ANDERSON   6
1. FLORDELIS, A MENINA VIDENTE   9
2. FORA DA LEI. E DAÍ?   30
3. AS ENGRENAGENS DA FAMÍLIA   55
4. FILME, CD, PREGAÇÃO E SHOW   72
5. A VOLTA POR CIMA NA POLÍTICA   94
6. MATARAM O PASTOR   112
7. O ÓDIO, A ARMA E OS CELULARES   137
ENCARTE   161
8. SETE FILHOS E UMA NETA NA CADEIA   172
9. COM A PALAVRA, AS TESTEMUNHAS   197
10. A PASTORA NO BANCO DOS RÉUS   224
11. QUEBRA DE DECORO   252
EPÍLOGO: SALVANDO VIDAS   279
AGRADECIMENTOS   295

Núcleo mais próximo de Flordelis e Anderson

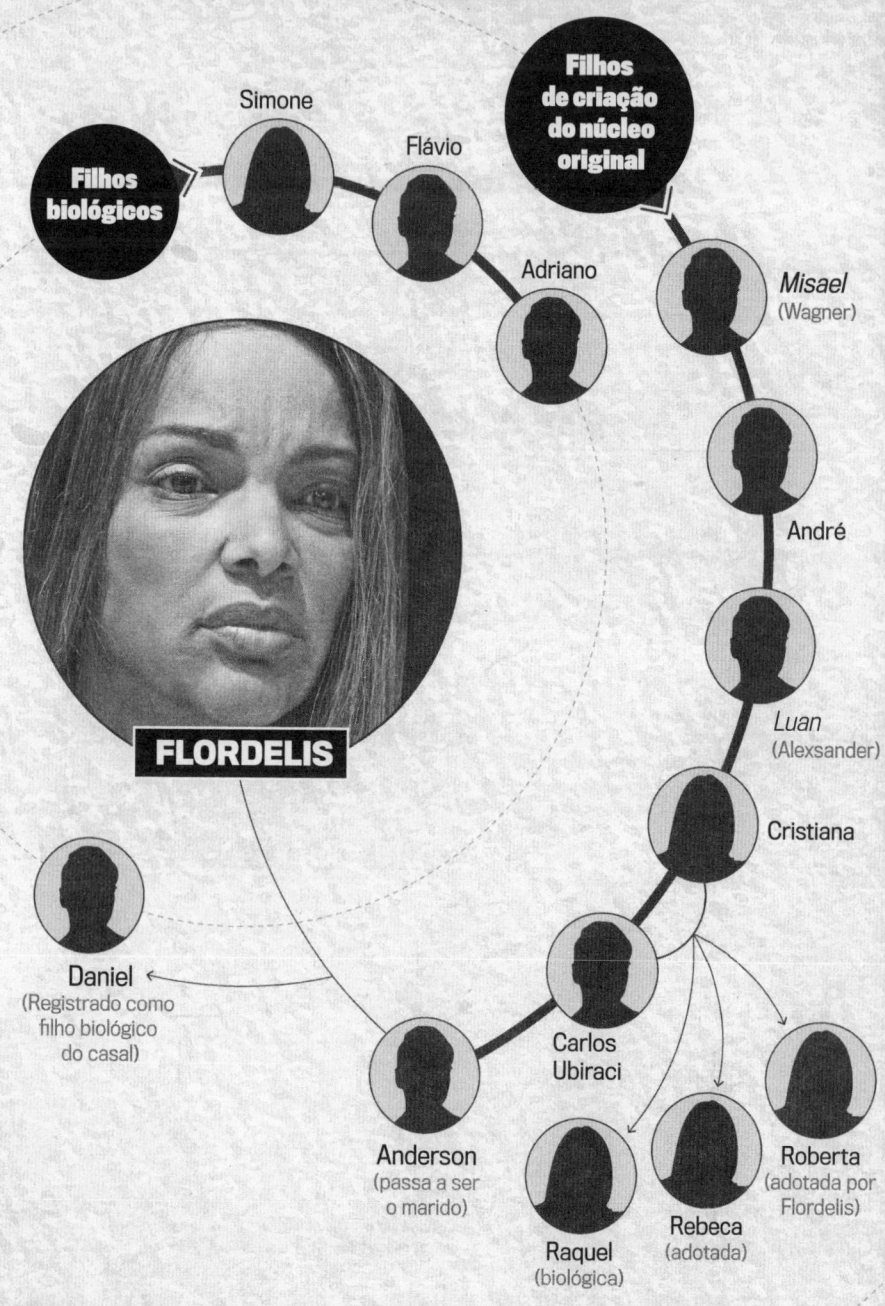

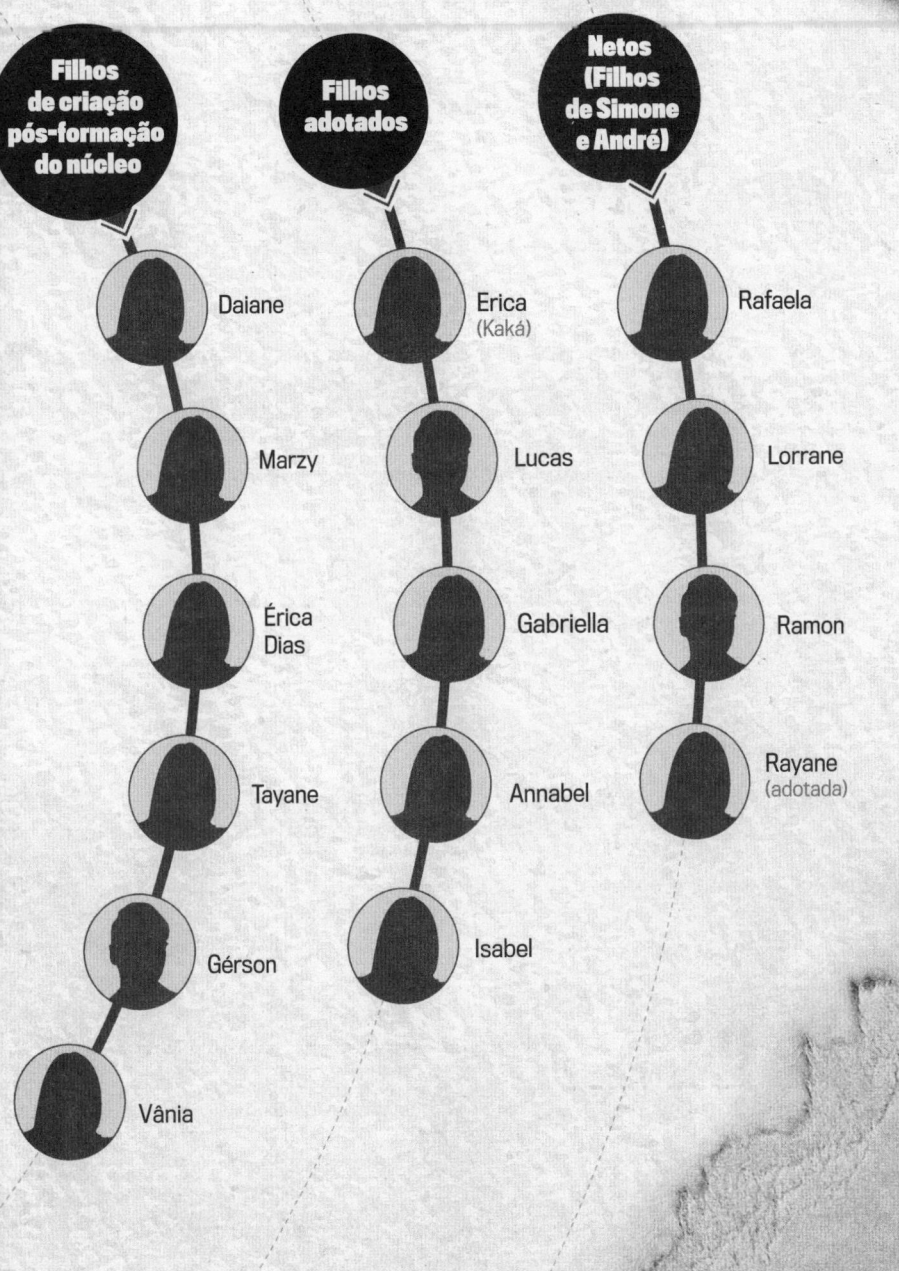

1. FLORDELIS, A MENINA VIDENTE

"Cadáver de um homem de cor branca, medindo cerca de 1,75 metro de estatura, de compleição física mediana, aparentando bom estado de nutrição e cerca de 42 anos de idade." Na fria descrição da autópsia, preenchida às 12h18min26s do dia 16 de junho de 2019, o funcionário do Instituto Médico-Legal de Niterói, na Região Metropolitana do Rio de Janeiro, atestou que o corpo continha trinta perfurações feitas por arma de fogo. E observou que a bala que atingira a cabeça do sujeito, mais precisamente o ouvido direito, fora disparada a curta distância, já que esse lado do rosto apresentava resíduos de pólvora não queimados. Foi essa mancha ao redor da perfuração, apelidada "tatuagem" na linguagem forense, que revelou que o tiro fatal fora desferido "à queima-roupa". O perito que assinou o Laudo de Exame de Necropsia não distinguiu, porém, o número de orifícios decorrentes da entrada de projéteis no corpo do número de orifícios abertos em consequência de sua saída, informação crucial para que se pudesse determinar a quantidade de balas detonadas.

Sabe-se somente que, das trinta perfurações, nove se concentraram na região pélvica e nas coxas, sugerindo, segundo os investigadores, um ato de vingança de cunho sexual. A vítima, que estava apenas de cueca ao ser alvejada naquela madrugada à porta de casa, na região administrativa de Pendotiba, parte do município de Niterói, chamava-se Anderson do Carmo de Souza. De fato, tinha 42 anos, mas não era branco, como registrado na necropsia. Era pardo, tal qual a maioria de seus "55 filhos". Pastor evangélico, era casado com a deputada federal Flordelis dos Santos de Souza, filiada ao PSD (Partido Social Democrático). Também pastora evangélica e cantora gospel de renome, Flordelis tinha 58 anos, dezesseis a mais que o marido, principal mentor de suas carreiras religiosa, artística e política.

Não se tratava de um homicídio comum. Intrigante, sobretudo por envolver como suspeitos a esposa da vítima e alguns dos filhos dela, biológicos ou não, o crime surpreenderia o país também por desvelar uma complexa teia articulada pelo casal a partir do uso da religião, da família, da mídia, da tribuna parlamentar e do convívio com celebridades para angariar prestígio, poder e dinheiro. A fama da pastora e cantora Flordelis teve início nos anos 1990, quando a imprensa fez reportagens sobre o seu excêntrico núcleo familiar, formado por dezenas de "filhos". À exceção de seus três filhos biológicos, ela dizia que todos os outros eram legalmente adotados — uma inverdade. Eram filhos afetivos, filhos de criação — conforme se denomina essa condição —, em geral deixados por parentes sob os cuidados da "Mãe Flor", como a pastora era chamada dentro de casa.

Ao que tudo indica, boa parte da saga de Flordelis teve suas sementes plantadas décadas antes por sua mãe, Carmozina Motta. A invulgar trajetória de vida de Carmozina, tomada como modelo pela filha predileta, teceria o pano de fundo das incríveis semelhanças entre os caminhos que cada uma seguiu — tanto no modo extravagante de conduzir o cotidiano da parentela quanto no modo obsessivo de lidar com a vocação missionária. Para as duas, a ambição maior era ter uma igreja para chamar de sua. Ou várias.

* * *

Carmozina Motta tinha 9 anos no verão de 1942, quando seus pais, ela e os treze irmãos deixaram a zona rural de Itaperuna, no norte fluminense, em busca de melhores oportunidades de emprego e moradia na cidade do Rio de Janeiro. Escolheram viver na incipiente favela do Jacarezinho, que se integrava ao Jacaré, uma espécie de subdivisão do bairro do Engenho Novo, na Zona Norte da cidade. Afinal, além de próxima do Centro, a região se mostrava economicamente promissora por oferecer trabalho em fábricas recém-erguidas em meio a instalações decadentes de antigos engenhos. A maioria das favelas cariocas foi surgindo assim, a partir da ocupação desordenada de fazendas na periferia da cidade — uma ocupação à margem do Estado e, portanto, sem saneamento básico ou infraestrutura. Não foi diferente com a comunidade do Jacarezinho, que se desenvolveu entre o rio Jacaré e a fábrica Cruzeiro, no exato local onde, até 1920, havia uma chácara.

Nos anos 1950, com o adensamento de moradias e casebres pelas redondezas, um dos donos da fábrica de lâmpadas Cruzeiro — empreendimento que, àquela altura, já tivera seu nome trocado para GE (General Electric do Brasil) e se tornara o mais importante do Jacarezinho — chegou a recorrer à Justiça para reaver o terreno. Não conseguiu. O local fora tomado por famílias de operários, e Carmozina e seus irmãos estavam entre esses trabalhadores. O fluxo de novos moradores se manteria intenso na região, que adquiriu de vez o perfil de reduto operário, em especial a partir dos primeiros anos da década de 1960, quando Carlos Lacerda, à frente do então governo da Guanabara, estimulou fortemente o desenvolvimento urbano e industrial do estado.

Assim, Jacaré virou um complexo de empresas de grande porte, caso da Fábrica de Tecidos Nova América, da Cisper

Indústria e Comércio, da CCPL (Cooperativa Central de Produtores de Leite Ltda.), entre muitas outras. De sub-bairro de apenas quinze ruas, em 1981 o Jacaré foi alçado à condição de bairro. Em 1992, a favela do Jacarezinho, com sua extraordinária expansão, também seria oficializada bairro. Hoje, com quase 90 anos, Carmozina, única sobrevivente da família que migrou naquele verão de 1942, impressiona quem a ouve pela lucidez e pela memória vívida de sua chegada na então capital do país:

— Morei com meus pais na rua João Pinto, 51. Era muito bom de morar, mas era uma pobreza só. Não tinha essa quantidade de casas que tem nos dias de hoje. A Praça da Concórdia [*ponto de referência na favela*] era um campo de futebol. Tinha muito mato, árvore e espaço para as crianças brincarem.

Sentada na cama de sua residência, ela lembra que os Motta se distinguiam na favela. Enquanto a maioria dos moradores provinha de Pernambuco, Ceará, Paraíba, Rio Grande do Norte e Bahia, perfazendo o longo e sofrido trajeto do êxodo nordestino em direção ao Sudeste, a família de Carmozina percorrera apenas 300 quilômetros para fincar raízes no Jacarezinho. Mas todos se irmanavam na busca por melhores condições de vida. E todos se ajudavam, destaca Carmozina, sobretudo as mulheres, uma característica que marcaria por décadas a fio a rotina daquelas famílias. Sem amparo de nenhum poder constituído, a tendência mesmo era que buscassem acolhida na religiosidade e nas vizinhanças, muitas vezes criando leis próprias.

Em 1951, por exemplo, com apenas 18 anos, Carmozina tomou uma decisão que posteriormente inspiraria alguns de seus descendentes. Quando a mulher de um irmão seu morreu durante o parto, a jovem assumiu para si a responsabilidade sobre a recém-nascida. Numa época em que não havia rigidez no controle das emissões de certidão de nascimento, Carmozina registrou a bebezinha como filha em 8 de novembro daquele ano sem o acompanhamento de nenhum representante do Juizado de Menores. Deu-lhe o nome de Laudiceia.

— Eu era solteira quando peguei ela [Laudiceia] para criar. Meu irmão ficou sem chão. Como ele iria criar uma filha sem mãe? Eu registrei a criança no meu nome, inclusive. Ela sempre me chamou de "mãe".

A menina Laudiceia tinha 1 ano quando Carmozina engravidou do namorado e foi morar com ele, levando-a junto. Logo nasceria Amilton, primeiro filho do casal. Em seguida, Eliane. E aí veio o trauma, repentino. Aos 22 anos, com três crianças para criar, a jovem se viu abandonada pelo companheiro. Desesperada, conseguiu um emprego numa fábrica de papel-carbono, na rua Viúva Cláudio, uma das principais da região, cada vez mais desfigurada por becos e vielas apinhadas de barracos, a formar o visual que a favela tem até hoje. Era tanta gente que até nas praças se erguiam moradias. O crescimento também se dava de forma vertical, com a construção de sobrados ou "puxadinhos" na laje que fazia as vezes de telhado das casas. A mãe de Carmozina preocupava-se com ela e a aconselhava a casar-se novamente. A filha, contudo, estava irredutível.

— O primeiro casamento durou pouco — lembra a ex--operária em tom ressentido. — Não deu certo. Tanto é que eu não queria mais ninguém na minha vida, não queria mais ninguém, não.

Mas havia quem quisesse se casar com ela: o operário Francisco Jorge dos Santos, colega dos irmãos de Carmozina.

— Eu estava tranquila, trabalhando na fábrica de papel-carbono, quando conheci Francisco. Ele tinha jeito com arte — menciona ela, contando que o pretendente chegara a ajudar na confecção de cenários para a TV Globo e deixando claro que fugia dele, mas que Francisco a cercava pelos cantos e pedia aos irmãos dela que a convencessem de que suas intenções eram sérias. — Ele disse que queria namorar comigo. Insistiu muito. Quando eu saía do trabalho, lá estava ele, esperando na porta. Dava coisas para as crianças. Mandava frutas, vitaminas, biscoitos. Mesmo sem estar comigo, ele sempre pensava nos meus filhos. Fazia tudo para me agradar, mas eu tinha medo de ficar com ele. Era namorador. Mamãe dizia: "Eu vou morrer e você vai ficar sozinha com três crianças. Fica com ele. Assim morro em paz."

Desde que sofrera um derrame, a mãe de Carmozina não saía da cama.

— Ela estava com o lado direito esquecido — explica a filha, referindo-se ao acidente vascular. — Ela me pediu chorando [*para casar de novo*]. Aí eu resolvi atender. Fiquei com ele.

***

Francisco e Carmozina se casaram e foram morar, na casa da mãe dela, no número 51 da rua João Pinto. Carmozina sempre fora uma mulher de fé, mas só depois do casamento tornou-se crente fervorosa. Francisco, que não era devoto, foi influenciado pela esposa e passou a frequentar a Assembleia de Deus do Jacarezinho com ela. Boa parte dos moradores na favela se dizia evangélica, o que contribuía para que se estabelecessem laços de confiança e solidariedade nas vizinhanças. O vínculo com a igreja, a mais rígida entre todas as de orientação pentecostal, foi fundamental na vida de Francisco e Carmozina.

Tendo por base os ensinamentos da Bíblia, a serem seguidos na prática cotidiana da fé, a Assembleia de Deus impunha regras muito claras de comportamento, entre as quais se incluía até mesmo o tipo de vestimento considerado adequado: terno para os homens; blusas com mangas, nenhuma transparência, vestidos e saias abaixo dos joelhos para as mulheres. As esposas deveriam ser submissas aos maridos e, para que os fiéis alcançassem a prosperidade, deveriam encaminhar à congregação o dízimo, isto é, 10% de seu salário, como prova de lealdade e temência a Deus.

Embaladas pelo movimento carismático que se espalhou pelos Estados Unidos entre as décadas de 1960 e 1970, as igrejas pentecostais de todo o mundo começaram a animar seus cultos com música. Não foi diferente no Brasil. Talentoso, Francisco participava dos cânticos tocando sanfona. Marido e mulher também viraram obreiros, ajudando nas tarefas da congregação, e missionários, pregando o Evangelho onde fosse possível. Foi nesse ambiente de fé e veneração que nasceu o primeiro bebê do casal, em 5 de fevereiro de 1961. Uma menina: Flordelis dos Santos. Dois anos depois, chegaria o caçula: Fábio. Eram agora cinco filhos na casa de Carmozina e Francisco: Flordelis e Fábio, filhos de ambos; Amilton e Eliane, filhos do primeiro casamento de Carmozina; e Laudiceia, a sobrinha registrada como filha.

Francisco fazia questão de batizar os meninos e os ensinava a tocar e cantar. Beneficiada pela genética, a pequena Flordelis, muito afinada, logo se destacou nos cantos evangélicos. Fábio fazia sucesso com cavaquinho, guitarra e bateria. Entusiasmado, o pai criou o Grupo Evangélico Angelical, uma banda formada por ele, os dois filhos e mais quatro fiéis da Assembleia de Deus. Assim, a notícia sobre a descontração e a alegria nos cultos do Jacarezinho chegou a templos até de outros estados, e não raro o grupo era convidado a se apresentar fora de sua jurisdição, lotando a Kombi da igreja de gente e de instrumentos em seus deslocamentos.

Alguns anos depois, a família se mudaria para uma casa na rua Guarani, com dois quartos, sala, cozinha e banheiro.

Na avaliação de Carmozina, a infância das cinco crianças foi boa, "seguindo os ensinamentos da Assembleia de Deus". Ela admite que "Flor", como chama a filha com Francisco, sempre foi sua predileta. Percebendo o carisma da menina ao entoar os cantos sagrados, Carmozina, que além de pregar o Evangelho oferecia aconselhamento aos frequentadores da igreja, sentiu-se mais do que nunca motivada a intensificar a própria devoção a Deus.

— Flordelis foi uma criança abençoada. Um milagre de Deus na minha vida. Criei todos na igreja, mas ela sempre se destacou. Com 5 anos já pregava e cantava nos cultos. Já tinha uma vaga no Reino de Deus, uma bênção. Em casa, nunca precisei mandar fazer o dever da escola. Nunca dei um tapa nela. Nunca precisei colocar de castigo. Não tenho uma queixa.

Cada vez mais obcecada pela religião, Carmozina mandou construir um segundo andar sobre a laje da nova casa, inaugurando-o como ponto de orações:

— Nossa igreja central era a Assembleia de Deus do Jacarezinho, mas aí eu comecei a atender o povo em casa. Tinha muita gente precisando de socorro espiritual. Vinham querendo oração, conforto para as dores da alma.

Flordelis puxava as orações. Sempre arrumadinha, de vestido limpo, a menina era o centro das atenções da mãe, era a sua redenção e o maior estímulo para Carmozina concretizar o sonho acalentado havia anos: ser pastora da própria igreja. Afinal, ela agora teria uma herdeira e poderia perpetuar seus vínculos com Deus por intermédio de uma representante sua, criada por ela à sua semelhança.

— Flor era uma criança que não se comportava como criança. Era adulta. A gente visitava hospitais, presídios, maternidades e lares onde não havia união. A gente entrava com oração, mas seu canto despertava algo especial nas pessoas. Muitas delas ficaram libertas.

Para Carmozina, a filha era uma santa, ou melhor, um "anjo", na linguagem dos evangélicos. Um anjo que teria até realizado um milagre quando Fábio, então com 3 anos, quase morreu de intoxicação alimentar:

— Eu fiz carne de porco e coloquei no forno. Deixei o Fábio com a Laudiceia enquanto visitava uma irmã na favela Nova Brasília. Depois que a comida ficou pronta, ele comeu escondido a carne e o torresmo. Quando voltei, estava quase morto. Estava pálido, sem cor, com diarreia e vomitando.

Apesar de a cena ter ocorrido há mais de cinquenta anos, Carmozina se emociona e repete o gesto de ter o filho quase morto nos braços, ao correr com ele para o já extinto Samdu (Serviço de Assistência Médica Domiciliar e de Urgência), no Méier, e o Hospital Salles Netto, atualmente um Centro Municipal de Saúde, no Rio Comprido.

— Quando cheguei [*ao hospital*], ele quase não respirava mais. Aí a doutora, que estava na porta, pegou ele da minha mão. Saltei do táxi e corri atrás dela. Ela deu uma injeção nele. Fábio não se mexia mais. Era quase cadáver. Aí eram três horas da manhã e a médica que pegou ele da minha mão apareceu na enfermaria. Pelo semblante, percebi que só um milagre poderia salvar [*Fábio*]. Fiquei orando por ele. Então, de repente, ele melhorou. Levei ele para casa e, ao chegar, vi a Flor orando. Ela me disse que teve uma visão do irmão. Foi um mistério muito grande. Um milagre!

O feito se espalhou pelo Jacarezinho e Flordelis mudou de status na comunidade. Reverenciada por ter "visões" e "revelações", daí em diante a menina passaria a relatar sonhos e a dar testemunhos de fé na igreja. As visões são raras entre os pentecostais, mas teólogos afirmam que também eles têm o dom. Uma das missionárias pioneiras da doutrina no Brasil, a sueca Frida Strandberg Vingren, dizia ter visões e revelações proféticas que a incitavam a "evangelizar os povos". Casada com o também sueco Gunnar Vingren, que, em 1911, fundou, junto com seu compatriota Daniel Berg, a primeira Assembleia de Deus no país, em Belém do Pará, Frida atuava intensamente na difusão dessa vertente do cristianismo protestante.

***

Flordelis chegou bonita à adolescência: pele morena, lábios carnudos. Quando não estava com a mãe, seguia o pai e o irmão no Angelical. Repentinamente, aos 15 anos, teve uma terrível visão. Na autobiografia que lançaria aos 50 anos, que leva seu nome no título, Flordelis contaria que, em 24 de outubro de 1976, foi dormir com uma "angústia guardada no peito". Mais cedo, enquanto cantava na igreja, tivera um pressentimento de que muitas pessoas morreriam em breve, inclusive o pai. Mais tarde, já em casa, assistindo com a mãe na televisão aos melhores gols da semana, a cena de um acidente com o pai na estrada se sobrepôs ao que ela via na tela da TV.

Naquele dia, o Grupo Evangélico Angelical tinha viajado até Guarulhos, na Grande São Paulo, para participar da inauguração de uma Assembleia de Deus na cidade. Francisco levara com ele o caçula, Fábio, então com 13 anos; Flordelis não quisera ir. No caminho de volta, a Kombi capotou com a equipe. Embora todos tenham saído ilesos, o pior estava por vir. Ao empurrarem o veículo para o acostamento, uma carreta desgovernada os atingiu em cheio. Nove pessoas morreram — entre elas, o pai de Flordelis. Como Fábio se ferira na capotagem e estava sendo atendido em um carro da Polícia Rodoviária Federal no momento da colisão ele sobreviveu. Mas assistiu à morte dos amigos e do pai, de quem era inseparável.

Anos depois, o jovem comporia a música "Multidão", que seria gravada pela irmã — seu primeiro sucesso como cantora. A letra remete a anjos vestidos de branco caminhando em direção a Nova Jerusalém e cantando num coro "angelical", uma referência ao grupo do pai. Em sua interpretação, num dado momento Flordelis aumenta o volume da voz e anuncia: "Para sempre cantarão." Nova Jerusalém é descrita na Bíblia, no livro do Apocalipse, como a Cidade Santa mencionada pelo apóstolo João, construída por Deus para os fiéis e onde "as ruas são de ouro, o direito brota como fonte e a justiça corre qual riacho que não seca".

A notícia do brutal acidente chegou de madrugada à casa de Carmozina, mas, segundo Flordelis em sua autobiografia, todos já estavam preparados por ela ter previsto a tragédia. A visão selou o destino da adolescente como profetisa no Jacarezinho: bastava sair de casa para ir à igreja ou à feira, um programa habitual na favela, e as abordagens místicas se sucediam. Eram muitos os carentes das "revelações" e dos conselhos da menina.

Sem Francisco, a família de Carmozina precisava se prover sozinha. Laudiceia e Eliane, mais velhas, já trabalhavam como domésticas fora da favela. Amilton, o primeiro filho biológico de Carmozina, morreu afogado ainda novo e a própria família não lembra quando. Flordelis fazia o curso de formação de professores e pouco depois conseguiu emprego como balconista em uma padaria perto de casa, enquanto Fábio, além de estudar, dedicava-se à música. Com a maioridade, ele passou a se apresentar com cantores e compositores famosos, como Jorge Ben Jor, João Nogueira e Elson do Forrogode. Foi este último quem criou para ele o nome artístico de Fábio Malafaia. Como o irmão de Flordelis era evangélico, Forrogode associou o prenome dele ao sobrenome do pastor evangélico protestante Silas Malafaia, que criou a Assembleia de Deus Vitória em Cristo, então em ascensão.

Carmozina faz questão de afirmar que, apesar das dificuldades, nunca faltou em sua casa um prato de arroz com feijão e ovo, a refeição básica da família.

* * *

Como Carmozina, Flordelis era muito jovem quando se casou pela primeira vez. Em 1979, aos 18 anos, numa visita a uma igreja no próprio Jacarezinho, conheceu o pastor Paulo Rodrigues Xavier, de 26, oito anos mais velho do que ela. Convidada para cantar durante o culto, Flordelis arrebatou o pastor. Foi tudo muito rápido. Em janeiro do ano seguinte já nasceria Simone, primeira filha do casal. Em 1981, viria Flávio; seis anos depois, Adriano, apelidado "Pequeno" por ser o mais franzino. Os três seriam registrados com o sobrenome "Santos Rodrigues". E, a exemplo do que acontecera com a mãe três décadas antes, também Flordelis seria abandonada pelo marido, ficando sozinha com três crianças. Em sua autobiografia, ela alega que o casamento, após onze anos, começara "a enfrentar crises". No entanto, de acordo com a versão de um de seus filhos afetivos, ela teria traído o marido, que jamais a perdoou.

Mesmo separado de Flordelis, o pastor buscava os filhos para passear, especialmente Flávio, então com 9 anos, com quem tinha mais afinidade. Mas parentes relatam que Flordelis não gostava que os meninos saíssem com o pai e eles se ressentiam disso, sobretudo Flávio, o mais inconformado com o fim do casamento. Simone e Adriano, mais influenciáveis pelos argumentos da mãe, foram se distanciando do pai, que, no entanto, continuou a lhes pagar pensão. Já divorciado de Flordelis, Paulo chegou a fundar uma igreja no Jacarezinho, mas repassou-a a terceiros para morar no Nordeste com a nova família que formou.

Carmozina acolheu em sua casa Flordelis e os três netos, que se acomodaram no térreo. O segundo andar, onde no passado funcionara o ponto de orações, a matriarca destinara ao filho Fábio, o músico, que também havia se casado. Nessa época, Carmozina já realizara seu sonho: com a ajuda financeira dos filhos e dos frequentadores de sua casa, conseguira um imóvel com sessenta cadeiras no número 36 da rua Santa Laura, cerca de 200 metros de sua casa, e ali montara a sua Assembleia de Deus, sem qualquer documentação formal. A igreja foi atraindo cada vez mais fiéis, logo transformados também em dizimistas. Em pouco tempo, tornou-se também centro de arrecadação de roupas e alimentos para os mais pobres.

A década de 1990 se iniciava. A hiperinflação, que corroía os salários e estagnava o país havia uma década, atingiu o auge em março, com um índice inflacionário de 80%. As indústrias no Jacaré fecharam as portas. Naquele mês, o então presidente, Fernando Collor de Mello, anunciou um conjunto de medidas provisórias, o chamado Plano Collor, que agravou ainda mais a situação. O desempenho da economia, medido pelo Produto Interno Bruto, refletiu o pior desempenho do país até aquele momento. Abandonadas, as fábricas eram ocupadas por pessoas sem casa e ganhavam feições de cortiços. A violência não tardou a chegar, a reboque do desemprego.

Devido às disputas por território, as facções do tráfico de drogas na região recrutavam cada vez mais gente para se defender dos rivais. Os confrontos com a polícia também exigiam um efetivo maior, e o Jacarezinho acabou virando um campo fértil para o treinamento dos chamados "soldados do tráfico". O alvo eram os jovens, com disposição para pegar em fuzis, ambição para ascender na hierarquia da criminalidade e agilidade para roubar motocicletas, veículo considerado ideal para circular pelos becos e fugir das operações policiais.

Como boa parte das famílias no Jacarezinho era mantida por mulheres — o abandono pelos maridos sempre foi corriqueiro —, um de seus grandes desafios era justamente cuidar para que os adolescentes não abandonassem os estudos para operar no tráfico. A fim de protegê-los, as mães encomendavam orações a Carmozina e Flordelis. Outro desafio era conseguir alguém com quem deixar os filhos menores para que pudessem trabalhar. Por isso, moradoras da região começaram a improvisar criando creches dentro de casa, prática também adotada por mães desempregadas em favelas da periferia. Carmozina e Flordelis, que já gostavam de ter a casa cheia de crianças, fizeram o mesmo, em troca de roupas e alimentos e de algum dinheiro para se manterem.

— Isso é normal aqui no Jacarezinho — relata uma parenta de Flordelis que cortou laços com a família. — Então, com sua solidariedade, um vizinho acaba tomando conta de várias crianças. As pessoas passam a ter sua creche do dia para a noite, de acordo com a necessidade do lugar. Na casa delas mesmas. A pessoa estipula de quantos pode cuidar por alguns trocados. Não tem creche do governo para todo mundo. Nunca foram suficientes para quem vive aqui.

Antigos moradores do Jacarezinho, ao serem perguntados sobre o trabalho missionário de Flordelis na favela, contam que ela, naquele início dos anos 1990, oferecia aos mais pobres a comida e as roupas que arrecadava nas ruas. Parentes dela que se intitulam "a verdadeira família de Flordelis", e não "a família *fake*, que ela criou como 'mãe' de 55 filhos", lembram que a creche dela e de Carmozina era associada ao templo da Assembleia de Deus fundado pelas duas, o que incentivava e facilitava a aproximação de novos fiéis. Nesse contexto, elas fortaleciam diariamente a "vocação assistencialista" da comunidade e, ao mesmo tempo, o status de benfeitoras naquele grupo. Ganharam notoriedade.

Algumas mães chegavam a atuar como obreiras na igreja, organizando o material doado e executando tarefas domésticas, além de contribuírem com dinheiro para a manutenção do local. Nos cultos, Flordelis tanto pregava que as mães tinham o dever de proteger os filhos do tráfico que acabou se sentindo capaz de tomar para si a missão de "resgatá-los das mãos dos bandidos". Começava, assim, o que ela própria chamaria de "evangelismo da madrugada": acompanhada de um grupo de jovens arregimentados em sua igreja, Floderlis saía perambulando pela favela, sempre após a meia-noite, para distribuir panfletos com versículos bíblicos.

Embora já tivesse mais de 30 anos, as feições e a magreza de Flordelis faziam com que fosse confundida com os jovens que liderava. As caminhadas se estendiam também para outros cantos, em geral zonas de prostituição e até redutos do tráfico. A ideia era levar esses grupos marginalizados a frequentar sua igreja, o que certamente se tornou o embrião do desejo de expandir seu projeto religioso-familiar. A fim de atrair adolescentes, por exemplo, ela comprou um videogame, sonho de consumo de quase todos daquela geração. A bem da verdade, o brinquedo era para o filho, Flávio, mas serviria de chamariz para os meninos. Conforme relatam familiares da pastora, Flávio sentia-se desprestigiado por ter de dividir o brinquedo com os outros garotos que, de fato, lotaram a sua casa.

Em meados de 1991, a casa de Flordelis e Carmozina já era considerada um ponto de encontro de adolescentes. E, com o passar do tempo, o espaço ocupado pela creche na casa de dois quartos na rua Guarani foi sendo modificado a fim de servir de refeitório e dormitório para esse grupo jovem, que passou a frequentar a igreja. A situação era incomum, já que Flordelis criava os filhos biológicos e os agregados sob o mesmo teto. Segundo parentes, também Simone, além de Flávio, se incomodava com a situação. Adriano nem tanto.

* * *

Naquele mesmo ano de 1991, Carlos Ubiraci Francisco da Silva, de 19 anos, passou a morar na casa da rua Guarani. Seria o primeiro "filho" não biológico de Flordelis, entre dezenas de outros que ainda chegariam. Sempre apresentado por ela como filho adotivo, ele jamais foi submetido a um processo legal de adoção. Em sua certidão de nascimento consta o nome dos pais biológicos. O jovem viria a ter grande importância na dinâmica familiar. Usuário de drogas desde os 12 anos, quando os pais se separaram, era visto como "caso perdido" na vizinhança. No tráfico, onde entrou para bancar o próprio consumo, cumpriu todas as etapas de ascensão na criminalidade: foi olheiro (observador); fogueteiro (garoto que avisa quando a droga ou a polícia chega à favela); traficante (vendedor de drogas); e soldado (responsável por defender o território dominado por sua facção, inclusive usando armas de grosso calibre). Durante as crises de abstinência, Flordelis o mantinha trancado num dos quartos. Apesar do método controvertido adotado pela missionária, Carlos Ubiraci finalmente se livrou das drogas e sempre foi um aliado de Flordelis, tornando-se pastor cerca de quinze anos depois.

A entrada do jovem na casa daria início à formação de um grupo bastante coeso de nove adolescentes, incluindo-se aí os filhos biológicos (Simone, Flávio e Adriano), que pode ser considerado o "núcleo familiar original" da Mãe Flordelis. Esse grupo permaneceria ao lado da pastora por quase três décadas. Quatro adolescentes desse "núcleo original" passaram a frequentar a casa quase ao mesmo tempo que Carlos Ubiraci: André Luiz de Oliveira e Wagner Andrade Pimenta, ambos de 12 anos; Alexsander Felipe Matos Mendes e Anderson do Carmo de Souza, ambos de 14. Este último era, ninguém mais, ninguém menos, do que o Anderson que viria a se casar com Flordelis, se tornaria pastor e seria assassinado tempos depois em meio a um complexo enredo familiar. Anderson, que frequentava a Igreja Batista com a mãe, destacou-se tão logo pisou na casa. Amigo de Carlos Ubiraci, a quem ajudava a se livrar das drogas, ele seria o responsável por transformar, no futuro, a simples missionária numa pastora renomada, cantora gospel de sucesso e deputada federal.

Anderson não entrou para a família para jogar videogame, e sim porque se apaixonou por Simone, de 12 anos, e com ela começou um namoro. Nos cultos, Flordelis apresentava André, Alexsander, Anderson e Wagner como tendo sido salvos do tráfico por ela, o que não era verdade. Nenhum dos quatro mantinha qualquer envolvimento com o meio. Os três primeiros se distanciaram das famílias biológicas devido a conflitos com elas, enquanto Wagner nem isso. Seus pais, Áurea e Edson Pimenta, jamais entenderam por que, após dormir uma única noite na casa da missionária, o filho nunca mais saíra de lá. Até um videogame Edson comprou para atrair o filho de volta. Não funcionou.

— Wagner foi com as próprias pernas — comenta um parente próximo. — O pai dele fez tudo para tê-lo de volta. Tentou inclusive falar com Flordelis, mas sempre diziam que ela estava dormindo. A gente sempre foi de família pobre, mas nunca faltou nada. Até o pai dele morrer de problemas no coração, ele sempre tentou se reaproximar do Wagner. Não sei o que ele viu lá. Acho que o pai morreu de desgosto.

Wagner hoje se justifica dizendo que foi conquistado pela boa amizade com André e pela ideia de "glorificar a Deus". Admite que diversas vezes afirmou colaborar com o tráfico apenas para corroborar a história fantasiosa divulgada por Flordelis em suas andanças.

— Nasci no Jacarezinho e frequentava a igreja — conta Wagner. — Tinha vários jovens como eu. Até que o André me convidou para a igreja dela. A gente começou a ficar na casa dela por causa das atrações. Tinha orações, visitas a outras igrejas. Até que teve um dia em que dormi na casa da Mãe [Flordelis]. Aos poucos, fui ficando. Quando percebi, já estava lá de vez. A gente começou a frequentar a igreja e, da noite para o dia, já havia muita gente morando na casa.

Foi assim que Flordelis se tornou a "Mãe Flor" para esses cinco filhos afetivos, seus parceiros nas missões de evangelização e de levantamento de doações. Ela cuidava para que eles não andassem com roupas rasgadas ou sujas, tampouco despenteados; em contrapartida, todos lhe deviam obediência absoluta. Também exigia que estudassem e proibia o uso de palavrões. Afinal, eles eram apresentados como filhos adotivos. Certo dia, Flordelis perguntou a Wagner se ele gostaria de ser seu filho de verdade. De pronto, o menino disse que sim. Em seguida, a missionária o chamou na sala para uma "experiência espiritual":

— Minha mãe [*Flordelis*] mandou eu fechar os olhos e imaginar paisagens bonitas, com bastante verde. Ela mandou eu pensar em paz e disse: "A partir de hoje, o Wagner morreu. Agora você será meu filho *Misael*." Depois ela trocou outros nomes [*de outros garotos*]. Só não sei se seguiu o mesmo ritual que fez comigo.

***

Ainda em 1991, Flordelis levou para dentro de casa o mito dos querubins como mensageiros de Deus. Dizem as Escrituras que eles são criaturas que protegem o resplendor da glória do Senhor. No Gênesis, há um trecho em que os querubins são colocados próximos do Jardim do Éden para guardar o caminho da Árvore da Vida de Adão e Eva. Flordelis se considerava, ela mesma, um querubim, autointitulando-se "Queturiene".

Além de ter trocado informalmente o nome de Wagner para *Misael* — nome que deveria ser o único usado dentro do clã e na igreja — a missionária mudou também o de outros três jovens identificados por ela como anjos: Alexsander tornou-se *Luan*; Anderson, *Niel*; a filha Simone, *Hebreia* (mais conhecida por "Bê", uma abreviação de "bebê"). Carlos Ubiraci e André, que já tinham apelidos domésticos ("Neném" e "Bigode"), não eram considerados anjos.

Hoje todos admitem que viam Mãe Flor como líder espiritual e acreditavam em tudo o que ela dizia, inclusive em suas profecias. Alguns revelam que só muitos anos depois puderam perceber o forte poder de persuasão de Flordelis, aliado a uma grande habilidade para manipular os sentimentos das pessoas em prol de projetos pessoais.

— Nós passamos por uma lavagem cerebral. Acreditávamos em tudo que a mãe nos dizia. O Anderson foi escolhido por ela como guardião dela e nosso. Era "o pai", mas eu não chamava ele assim — ressalta *Misael*, apoiado por *Luan*.

Luan conta que, ao se tornar evangélico, foi expulso de casa pelos pais, espíritas praticantes. Foi quando passou a viver debaixo de um viaduto; Flordelis se comoveu com a situação e foi buscá-lo. Quando soube, a família do jovem denunciou a missionária, mas o processo não foi adiante. Em sua autobiografia, Flordelis assume o papel da vítima: "Eles vieram com força contra mim, com ameaças de violência. Queriam que eu devolvesse o garoto." Ela garante ter pedido a *Luan* que retornasse para a casa de sua família biológica, pois "não queria problemas".

— Eu gostava de ir à evangelização, que era noturna — relembra *Luan*. — Não gostava do espiritismo. Distribuíamos alimentos e roupas sendo da Assembleia de Deus. Aí descobriram que eu cantava e passei a fazer dupla com a "Flor" nas apresentações.

Com os quatro adolescentes, mais Carlos Ubiraci e seus três filhos biológicos, o "núcleo original" da família de Flordelis estava quase formado. Só faltava a entrada em cena de Cristiana Rangel dos Passos Silva, então com 10 anos. Cristiana começou a se aproximar da família após uma enchente levar o barraco em que ela vivia com a mãe. Pela janela de uma vizinha, Simone viu a menina miúda, então com 9 anos, mesma idade que ela, em meio à inundação. A mãe trabalhava como doméstica e Cristiana passava os dias sozinha. Resgatada das águas por vizinhos, a menina sensibilizou Simone, que conversou com o pai sobre a situação da criança. Ainda casado com Flordelis, Paulo conseguiu uma quitinete em frente à casa deles, com aluguel acessível, e mãe e filha foram morar ali. Contudo, a mãe de Cristiana tinha problemas psiquiátricos e, de acordo com a própria Cristiana, não suportou ver o bom relacionamento da filha com Flordelis e Simone.

— Eu era muito pequena — recorda-se Cristiana, emocionada, ao falar sobre sua infância. — Simone comentou com o pai dela sobre a nossa situação e fomos morar perto deles. Minha mãe conseguia pagar o aluguel. Arrumaram para a gente uma TV em preto e branco. Lembro que mamãe comprou um fogão. Eu passava o dia vendo desenho animado. Sempre sozinha. Ela ainda mantinha comida dentro de casa: o arroz e o feijão nunca faltavam. Muitas vezes, enquanto a minha mãe trabalhava, eu me enfiava na casa da Flordelis. Ficava com a Simone, brincando de boneca. Era a minha única amiga. Até que minha mãe ameaçou me dar uma coça se eu não estivesse em casa quando ela voltasse. Um dia, eu me atrasei para retornar. Levei uma baita surra com uma borracha grossa, daquelas que doem na alma. Chorei muito e gritei por socorro. Chamei: "Mãe Flor, Mãe Flor, me ajuda!" Flordelis veio e pediu que minha mãe parasse de me bater. Foi aí que minha mãe perguntou para ela: "Quer para você? Então leva." Perguntou isso, me virou as costas e me abandonou.

Ato contínuo, a mãe de Cristiana entrou na quitinete, pegou os documentos e saiu com a roupa do corpo, para não voltar. Era 1991 e Flordelis acabara de se separar de Paulo. Com a entrada de Cristiana na casa, fechava-se o núcleo que seria por décadas a base de sustentação de uma família aparentemente perfeita. Mais sagaz e ambicioso do grupo, Anderson foi escolhido por Flordelis para a função de "pai" das dezenas de outros "filhos" que começavam a chegar. Foi nesse ambiente, propício a ressentimentos e disputas intrafamiliares, que, anos depois, em 2019, se daria o assassinato de Anderson. Não à toa, as investigações conduzidas pelos policiais em torno do crime se concentrariam na maioria dos integrantes desse "núcleo original", tendo como possível mandante a própria Flordelis.

2. FORA DA LEI. E DAÍ?

Tão logo passou a morar na casa de Flordelis, Anderson e ela assumiram publicamente uma relação conjugal. Ela, com 31 anos; ele, 15. O relacionamento teve início dois meses após o fim do namoro de Anderson com Simone, filha da missionária. Assim, de namorado, ele virou padrasto de Simone. Ainda que Flordelis jamais tenha admitido a existência de qualquer tipo de relação mais íntima entre Simone e Anderson, trinta anos depois a própria Simone confirmaria o namoro em depoimento prestado à Comissão de Ética da Câmara que avaliava a cassação do mandato de Flordelis por quebra de decoro. Mas minimizaria o fato, qualificando-o como "brincadeira de escola".

Não era a primeira vez que a missionária demonstrava atração por homens mais novos. Antes de Anderson namorara outros jovens, entre os quais Nelson, irmão do filho adotivo André. O envolvimento com o rapaz começou quando ela ainda estava casada com Paulo, pai de seus três filhos. Por isso Paulo teria rompido o casamento. Um ano depois do assassinato de Anderson, essa preferência da missionária seria bastante explorada pela mídia que cobre o dia a dia das chamadas *celebridades*. Ganhou diversas manchetes, por exemplo, a relação amorosa da já viúva Flordelis com o produtor cultural evangélico Allan Soares, assumida pelo casal diante da família dela em fevereiro de 2021, quando ele tinha 25 anos e ela, 60.

Para as pretensões religiosas de Flordelis, era essencial que a seu lado estivesse um homem cumprindo o papel de marido e de "pai" de seus "filhos" — os pentecostais não aceitam muito bem uma mulher conduzindo sozinha uma igreja. E não seria qualquer homem que aceitaria a proposta de vir a se responsabilizar por dezenas de crianças. Sobretudo por seu temperamento ativo e centralizador, Anderson encaixava-se muito bem naquele projeto, tendo a seu lado uma mulher focada em seus objetivos religiosos, o que incluía mentir sobre a real condição dos "filhos". *Misael*, André, *Luan* e Cristiana, tal como Carlos Ubiraci, nunca foram adotados legalmente, ainda que Flordelis os apresentasse como filhos adotivos. A certidão de nascimento que cada um possui é a registrada em cartório pelos pais biológicos.

De acordo com a lei, a criança ou adolescente, depois de passar por um complexo processo de adoção, ganha um novo registro com o nome dos novos pais sem que haja qualquer menção ao fato de ter sido adotado a fim de evitar eventuais discriminações. Conforme o artigo 41 do Estatuto da Criança e do Adolescente, "a *adoção* atribui a condição de filho ao *adotado*, com os mesmos direitos e deveres, inclusive sucessórios, desligando-o de qualquer vínculo com pais e parentes, salvo os impedimentos matrimoniais". Criado em 1990 para ordenar juridicamente a proteção infantojuvenil, o estatuto considera criança a pessoa com menos de 12 anos; e adolescente aquela entre 12 e 18 anos. Desde 2016, porém, há um entendimento formado no Supremo Tribunal Federal de que é possível a pessoa ter, em seu documento de identificação, o registro dos pais biológicos e também o dos pais de criação, denominados socioafetivos.

Dentro da casa de Flordelis, Carlos Ubiraci, *Misael*, André, *Luan* e Cristiana seriam, portanto, o que comumente se chama de "filhos de criação", entre outras expressões carinhosas. Aliás, a função desses "filhos" na dinâmica familiar comandada por Flordelis superava a que as crianças e os adolescentes em geral desempenham na casa dos pais biológicos, cumprindo tarefas domésticas. Ali, todos tinham, além de tais atividades, um serviço específico a ser executado em prol do crescimento da Assembleia de Deus de Flordelis. Por não haver documentação sobre a criação da igreja, até hoje há controvérsias sobre os nomes adotados por Flordelis ao batizar suas igrejas. *Misael*, contudo, embora fosse adolescente na época, garante lembrar-se dos vários nomes, como o deste primeiro templo.

Fato é que, no seu segundo casamento, a missionária finalmente dispunha de um parceiro nos moldes desejados, para conferir respeitabilidade ao cenário da história que traçaria para si: a de uma mulher fiel à divulgação dos preceitos divinos, missão recebida diretamente de Deus, que devotava boa parte de seu tempo aos mais pobres sem abrir mão da carreira artística e sem, tampouco, se descuidar da criação de suas dezenas de "filhos adotivos". Enfim, um exemplo social, um ser humano singular. Assim, ao longo de 27 anos, a contar de quando começaram a namorar, Flordelis e Anderson formaram uma família inspiradora que tinha o apoio da comunidade, da mídia em geral e de pessoas físicas e jurídicas que, de peito aberto, contribuíram financeiramente com sua manutenção.

É impossível imaginar, por exemplo, que aquele casal um dia tiraria um recém-nascido dos braços da mãe e o registraria como filho legítimo, batizado Daniel dos Santos de Souza. A farsa, engendrada e realizada em 1998 e acobertada pelos integrantes do "núcleo original" da família, só seria descoberta pela polícia e pelo próprio Daniel, já então com 21 anos, após o homicídio do pastor. Flordelis e Anderson jamais tiveram filhos juntos, então inventaram um: Daniel.

* * *

Ainda com 18 anos, já transformado em "pai" dos três filhos da mulher e dos cinco jovens do "núcleo original", Anderson se apresentava nas igrejas dos arredores na companhia de todos eles. Em suas palestras, desfiava sempre a mesma narrativa: aos 14 anos fora atraído para o "evangelismo da madrugada" de Flordelis, cuja finalidade seria salvar jovens das redes do tráfico por meio da difusão da "palavra de Deus". Encantado com essas caminhadas noturnas, teria passado a frequentar também o templo da rua Santa Laura. A missionária costumava confirmar que até Anderson completar 14 anos só o vira de longe, uma vez ou outra, na feira.

As duas narrativas, no entanto, seriam desmentidas pela mãe de Anderson, Maria Edna Virginio do Carmo Oliveira. Após o assassinato do filho, ela revelaria na DHNSG (Delegacia de Homicídios de Niterói, São Gonçalo e Itaboraí), localizada no Centro de Niterói, que Anderson conhecia Carmozina e Flordelis desde pequeno. Afinal, as duas tinham sido suas vizinhas na época em que ela estava grávida de Anderson, nascido em 27 de março de 1977. Ainda segundo Maria Edna, aos 11 anos o menino, convocado por Flordelis, já seguia com ela em suas pregações pelas comunidades. E Maria Edna permitia, ainda que ela própria fosse evangélica da Igreja Batista, por respeitar a família de Carmozina, inteiramente dedicada à Assembleia de Deus, igreja que disseminava uma conduta ética rígida e digna de confiança. Por isso também, mesmo ganhando pouco, contribuía com o trabalho das missionárias, cuja família, em suas palavras, "era muito humilde".

O pai de Anderson, Jorge de Souza, que o registrou como filho biológico e o criou, desaprovava o que considerava um assédio de Flordelis sobre o menino. Ele percebia as intenções da missionária para com o pré-adolescente e alertava para a diferença de idade entre os dois. Maria Edna também não gostou quando Anderson e Flordelis começaram a namorar, mas achava que devia respeitar as escolhas do filho. Já Jorge continuou tentando dissuadir o jovem daquele projeto. A situação se tornou motivo de brigas constantes entre Maria Edna e Jorge, o que acabou levando à separação do casal. Jorge foi embora e Maria Edna ficou sozinha com os dois filhos: além de Anderson, havia a pré-adolescente Michele do Carmo de Souza, três anos mais nova que o irmão. Quando Anderson e Flordelis assumiram uma vida conjugal, Maria Edna se negou terminantemente a dar o consentimento para o casamento do filho, trunfo que perdeu quando ele atingiu a maioridade.

Jorge seguiu para São Paulo e só muito tempo depois voltou a ter contato com o filho, em geral por telefone. A mãe e a irmã buscavam notícias de Anderson, mas jamais conseguiram estabelecer um bom relacionamento com Flordelis. Conhecidos contam que Anderson já trabalhava quando se casou e apresentava um semblante amadurecido que o fazia parecer bem mais velho do que era. Flordelis, por sua vez, esmerava-se para conservar a silhueta esguia, privilegiava os tecidos florais em seu guarda-roupa e estampava um sorriso cativante na maior parte do tempo em público, o que transmitia juventude.

***

Em meados dos anos 1990, época em que Flordelis buscava ampliar sua família, dois empresários cariocas do ramo de hotelaria e restaurantes, os irmãos Carlos e Pedro Werneck, coincidentemente pesquisavam formas de apoiar propostas e iniciativas que beneficiassem crianças carentes. Ao tomar conhecimento do projeto de Flordelis e Anderson de acolher em sua residência meninos e meninas abandonados ou com envolvimento no tráfico, os irmãos se entusiasmaram. Eles acabariam tendo um papel decisivo na vida da missionária.

Empreendedores sociais por vocação, os dois contam que eles e seus outros irmãos, Zeca e Maria Luiza, herdaram o perfil solidário de pais e tios. Carlos lembra, por exemplo, que, ao longo da infância, sua família costumava cruzar a ponte Rio-Niterói para passar os fins de semana na Região dos Lagos, mas, antes de chegar ao destino, parava num abrigo de idosos.

— Ficávamos batendo papo com os velhinhos, dando atenção a eles. Adorava isso. Faz parte da minha memória, quando eu e uns amigos juntávamos coisas dentro de casa, tipo comida e brinquedos, para levar para quem não tinha ceia no Natal. Cresci com isso. É coisa da nossa família. Quem doa ganha mais do que recebe. Não podemos banalizar e fingir que não vemos as pessoas necessitadas.

Na véspera do Natal de 1995, os irmãos Werneck começaram a contribuir financeiramente com Flordelis. Carlos se recorda com clareza de que a decisão foi tomada após assistirem na TV a uma reportagem sobre a campanha Ação da Cidadania contra a Fome, a Miséria e pela Vida na qual a família da missionária aparecia como uma das beneficiárias da ação de mobilização social. Idealizada pelo respeitado sociólogo Herbert de Souza, o Betinho, e iniciada em 1993 no Rio de Janeiro sem apoio do governo, a campanha, que visava arrecadar alimentos e propor projetos para ajudar famílias situadas abaixo da linha da pobreza, ganharia dimensão nacional. Por conta disso, Flordelis o procurara e expusera sua situação. Conseguindo ser incluída na reportagem, que foi exibida no *RJ-TV*, noticiário regional de grande audiência da Rede Globo, Flordelis associou seu nome ao de Betinho, angariando credibilidade junto à mídia e ao público.

— Ao vermos Flordelis e sua família numerosa deu vontade de ajudar. Não sabíamos quem eles eram — diz Carlos.

Sociólogo e ativista dos direitos humanos no Brasil, Betinho se tornou conhecido em todo o país e fora dele, pela campanha que encabeçou contra a fome, por sua luta pelos direitos dos indígenas e pela defesa da reforma agrária. Hemofílico, era portador do Vírus da Imunodeficiência Humana (HIV) e morreu quase dois anos depois de a reportagem ir ao ar.

***

A fim de dar maior visibilidade a seu trabalho com crianças e garantir que a imagem da "grande família" continuasse a fortalecer a sua Assembleia de Deus, a missionária intensificou o "evangelismo da madrugada" em áreas de prostituição, sobretudo em São Cristóvão, também na Zona Norte. A proposta era se oferecer para ficar com os filhos das prostitutas, que seriam cuidados, na verdade, pelos filhos de criação adolescentes de Flordelis. No entanto, embora a maioria daquelas mulheres vivesse na penúria, elas se recusavam a doar suas crianças, o que levou Flordelis a buscar uma região ainda mais insalubre para angariar bebês. Encontrou-a no Centro da cidade, mais precisamente no entorno da Central do Brasil, uma das mais famosas estações de trens metropolitanos do país, com ramais para a Zona Oeste e toda a Baixada Fluminense.

Ali o cenário era — e ainda é — de absoluta desordem urbana: lixo, pessoas em situação de rua, ambulantes, mau cheiro, atividades escusas, tudo se confunde. Aparelhos celulares, furtados ou roubados, são vendidos em plena luz do dia na calçada em frente à estação. Traficantes do Morro da Providência, cujos acessos são voltados para a gare, comercializam drogas sem ser importunados. Curioso é que ao lado da estação, cuja torre encerra o maior relógio de quatro faces do mundo, a 1,10 metro de altura do solo, fica a sede do Exército no estado — o Comando Militar do Leste. O prédio da estação terminal ferroviária sediou, até 2018, a hoje extinta Secretaria de Segurança do Rio de Janeiro, que também, ao que tudo indica, jamais agiu para melhorar as condições de segurança dos usuários dos trens, tampouco as condições de vida do amontoado de gente que por ali transita sem buscar os trens.

Na parte dos fundos da Estação Central do Brasil, quase chegando ao Terminal Rodoviário Coronel Américo Fontenelle, de onde partem ônibus interestaduais para a Baixada Fluminense, dezenas de pessoas maltrapilhas cozinham alimentos em fogueiras improvisadas pelas calçadas, em meio a outras tantas usuárias de drogas que vagueiam, muitas vezes falando sozinhas, ou dormem pelas ruas cobrindo-se com pedaços de papelão. Foi nesse cenário desolador, negligenciado até hoje pelas autoridades, que, nos anos 1990, Flordelis e Anderson, ajudados pelos "filhos" mais crescidos, começaram a procurar crianças para aumentar sua prole.

O primeiro bebê que a missionária levou para casa foi retirado dali, episódio relatado em sua autobiografia. Investigando a área, chamou-lhe a atenção uma jovem que parecia enlouquecida, sem saber "se ria ou chorava". Conversando com a moça, descobriu que ela acabara de dar à luz uma menina e a jogara num terreno próximo usado como vazadouro de lixo. De acordo com Flordelis, ela resgatou a bebê e levou para casa tanto a bebê quanto a mãe da criança, indignando um de seus filhos, Flávio. Também Carmozina ficou furiosa e acusou a filha de colocar a família em risco ao dar abrigo a desconhecidos. Assim, após se alimentarem, mãe e filha retornaram para a Central. Por pouco tempo. Logo a bebê voltaria, em meio a outra história fantástica, também inserida pela missionária em seu livro.

***

Flordelis conta que, em uma madrugada de fevereiro de 1994, foi acordada com a chegada em sua casa de 37 crianças vindas da rua, entre as quais catorze bebês. Nesse grupo estaria a menina resgatada do lixo, agora levada pela mãe para ser criada por Flordelis no Jacarezinho. Todos supostamente fugindo das redondezas da Central do Brasil, onde teria havido uma chacina. Mas, de acordo com as investigações da polícia e do Ministério Público à época, não se tratava de uma chacina, e sim de um fato isolado, que, aliás, não ocorreu no mês citado por Flordelis. A única chacina registrada no Centro do Rio nos anos 1990 e noticiada pela imprensa teve como palco o entorno da Candelária, onde uma criança de 11 anos, cinco adolescentes e dois rapazes foram assassinados enquanto dormiam na calçada e diversos outros adolescentes ficaram feridos. A brutal execução, ocorrida em 23 de julho de 1993, teve grande repercussão e policiais militares chegaram a ser condenados pelo crime.

Já em dezembro de 1994 (e não em fevereiro), o que aconteceu na Central do Brasil foi o ataque a um dos sobreviventes dessa matança, Wagner dos Santos, então com 23 anos. Ele foi baleado, mas teve a sorte de ser socorrido a tempo. Depois de se reabilitar, entrou no Programa de Proteção à Testemunha e foi morar na Suíça. A fantasia criada por Flordelis sobre a "chacina da Central" seria afirmada e reafirmada em diversas reportagens sem jamais ser desmentida por ninguém. Ela sequer explicaria como as 37 crianças teriam encontrado a casa dela de madrugada sem a ajuda de adultos. E mais: quem teria carregado catorze bebês? Aliás, bebês de quem?

Ainda conforme Flordelis, ela acolheu as crianças que bateram à sua porta. Os "filhos" mais velhos, biológicos e afetivos, passaram a se revezar na assistência às crianças e aos bebês, o que geraria uma forte ligação afetiva entre eles. De fato, meninos e meninas começaram a morar com a missionária por essa época, mas não eram 37, não havia catorze recém-nascidos e muito menos teriam vindo todos da Central, caso da primeira bebezinha resgatada, que recebeu de Flordelis o nome de Rayane. Conforme se saberia mais tarde, os menores foram sendo deixados ali ao longo do tempo por mães que viviam no Jacarezinho e arredores. Em alguns casos, a missionária recebia grupos de irmãos, o que fazia a família crescer mais rápido. As crianças sofriam de desnutrição, a maioria tinha sarna e piolhos e todas precisavam, além de alimentos, de remédios, proteção e atenção.

Um dos "filhos" do "núcleo original", que não deseja ser identificado, lembra que a hora de dormir se tornou um pesadelo. Crianças e adultos encostavam-se uns nos outros, amontoados pelo chão. Crianças dormiam até sob a mesa da cozinha. Outro filho de criação, que também prefere não ser identificado, resume:

— Não tinha espaço. Era criança cuidando de outra criança. — Sobre a suposta chacina, ele diz: — Eu era muito jovem, não lembro por que contaram isso. Realmente havia crianças da Central, mas não eram de chacina. Isso foi da cabeça dela [*de Flordelis*].

Enquanto isso, em busca de dinheiro e oportunidades para divulgar o trabalho evangélico e o talento de Flordelis como cantora, Anderson esquadrinhava as comunidades vizinhas. Metido num terno surrado, portando uma maleta preta do tipo 007 e cheio de disposição para os negócios, chovesse ou fizesse sol ele batia de porta em porta, vendendo fitas cassete com músicas religiosas compostas por pastores diversos e interpretadas por Flordelis. O material era produzido de forma amadora, em geral com poucos instrumentos, alguns deles tocados pelo irmão dela, Fábio, e captado em gravadores comuns. Apenas algumas vezes a gravação foi realizada em estúdios improvisados. As fitas também eram comercializadas em dias de culto em igrejas evangélicas até mesmo fora da cidade.

Ao abraçar a administração da carreira de cantora gospel de Flordelis, Anderson desistiu de uma possível ascensão no Banco do Brasil, onde estagiava. A oportunidade surgira por cursar o ensino médio no Colégio Pedro II, respeitada instituição pública federal com várias unidades no estado. Como frequentava o campus de São Cristóvão, levava somente vinte minutos para chegar ao colégio, a 5 quilômetros de casa. Viajava de trem, perfazendo o circuito entre as estações Jacaré e São Cristóvão. Maria Edna orgulhava-se do filho, que cultivava o hábito da leitura e se destacava em matemática. Com boa cultura geral, expressando-se muito bem em público, divertido e carismático, ele deixou a mãe arrasada quando abandonou o estágio no banco, com apenas 17 anos, para se dedicar a promover Flordelis.

Os conhecimentos que adquiriu por ter feito o ensino médio em um bom colégio e as qualidades pessoais que soube desenvolver, como o talento para idealizar e realizar projetos, lhe seriam muito úteis no futuro. Em especial quando passou a coordenar as articulações políticas que ajudariam a eleger Flordelis deputada federal pelo Rio de Janeiro, quando ela então passou a usar um apartamento funcional em Brasília de terça a quinta-feira. O mandato seria exercido por ela de 1º de janeiro de 2019 a 11 de agosto de 2021, quando o plenário da Câmara aprovou sua cassação por quebra de decoro, dois anos após a morte de Anderson.

***

A mesma reportagem que, transmitida por um telejornal, chamara a atenção dos irmãos Werneck e os estimulara a ajudar Flordelis com uma quantia mensal, também alertaria o

Juizado de Menores, posteriormente chamado de Vara da Infância, da Juventude e do Idoso. Responsável por fiscalizar os processos de adoção no estado, o então juiz Liborni Siqueira, à frente do órgão, determinou em seu gabinete uma investigação rigorosa sobre as crianças supostamente adotadas por Flordelis. Ao ser visitada em sua casa por oficiais de justiça, a missionária se fazia de vítima e procurava a mídia, alegando que as intimações para devolver os menores eram equivocadas porque eles tinham sido "largados no mundo" pelos pais e agora tinham um lar.

Como a família vivia na favela do Jacarezinho, inteiramente dominada pelo tráfico, os oficiais de justiça entravam ali acompanhados da força policial, o que constrangia e enfurecia os traficantes, que até então não incomodavam a missionária por conta de uma certa deferência ao trabalho dela de "evangelização". Houve até quem apostasse numa ligação mais estreita entre eles e Flordelis — por isso ela teria recebido o apelido de "Madrinha do Comando Vermelho", numa referência à principal facção fluminense do tráfico —, o que nunca foi provado. Fato é que a constante presença de representantes do Juizado de Menores acompanhados de soldados da Polícia Militar na localidade abalou a confiança do tráfico na missionária e ela se viu proibida de "evangelizar" pelas ruas da comunidade, ação que mais lhe trazia notoriedade.

Pressionada de um lado pelo Juizado, que ameaçava tirar-lhe os "filhos" em situação irregular, e de outro pelo tráfico, Flordelis decidiu fugir, levando consigo toda a família e dando início a uma saga singular, sem rumo e sem paralelo. O casal tinha então cerca de vinte "filhos" e a trupe foi morar embaixo do Viaduto San Tiago Dantas, que começa na praia de Botafogo e termina a menos de 300 metros, na rua Pinheiro Machado, onde fica o Palácio Guanabara, sede oficial do governo do estado do Rio de Janeiro. Certo dia, voltando do trabalho de ônibus, a mãe de Anderson tomou um susto quando avistou pela janela o filho, Flordelis e a criançada — todos deitados na calçada. Diarista, Maria Edna desembarcou imediatamente da condução e deu a diária da faxina que acabara de receber da patroa para Anderson comprar alimentos.

Mas o endereço da família não era só a praia de Botafogo. Mudava o tempo todo. Nos noticiários, a caçada de gato e rato entre Flordelis e o Juizado de Menores ganhava cada vez mais espaço, incitando ora a polêmica, ora a condenação, ora a solidariedade caridosa. Muitos passaram a ajudar a família, oferecendo comida e cedendo abrigo. Embora o juiz Liborni houvesse determinado buscas, a verdade é que os policiais faziam vista grossa, fosse porque estivessem preocupados com crimes mais graves, fosse porque se apiedassem das crianças que teriam sido abandonadas pelos pais e que pelo menos agora tinham "novos pais".

Uma casa em Irajá, no subúrbio da Zona Norte, também serviu de esconderijo para o grupo. Mas o entra e sai de crianças e adultos pelo portão incomodou os vizinhos, que ligaram para a polícia. Na hora em que um oficial de justiça chegou com a patrulhinha da PM, o jovem *Luan* usou a estratégia de retardar a entrada dos agentes para que, pelo portão dos fundos, que dava acesso à rua de trás, Carlos Ubiraci pudesse escapar com os meninos. Quando os policiais finalmente entraram no imóvel, só encontraram uma recém-nascida num colchonete. Ela ardia em febre e fora deixada por Cristiana para que recebesse atendimento médico. Só bem mais tarde, quando o grupo se vangloriava de ter ludibriado o oficial de justiça e a polícia, é que se notou a ausência da bebê. Cristiana foi cobrada severamente, mas até hoje ela não se arrepende:

— A criança poderia ter morrido. Fugindo do jeito que estávamos, ela não ia resistir.

Única criança a ser recolhida pela equipe do Juizado, a recém-nascida foi encaminhada a um hospital público e diagnosticada com raquitismo. Dias depois, Cristiana se infiltrou na unidade e se fez de acompanhante da menina, que ganhou o nome de Roberta. A história de Roberta era uma das mais tristes contadas por Flordelis nos programas de TV dos quais participaria meses depois. A missionária diria que ela era tão franzina que lhe fora entregue pela mãe dentro de uma caixa de sapatos. Após o homicídio de Anderson, alguns filhos de criação revelaram que o detalhe da caixa de sapatos fora uma invenção da missionária para conferir um tom dramático a uma situação que, por si só, já era demasiado dramática: Roberta fora abandonada pela mãe.

Ao fugir de Irajá, a família se dividiu: parte seguiu com Simone para um galpão no Conjunto Habitacional Otacílio Camará, mais conhecido como Cesarão e à época dominado pelo tráfico, em Santa Cruz, na Zona Oeste; parte ficou vagueando pelas ruas mais abastadas da Zona Sul. Como no Cesarão, indicado por uma das pessoas que amparavam Flordelis, não era possível acomodar nem o grupo que para lá se dirigiu, em questão de dias todos se reuniram novamente, agora na favela de Parada de Lucas, situada em bairro homônimo na Zona Norte. Conforme narrativa de Flordelis, ali todos se acomodaram com autorização do chefe do tráfico local, José Roberto da Silva Filho, o Robertinho de Lucas.

Já estavam instalados numa casa quando receberam a visita inesperada de Carmozina. A idosa descobrira o esconderijo da família e levava para a filha exemplares de jornal em que Flordelis aparecia como foragida da Justiça. "Aí, eu já estava num caminho sem volta. Era procurada pelos jornais como sequestradora de crianças", resumiria a missionária ao jornal *Extra* anos depois, em fevereiro de 2000. Aliás, sua relação com a mídia sempre foi muito bem usada em momentos difíceis. Já naqueles meados dos anos 1990, encurralada, Mãe Flor teve a ideia de ligar para os jornais e fazer uma espécie de coletiva de imprensa. Declarou em alto e bom som ser vítima de uma grande injustiça por parte da Justiça e atribuiu sua fuga alucinada ao amor que sentia pelas crianças, até então entregues à própria sorte nas ruas da cidade.

Na época, o Juizado de Menores constatara que Flordelis jamais dera início a qualquer processo de adoção. Com a repercussão negativa do caso, os irmãos Werneck pararam de contribuir. Mas, como bom articulador, Anderson argumentou diante de Pedro Werneck que as reportagens publicadas nos jornais haviam deturpado a realidade: eles não estavam sendo procurados pela polícia. Ao contrário, só havia processos na Justiça em nome deles justamente porque queriam ficar com "seus filhos", o que não lhes era permitido ainda porque dependia de regularização junto ao Juizado. Por fim, o jovem prometeu ao empresário que se empenharia nas adoções a fim de continuar a receber ajuda. Em busca de informações mais precisas, os irmãos Werneck acabaram batendo na porta do Juizado.

* * *

Finalmente foi marcada uma audiência com o então titular da 1ª Vara da Infância e Juventude, o juiz Siro Darlan, substituto de Liborni. Considerado por servidores uma pessoa simples e de fácil trato, Darlan costumava revelar disposição para ouvir todos os lados de uma história de vida, principalmente a versão das crianças, caso já tivessem idade para falar sobre adoção. Em seu gabinete, ele expunha presentes produzidos por meninos cujo destino passou por suas mãos. Os que iam para abrigos em geral lhe ofereciam desenhos, artesanatos e objetos musicais. Àquela altura, os "filhos" de Flordelis já haviam sido examinados por um médico e nenhum sinal de maus-tratos ou abuso fora constatado. Flordelis foi ouvida atentamente pelo magistrado e ele sugeriu um acordo. Darlan se lembra do encontro:

— Dei trinta dias para eles apresentarem uma solução para as crianças. Naquela época, pelo que me recordo, já havia 37 vivendo com ela em péssimas condições, sem procedência, completamente fora da lei. Eu não podia deixar que aquilo continuasse. O pior é que, quando intimada a prestar esclarecimentos ao Juizado, ela se escondia com as crianças dentro da favela com o aval dos traficantes, o que dificultava o nosso acesso. Quem ousaria retirá-las de lá? Daí a necessidade de ir com a polícia. Ela empreendeu uma fuga louca, sem paradeiro, expondo as crianças ao perigo. Havia uma criança seriamente doente.

O magistrado se recorda também que foi procurado por Pedro Werneck:

— Ele me procurou intercedendo pela Flordelis. E me perguntou o que seria necessário para que o casal regularizasse a situação das crianças. Minha resposta foi uma só: "Andar na lei." Por isso dei os trinta dias. O primeiro passo, urgente, era dar dignidade àquelas crianças, mas, ao mesmo tempo, eles tinham de dar entrada no processo de adoção no Juizado. Era inadmissível aquela situação. A sorte de Flordelis e Anderson foi ter seus mecenas: os irmãos Werneck.

Darlan, que exigiu, entre outros itens, que a casa onde a família fosse morar tivesse mais de seis quartos e três banheiros, acompanhou os processos de adoção pessoalmente e viu o empenho dos empresários em ajudar Flordelis. As reportagens com as crianças correndo do Juizado, cada dia num lugar, mexeram de tal forma com os Werneck que Pedro e Carlos mobilizaram os próprios familiares, além de amigos, para montar um lar para as crianças. Eles confiavam na boa índole do casal. Mas teriam de ser rápidos — o prazo era curto para encontrar uma moradia dentro das condições estabelecidas pelo juiz, alugá-la e mobiliá-la.

Logo, porém, uma família que conhecia os Werneck e tinha uma propriedade fechada e vazia no Rio Comprido, Zona Central do Rio, colocou-a à disposição deles para aluguel. A casa ficava na avenida Paulo de Frontin, 701, uma região de classe média porém bastante degradada com a construção de um viaduto sobre a extensa avenida. Os pais de Carlos e Pedro se prontificaram a ser os fiadores da transação e o contrato foi assinado em 1º de agosto de 1995. Carlos rememora o corre-corre e as conversas com o juiz:

— Ajudamos em relação à casa. Montamos a infraestrutura para abrigar as crianças. Como conhecemos muita gente, pedimos a um e outro uma doação. Um deu um beliche, outro doou o sofá, e assim o local começou a ficar em condições adequadas. A gente procurou o doutor Siro Darlan, por conta das reportagens que saíram dizendo que a Flordelis estava foragida. Ficamos com medo de nos ligarem a algo ilegal. A gente decidiu se sentar com o juiz e entender melhor o problema. Afinal, eram crianças desamparadas. O juiz disse que Flordelis precisava de uma casa e, principalmente, regularizar as adoções. O próprio magistrado foi visitar a casa. Estávamos seguros de que fazíamos a coisa certa, dando um lar para elas.

A família de Flordelis, que, antes da colaboração dos Werneck só tinha uma geladeira velha, colchonetes rasgados e um fogão antigo de quatro bocas (apenas duas funcionavam), do dia para a noite se viu em uma residência bem equipada. Cada morador tinha a própria cama, individual ou em beliche. E havia comida em abundância. Cumpridas as primeiras exigências do juiz, restava resolver os processos de adoção, que se arrastariam por anos, já que haveria dificuldade de provar a origem das crianças para que se consumasse o processo legal.

E até hoje algumas delas estão em situação irregular, já que Flordelis continuou a levar menores de idade para casa e a receber os que lhe eram entregues mesmo depois dos embates com o Juizado.

— Fui pessoalmente fazer a inspeção na casa do Rio Comprido no fim dos trinta dias de prazo — conta o magistrado. — Eu tinha dito que as crianças precisavam de casa, roupas limpas, escola e acompanhamento da assistência social. Quando visitei o novo local, vi crianças bem-cuidadas, cada uma com sua cama, de roupas limpas e geladeiras cheias de comida. Havia muitos brinquedos e até bicicletas para elas. Dei a guarda provisória, que acabou ficando permanente. Decidi que a Flordelis ficaria com as crianças. Achei melhor ficarem com ela do que irem para um abrigo qualquer e depois fugirem para a rua. Elas estavam felizes. Briguei com oito promotores na época, mas ninguém mudou minha decisão.

* * *

A existência das crianças nos projetos de Flordelis era um alicerce importante de seu discurso, sempre o mesmo: ela "adotava" meninos desassistidos para cumprir uma missão a pedido de Deus. E foi esse discurso que deu vida à igreja que Flordelis fundou na garagem da casa do Rio Comprido. Batizada de Ministério Atalaia da Última Hora, a congregação se tornou um sucesso. As reportagens e a propaganda boca a boca feita pelos fiéis deixavam os cultos lotados e geravam convites para Flordelis cantar e dar testemunhos de sua fé em outras igrejas, relatando o que considerava ser o seu "chamado de Deus".

E cada vez mais apareciam mães implorando à missionária que protegesse seus meninos, "desviados do caminho de Deus". Afinal, com respeitabilidade em alta, bem instalada numa casa grande e longe da favela do Jacarezinho, a companheira de Anderson parecia ter tudo para representar uma solução para a vida de algumas mães. Pelo seu lado, Anderson pedia conselhos aos irmãos Werneck sobre o que seria mais viável financeiramente para ajudar as crianças: transformar a numerosa família numa instituição de caridade, isto é, num abrigo, ou apostar na carreira de cantora de Flordelis, promovendo-a como "mãe" caridosa de uma "grande família"?

Os Werneck pendiam para a primeira opção. Isso porque, como instituição, categoria assistencial que permite o recebimento regular de doações de pessoas jurídicas, qualquer criança poderia ser acolhida na casa, desde que apresentasse uma autorização dos pais ou fosse encaminhada pela Justiça. Já na versão "grande família", não apenas as crianças teriam de ser formalmente adotadas para permanecer sob o teto do casal, como também as doações de porte já não poderiam ser recolhidas. Outro argumento dos irmãos em favor da abertura de uma pessoa jurídica tinha a ver com a própria trajetória de Pedro e Carlos. Eles ainda buscavam, em meio a seus diversos projetos sociais, criar uma ONG justamente com a finalidade de orientar e indicar instituições de caridade confiáveis a empresários que desejassem fazer doações.

Os Werneck atingiriam seu objetivo pouco depois, em 1998, quando conseguiram reunir e formalizar todas as suas propostas de cunho solidário na ONG Instituto da Criança, que hoje reúne mais de seiscentas instituições cadastradas para ajudar e ser ajudadas. Em 2013, o instituto seria eleito uma das cem melhores entidades do mundo do gênero no Top 100 NGOs, ranking organizado pela publicação suíça *The Global Journal*, que acompanha o trabalho de centenas de organizações em dezenas de países. Desde então, a ONG dos Werneck se manteve no grupo das cem melhores entidades voltadas para questões relativas à governança global e à política internacional e selecionadas a partir de três critérios principais: impacto, inovação e sustentabilidade. Em 2021, o Instituto da Criança chegou à festejada 75ª posição no ranking.

Anderson e Flordelis seguiram a orientação dos Werneck e criaram, em dezembro de 1995, o abrigo Associação Lar Família Flordelis, logo apelidado de "Lar Flordelis", um nome bem mais fácil de ser memorizado. Mas dois poréns fariam com que, em pouco tempo, Flordelis desistisse da instituição. Primeiro: havia vários abrigos na cidade e o Lar Flordelis começou a perder a singularidade e a deixar de ser notícia. Segundo, e mais importante: por ser abrigo, as crianças só podiam permanecer na instituição por dois anos ou até que completassem 18. E Flordelis sentia falta dos tempos do Jacarezinho, quando todos eram uma grande família e fugiam — juntos — do Juizado de Menores.

Siro Darlan passara a mandar para o abrigo crianças ameaçadas, em situação de abandono ou que haviam tido seus direitos violados. Essas crianças não poderiam ser apresentadas como filhos. Ainda que Flordelis se aproveitasse materialmente do fato de ter dezenas de "filhos", já que isso sensibilizava as pessoas, abrindo-lhe oportunidades, havia um lado muito pessoal da missionária que visivelmente se satisfazia ao se ver rodeada de "filhos". Conforme ela costumava dizer aos filhos de criação, a adoção de alguma daquelas crianças por outra família lhe causava dor. A seu modo, ela certamente os amava.

Em seu livro, Flordelis relatou esse dilema, vivido até finalmente decidir a abrir mão da instituição de caridade por concluir que não queria gerenciar adoções para outras mães, ela queria as crianças para si. Queria ela mesma acolher os meninos e vê-los crescer. Queria uma família grande. Essa mudança de planos atraiu novamente a mídia e ela em certa ocasião declarou a repórteres, resumindo a situação: "Eu estava em um impasse: continuar como abrigo, com todo o conforto e a estabilidade que a condição de instituição me oferecia, ou encerrar o Lar Flordelis, perder todas as ajudas, mas abrir a possibilidade de ficar com todos os meus filhos."

Os irmãos Werneck continuariam a ajudar o casal, mas apenas como pessoas físicas e não mais por meio da intercessão do Instituto da Criança junto a outras empresas. Carlos explica o motivo:

— Ela era uma instituição, e para conseguir doações não poderia ser família. Flor, no entanto, optou por ser [novamente] uma família. Sendo assim, o Instituto da Criança parou de ajudá-la.

* * *

O prazer de Flordelis em ser mãe chegaria a ponto de registrar Daniel como filho legítimo após enganar a mãe do menino. Na época, Anderson e Flordelis ainda mantinham a instituição de caridade. Era 1997 e, indicada por uma amiga, a dona de casa Maria Aparecida Limeira foi conhecer a entidade no Rio Comprido. Ficou admirada com o que viu no Lar Flordelis e deduziu que ali seria o espaço ideal para a recuperação do filho, usuário de drogas. Com autorização judicial, deixou-o aos cuidados da missionária e comprometeu-se a levá-lo de volta quando o filho superasse o vício. Toda semana ela comparecia aos cultos evangélicos e visitava o filho. Acabou participando, involuntariamente, de um sequestro de criança promovido por Anderson e Flordelis, conforme relataria à polícia após a morte do pastor.

Segundo Maria Aparecida, certo dia ela foi apresentada a uma jovem gestante, Janaína Barbosa, que lhe confidenciou a intenção de enforcar a criança ao nascer por já ter um filho de 2 anos e não poder criar dois. Impressionada, Maria Aparecida relatou o caso a Flordelis e Anderson, que demonstraram grande interesse em adotar o bebê. Maria Aparecida avisou Janaína e a jovem então entrou em contato com o casal. O menino nasceu em 18 de janeiro de 1998 na Casa de Saúde Santa Helena, em Duque de Caxias, na Baixada Fluminense, e, conforme combinado, no dia seguinte Anderson e Flordelis apareceram na maternidade para buscar a mãe e o recém-nascido. O casal, no entanto, levou para o Rio Comprido apenas a criança, logo chamada de Daniel, deixando Janaína no hospital aos cuidados de Maria Aparecida.

Também Janaína confirmaria o roubo da criança diante dos investigadores, mas com ligeiras diferenças na narrativa. Em sua versão, Anderson e Flordelis teriam buscado o bebê na casa de Maria Aparecida, para onde Janaína e o recém-nascido se dirigiram após receberem alta da maternidade. Anderson lhe teria apresentado Flordelis como cantora gospel, enquanto Flordelis destacara o fato de Deus lhe ter dito o seguinte, por meio de uma revelação: "Prepare a carruagem para a chegada de um bebê." Janaína questionou a pressa para levar a criança, que ficaria sem o leite materno. Flordelis teria respondido que não se preocupasse porque ela, Janaína, continuaria a ser a verdadeira mãe de Daniel, ao passo que ela, Flordelis, seria apenas a "mãe do coração".

Janaína ficou satisfeita e vislumbrou ali uma oportunidade de buscar um trabalho com calma e, em seguida, o filho. Enfim, seria, na visão dela, um arranjo temporário. Nesse mesmo dia, porém, Flordelis já lhe pediu a Declaração de Nascido Vivo emitida pela Casa de Saúde, única prova de que o recém-nascido era filho de Janaína. A mãe lhe entregou o documento em confiança e não lhe ocorreu pedir uma cópia ou uma segunda via para, mais tarde, reaver o menino. Foi o seu erro.

Por sugestão de Maria Aparecida, após um mês Janaína passou a visitar o filho e a participar dos cultos. A mãe da criança contou que, em sua primeira visita, a própria Flordelis a recebeu e lhe mostrou a rotina na casa. Nesse dia, ela almoçou com a missionária e os integrantes do "núcleo de origem", além, é claro, de ver o filho. Janaína começaria a se decepcionar com Flordelis ao se dar conta de que nunca a deixavam sozinha com Daniel.

— Não pude nem dar mamadeira para meu filho — diria à polícia anos depois, no âmbito das investigações em torno do assassinato de Anderson, acrescentando haver se arrependido de ter deixado o menino com o casal.

Janaína ameaçou pegar Daniel de volta, mas Flordelis alegou que um importante mantenedor da casa tinha se afeiçoado ao garoto e ele certamente desistiria do projeto se a criança fosse embora. Mesmo percebendo que o filho estava sendo usado por Flordelis para a manutenção da instituição, Janaína, com receio de que Daniel passasse por privações se ela o levasse embora, optou por se afastar definitivamente. Era tudo o que Flordelis e Anderson queriam. Em 27 de março, dois meses depois do nascimento do menino, Anderson atingiu a maioridade. No mês seguinte, em 24 de abril daquele mesmo 1998, ele finalmente oficializou a união com Flordelis em cartório. Dois meses depois, em 18 de junho, no dia em que Daniel completava cinco meses, o bebê seria registrado no 10º Registro Civil de Pessoas Naturais, no Méier, como filho legítimo do casal. As datas seguiram um encadeamento preciso, como se planejado.

Somente com as investigações sobre a morte do pastor se descobriria que o casal forjara a paternidade da criança. Ao registrá-la, levaram como testemunhas uma obreira da igreja e o filho afetivo Carlos Ubiraci, do "núcleo original". Ambos assinaram a certidão que trazia a informação de que Flordelis dera à luz em casa, na rua Santa Laura, 36, no Jacaré — antigo endereço da igreja de Carmozina na favela. Tudo mentira. O documento informava ainda que Flordelis, com 37 anos, era presidente da Associação de Moradores do Jacarezinho, embora ela nem sequer morasse mais lá. Anderson, com 21 anos, era identificado profissionalmente na certidão como administrador, o que também não era verdade.

Em depoimento filmado pelos investigadores da DHNSG, é possível ver o desconforto de Carlos Ubiraci ao ser questionado sobre a situação de Daniel. Um dos policiais lhe mostra a certidão de nascimento do rapaz, aponta as assinaturas das testemunhas e questiona:

— Você foi testemunha do nascimento, [*ocorrido*] em casa, do Daniel, testemunhando que ele é filho de Flordelis e Anderson. Você testemunhou? Você viu? Você viu a gestação? Você viu isso? Mas, então, vocês foram lá, você assinou o quê? Você pode dizer o que você testemunhou, onde que foi esse nascimento? O que que você testemunhou?

Carlos Ubiraci admite, gaguejando:

— É, na verdade, o Daniel, assim como os "irmãos" também, eles foram, é... todos foram adotivos, né? Adotados...

Com essa frase, ele admitia que Daniel não era filho biológico dos pastores. Por outro lado, faltava com a verdade ao dizer que todos haviam sido adotados. No vídeo, ele acrescenta que a ideia de registrar Daniel como filho legítimo partira de Anderson, por achar o menino parecido com ele. Flordelis, por sua vez, teria proibido os "filhos" de contar a verdade a Daniel. À medida que o garoto crescia, as semelhanças com Anderson se acentuavam. Preferido do pastor, ele recebia presentes como celular de última geração e até um carro foi deixado com o jovem para uso pessoal. Em criança, nos vídeos de divulgação da família, ele costumava aparecer perto de Anderson. Maiorzinho, era filmado tocando instrumentos. Nas reportagens para a TV, era um dos que mais se destacava. Adulto, tornou-se multi-instrumentista, participando do grupo gospel de Flordelis como pianista, violonista e baterista.

Daniel contou aos investigadores que, imediatamente após a morte de Anderson, foi procurado por uma suposta parente de uma tal Janaína que se oferecia para lhe revelar sua verdadeira origem. Ele não levou a história a sério e a ignorou. Ao descobrir, por meio dos policiais, que sua mãe biológica se chamava mesmo Janaína, uma mulher que sofrera com a separação forçada do seu bebê, Daniel ficou em choque. A uma pessoa com quem conviveu na casa do Rio Comprido, ele confidenciaria, abatido:

— Tudo que a gente viveu era uma mentira. A gente não sabe o que a gente é. Nem de onde a gente veio.

O Código Penal prevê detenção de dois a seis anos para registros de nascimento forjados. Nesse episódio, Flordelis seguiu os passos de Carmozina, que registrara a sobrinha como filha após o falecimento da cunhada. No caso de Daniel, contudo, a mãe da criança estava viva e fora enganada. Janaína também só saberia que seu bebê fora registrado como filho de Flordelis pelos investigadores. Já Maria Aparecida percebeu a trama desde o início, mas só abriu a boca quando começaram as investigações sobre a morte de Anderson.

— Eu via na TV que eles apresentavam o Daniel como filho, quando nem grávida Flordelis ficou. O que eu iria fazer? — justificou-se Maria Aparecida na delegacia.

3. AS ENGRENAGENS DA FAMÍLIA

Após deixar de funcionar como instituição de caridade, a casa de Flordelis no Rio Comprido retomou as feições de residência e a missionária voltou a procurar e a receber crianças dos próprios pais. Algumas eram adotadas seguindo os trâmites legais. Outras eram acolhidas "à brasileira", expressão que remete à prática, corriqueira no país, de se registrar como legítimo o filho de outrem, ação que, mesmo envolvida de afeto, é tipificada como crime no Código Penal. E no Rio Comprido ainda havia os casos — não raros — de bebês encontrados de manhã, numa cesta, em frente à porta principal, sem que se soubesse de onde teriam vindo. Flordelis os recolhia e simplesmente os integrava à família.

O "núcleo original" do Jacarezinho se mantinha fiel a Mãe Flor, mas Anderson jamais foi visto como "pai" pelo grupo. Era respeitado apenas como uma espécie de encarregado dos negócios da casa e gerente das carreiras religiosa e musical de Flordelis. Os mais velhos desse "núcleo" — Carlos Ubiraci, *Misael*, André, *Luan*, Cristiana, Simone, Adriano e Flávio — tratavam Anderson por *Niel*, nome inventado por Flordelis. Já Flordelis era chamada de Mãe por todos eles. Diferentemente dos demais, Flávio logo voltaria a morar com a avó Carmozina, no Jacarezinho, permanecendo ao lado dela até a idade adulta. O caçula de Carmozina, Fábio, o músico, também morava na casa, com a própria família. Por conta da convivência, Flávio acabou aprendendo a tocar violão com o tio, que foi aos poucos assumindo a figura paterna da qual Flávio tanto sentia falta.

A divisão de tarefas era rígida na casa de Flordelis. Ainda que Anderson fosse o "homem do dinheiro", quem estabelecia as diretrizes da dinâmica familiar era a pastora e nenhuma decisão podia ser tomada sem o seu conhecimento. Diante dos "filhos", Anderson fazia o papel de cobrador dos serviços solicitados, enquanto a missionária, em geral, fazia as vezes de mediadora compreensiva. Esse modelo de família tradicional, muito disciplinada, mas amorosa e esforçada, ainda que pudesse ser verdadeiro no dia a dia do casal, também funcionava como um jogo de cena que Anderson e Flordelis buscavam cumprir à risca na própria igreja, em outros templos e nos programas de TV. E a imagem que passavam era a de realmente terem construído um lar feliz.

Todos tinham atribuições, que, naturalmente, iam se modificando conforme as necessidades e à medida que a situação financeira melhorava. André e *Misael* eram os responsáveis por fazer a comida aparecer. No início da vida em comum, eles pediam, por exemplo, frutas e verduras aos comerciantes da Ceasa (Centrais de Abastecimento do Estado do Rio de Janeiro), que sempre os atendiam, apesar de muitas doações chegarem quase podres. Cristiana lembra, até hoje, do mau cheiro na cozinha apertada ainda no Jacarezinho, onde levava um bom tempo separando o que poderia ser aproveitado por Carlos Ubiraci, designado cozinheiro. Foi no ambiente daquela cozinha, precário, porém numa época em que todos estavam mais focados nos cuidados uns com os outros, que Cristiana e Carlos Ubiraci se apaixonaram. Ela sente saudade:

— O cardápio não mudava muito: angu, feijão, arroz e os legumes que conseguíamos aproveitar. Eu tinha 16 para 17 anos quando me apaixonei pelo Carlos. Ele relutou, porque Mãe Flor não aceitava nosso relacionamento. Eu ajudava a lavar os pratos também. De manhã, tinha o mingau de fubá. Eu pedia para ajudar para que ele não embolasse a mistura. Odiava o serviço, mas valia tudo só para ficar pertinho dele.

Cristiana logo engravidou de Carlos Ubiraci, contudo, como andava correndo pela casa o dia inteiro, subindo e descendo escadas, perdeu o bebê. O casal continuaria junto e, anos depois, nasceria Raquel. *Luan*, Cristiana e Simone cuidavam da roupa e do banho dos mais novos. Já no Rio Comprido, além de cozinhar, Carlos Ubiraci fazia as matrículas dos menores, ajudava-os nas tarefas escolares e comparecia às reuniões com professores. Frequentar a escola havia sido uma das exigências da Vara da Infância e Juventude, um direito previsto no Estatuto da Criança e do Adolescente.

Conforme foi assumindo atividades nos cultos do Ministério Atalaia da Última Hora, principalmente puxando orações e entoando louvores, Carlos Ubiraci foi deixando a cozinha para se tornar uma espécie de zelador-geral da moradia, atento a todos os detalhes de sua engrenagem. Contava com a ajuda de Adriano, o caçula de Flordelis — na época em que a casa se transformara na Associação Lar Família Flordelis, por exemplo, o movimento do público flutuante era tão intenso que precisava ser controlado por mais de uma pessoa. Sem as doações regulares recebidas no período em que funcionavam como associação e sem a ajuda das obreiras da igreja, as tarefas domésticas aumentaram. E também as funções religiosas, com a intensificação dos testemunhos de fé dados em lugares diversos, como os municípios de Duque de Caxias e Nova Iguaçu, na Baixada Fluminense.

Fato é que a maioria dos "filhos" só saía da casa após se casar. Mas houve casos de rapazes que se viram forçados a deixar a casa da Mãe Flor por namorar pessoas que não recebiam o aval da pastora, como jovens da igreja ou da casa. Tais relações surgiam com frequência, mas eram acobertadas do público externo por Anderson e Flordelis e oficialmente negadas. Afinal, o casal tinha uma reputação a zelar no meio religioso. Quem discordava dessa regra de conduta tinha duas opções: submeter-se ou ir embora, o que não era propriamente uma opção, já que não seria fácil encontrar outro canto para viver. Essa regra, porém, só valia para alguns: nos trinta anos em que perdurou a "família Flordelis", alguns "filhos" constituíram família entre si, foram embora e nunca mais deram notícias; outros permaneceram sob as asas do casal, ao lado de seus respectivos cônjuges e filhos, biológicos ou não.

* * *

Em 2019, ano em que Anderson seria assassinado, havia dezenas de "filhos" na casa de Flordelis. Mas é praticamente impossível afirmar que fossem 55, conforme ela alardeava. Em fotos da época veem-se crianças que eram, na verdade, filhos de "filhos" criados na casa, ao lado de adultos que não eram "filhos", e sim genros ou noras. Tais imagens tinham forte apelo e davam credibilidade à narrativa da missionária. A própria Flordelis não sabe quantos "filhos" chegou a ter. A seu favor, conta o fato de ser intrincado o histórico de relacionamentos no interior da residência por envolver "arranjos afetivos" nada convencionais, fosse entre casais, fosse entre os filhos de cada casal.

Primogênita de Flordelis, Simone, por exemplo, acabou se casando com o "irmão" André, do "núcleo original".

Com ele teve três filhos: Lorrane, Rafaela e Ramon dos Santos Oliveira. O casal adotaria ainda um filhinho de Vânia, outra jovem criada entre eles, e se responsabilizaria também por Rayane dos Santos Oliveira, a menina apresentada por Flordelis em programas de TV como tendo sido retirada de um lixão atrás da Central do Brasil em 1993. Embora Flordelis anunciasse por toda parte que adotara Rayane, os nomes que constam em sua certidão de nascimento como pais não são os de Flordelis e Anderson. São os de Simone e André, que, no entanto, não poderiam ter adotado a criança porque naquele ano eles tinham, respectivamente, 13 e 15 anos, e o Estatuto da Criança estabelece que a diferença de idade entre quem adota e o adotante precisa ser de, no mínimo, dezesseis anos.

Nas entrevistas que dava, Flordelis mentia dizendo que ela e Anderson haviam adotado Rayane, certamente para encobrir o fato de que, de alguma forma, conseguiram burlar a legislação e fizeram constar no registro da menina — um documento autêntico e sem rasuras — o nome de dois adolescentes como pais biológicos. Como outros escândalos ocorridos no interior da família, esse só viria à tona no bojo das investigações do homicídio do pastor. De todo modo, esse caso não se assemelha ao de Daniel, cuja mãe, Janaína, foi enganada pelo casal de pastores. Já a mãe de Rayane, segundo consta, chegou a frequentar a casa de Flordelis no Jacarezinho, mas de repente sumiu, deixando a filha com a pastora. Mesmo assim, a história também não é nada simples.

Procurada pelo jornal *Extra*, que tornou pública a história, Flordelis alegou, por meio de sua assessoria de imprensa, não se lembrar de detalhes do caso porque, quando Rayane foi recebida na família, ela, a pastora, fugia da Vara da Infância e Juventude pelas ruas, e logo depois foram muitos os processos de adoção regularizados simultaneamente. Disse ainda que a menina, por padecer de constantes crises convulsivas, exigia cuidados especiais, o que Simone espontaneamente oferecia por ter se afeiçoado a ela. O casamento de Simone e André durou onze anos, mas, mesmo separados, eles continuaram a conviver na casa.

***

Os irmãos de criação Carlos Ubiraci e Cristiana, que se apaixonaram enquanto trabalhavam na cozinha do Jacarezinho, também se responsabilizariam por mais duas crianças, além da filha biológica, Raquel. Uma delas seria Roberta, a menina que Flordelis teria recebido em uma caixa de sapatos. Roberta, que deixou a casa da pastora aos 21 anos, quando se casou, depôs na Comissão da Câmara que analisava a possibilidade de cassar o mandato da deputada. Ao fazer as perguntas às testemunhas, o relator do caso queria detalhes sobre o relacionamento dela com Flordelis e Anderson. A jovem contou que fora entregue pela mãe à missionária com 3 meses de idade e que, ao longo de toda a sua infância e adolescência, nunca se sentiu amada pelo casal de pastores. Acrescentou que era registrada como filha de Flordelis, mas quem zelava por ela no dia a dia era o casal Carlos Ubiraci e Cristiana:

— Eles tinham o costume de repassar o encargo de pai e de mãe para os mais velhos dentro da casa. A Flordelis e o Anderson sempre foram, para mim, um pai e uma mãe de família da casa em si. Mas não eram, efetivamente, meus pais. Minha referência de pai e de mãe eram o Carlos Ubiraci e a Cristiana.

A terceira criança a ser criada pelo casal chamava-se Rebeca. A menina era filha de Michele do Carmo de Souza, irmã mais nova de Anderson. Usuária de drogas, Michele era uma grande preocupação para a mãe, Maria Edna, também por manter relacionamentos amorosos com traficantes, entre eles o chefe do tráfico do Jacarezinho. Com saúde debilitada, agravada por ter contraído o HIV, Michele teria três filhos. Uma das crianças era justamente Rebeca, nascida em 2004 e entregue ao tio, o pastor Anderson, aos 15 dias de vida.

Rebeca chegou bastante enfraquecida à casa de Flordelis. Mas Cristiana e Carlos Ubiraci cuidaram dela até que ficasse bem. E se afeiçoaram tanto à bebezinha que tentaram adotá-la. Mas só conseguiram oficializar a situação da menina em 2018, quando ela já estava com 14 anos, pois a mãe biológica se opunha ao processo de adoção. Michele morreria pouco depois, em 21 de outubro de 2019, apenas quatro meses após o assassinato do irmão. Ela sofria de anemia, uma anormalidade hematológica comumente detectada em pacientes infectados pelo HIV. Com a imunidade baixa e muito abalada após a morte brutal de Anderson, não resistiu, conforme relatos de parentes.

Não era a primeira vez que a família lidava com a aids. Certo dia, três irmãos (duas meninas e um menino) chegaram à casa contaminados pelo HIV, o que só seria descoberto quando uma das meninas, a pré-adolescente Vanessa, apelidada Kikita, passou a apresentar queda de cabelo e feridas pelo corpo. A doença seria confirmada no hospital e Kikita iniciaria imediatamente o tratamento. Passional, era bastante amorosa, mas quando se desentendia com alguém fazia cara de poucos amigos e avisava, ainda que não concretizasse as ameaças: "Vou pingar o meu sangue no feijão que você vai comer!"

Um pouco mais velha, deprimida com a doença, que a obrigava a ingerir todos os dias um coquetel de medicamentos fortíssimos doados pelo sistema público de saúde, ela desistiu de seguir adiante com o procedimento e passou a esconder os comprimidos que recebia de Cristiana. Foi definhando, definhando... Em 2007 precisou ser internada e perdeu a guerra para o vírus com apenas 20 anos. Foi um dos mais tristes momentos vividos pela família, segundo a própria Flordelis.

Muito apegado a Kikita, Adriano, o "Pequeno", entrou em depressão. Quem também sentiu muito foi o empresário Carlos Werneck, que um dia cogitara adotá-la, mas fora impedido por Flordelis. Ela acreditava que, com sua fé de pastora, a jovem se curaria da aids.

Uma das irmãs de Kikita ficaria com Flordelis. O outro, acabou sendo acolhido na organização não governamental Sociedade Viva Cazuza. A instituição havia sido concebida por Lucinha Araújo, mãe do cantor e compositor Cazuza, que morrera em julho de 1990, aos 32 anos, vítima de complicações provocadas pelo HIV. Fundada no mesmo ano da morte do filho por Lucinha e o marido, o produtor musical João Araújo, a organização tinha o objetivo de cuidar de crianças e adolescentes soropositivos, muitos deles abandonados pelos pais. Localizada em Laranjeiras, na Zona Sul, a instituição pioneira ganhou notoriedade ao desenvolver um importante trabalho assistencial, e Lucinha se tornou um dos símbolos da luta contra a aids no país. Até a Sociedade Viva Cazuza encerrar suas atividades, em 2020, passaram pela entidade 328 crianças portadoras do vírus.

Ao saber que uma irmã morava com Flordelis, a mãe de Cazuza tentou levá-la para a sua instituição, a fim de que recebessem o tratamento juntos por meio da rede hospitalar que apoiava a sua entidade. Flordelis não permitiu. Lucinha acabou desistindo de unir os irmãos, e o menino acabou adotado, tendo Lucinha como uma espécie de madrinha.

Contribuía para a formação de "arranjos afetivos" na casa o fato de, muitas vezes, as adoções demorarem a se concretizar. Foi o que aconteceu com as irmãs Isabel e Annabel dos Santos de Souza, adotadas legalmente na adolescência por Anderson e Flordelis, embora já integrassem o grupo desde que eram bebês. Pelo seu lado, a Vara da Infância e Juventude e o Conselho Tutelar já não fiscalizavam com tanto rigor o movimento na casa quanto na década de 1990. Certamente por verem que as crianças, bem ou mal, estavam em uma situação melhor ali do que se estivessem na rua.

* * *

Quando Anderson acatou o desejo da esposa de fechar o abrigo de menores, ele imediatamente ampliou a ideia: era hora também de alavancar a carreira dela. E a volta do slogan "Flordelis e suas dezenas de filhos" cairia como uma luva para compor a imagem de pastora e cantora gospel. Assim, no início da década de 2000, o casal operou uma grande virada. A Associação Lar Família Flordelis deixou de existir, Anderson entregou o imóvel no Rio Comprido, cujo contrato de aluguel já se encerrava, e a família mudou-se para a Freguesia, em Jacarepaguá, bairro da Zona Oeste.

Nessa região os aluguéis eram mais acessíveis, o que seria importante, já que a família não poderia mais contar com doações de empresas no orçamento doméstico, ainda que os irmãos Werneck continuassem a bancar essa despesa como pessoas físicas, o que nunca deixaram de cumprir. E, para marcar a largada de Flordelis no mundo gospel, foi lançado o primeiro compacto da cantora. Com a ajuda do irmão músico, Fábio, as gravações foram produzidas na Angelical 2, uma gravadora gospel praticamente sem recursos e desconhecida no mercado fonográfico. No disco, intitulado *Ninguém se esconde*, por descuido o nome de Flordelis foi registrado como Flor de Liz.

Meses antes, porém, ainda no Rio Comprido, eles inauguraram, em 28 de maio de 1999, uma igreja no bairro do Rocha, perto da favela do Jacarezinho. Os Werneck, que impunham algumas regras para manter seu apoio financeiro, não gostavam que as igrejas funcionassem no mesmo local em que as crianças eram cuidadas. Assim surgiu a Assembleia de Deus Ministério Flordelis, sediada num galpão desocupado que pertencia a um amigo de Pedro Werneck. Por exigência de Pedro, a congregação, que ficava na rua Ana Néri, 1.150, foi regularizada com CNPJ, inscrição na prefeitura, estatuto social e ata de fundação. Sepultava-se de vez o Ministério Atalaia da Última Hora, nascido na garagem do casarão do Rio Comprido.

O nome do novo templo, justificava Flordelis, fora sugerido a ela em uma visão na qual lhe teria sido dito que sua missão era espalhar "a obra de Deus". A mãe a apoiou. Afinal, até ao escolher o nome da filha Carmozina fora meticulosa, encontrando-o numa passagem do Antigo Testamento que menciona uma certa flor-de-lis, lírio associado à bandeira do rei Davi, de Israel. Com capacidade para mil pessoas, logo nos primeiros cultos o Ministério atraiu mais de seiscentos fiéis. *Misael* arrematou bancos acolchoados de segunda mão largados numa fábrica por outra igreja e, em seguida, angariou doações de ventiladores. Diferentemente dos católicos, os evangélicos primam pela simplicidade ao montar suas congregações, por isso conseguem abrir as portas de suas igrejas em pouco tempo. Depois, com o crescimento da igreja e a ajuda dos frequentadores, a tendência natural é oferecer a eles mais conforto.

Na Freguesia, a família teve dois endereços: primeiro, na estrada do Guanumbi, numa casa dúplex de oito quartos cuja fachada Flordelis mandou pintar de roxo, uma cor bem chamativa, para, segundo ela, celebrar a mudança de vida; depois, na rua Jornalista José de Moraes, numa construção bem maior. Nas duas havia piscina para o lazer. A família voltou a crescer, pois o casal decidiu dar entrada na adoção das crianças abrigadas provisoriamente em sua antiga instituição de caridade. Flordelis afirma que, nesse período de transição, ela acabou perdendo "18 filhos", cujos processos de adoção por outras famílias foram concluídos. Aborrecida, mais uma vez ela procurou a imprensa. "Hoje me intitulam 'mãe de cinquenta filhos', mas sou muito mais do que isso. Mais especificamente, de setenta. Infelizmente, não me permitiram conviver com todos eles", dizia nas entrevistas, e assim registrou em sua biografia. O número exato de "filhos" continuava uma incógnita, pois ninguém sabia precisar.

* * *

Em 12 de maio de 2002, no Dia das Mães, lá estava Flordelis, ao lado de Anderson e de uma dezena de "filhos", no programa *Planeta Xuxa*, uma das maiores atrações da TV brasileira na época, transmitida pela Rede Globo. Flordelis seria entrevistada por Xuxa, a Rainha dos Baixinhos, conforme a apresentadora era chamada. A pastora entrou em cena usando um vestido branco e um casaquinho preto, casto, com trançado de rede, exibindo os cabelos castanho-escuros ao natural com franjinha, o que lhe dava um ar inocente. A falta de alguns dentes tanto na parte superior quanto na inferior da boca, à mostra quando sorria, transmitia um semblante de mulher sofrida, mas feliz. A sua religiosidade era comedida e tudo soava verdadeiro, com sinceros erros de português.

Por orientação da diretora do programa, Marlene Mattos, menores de idade não deveriam estar no grupo. Além disso, "pregações" durante a entrevista deveriam ser evitadas, já que a maior parte do público de Xuxa era católica. Caso contrário, sua história poderia nem ir ao ar. Flordelis seguiu o script e a Rainha dos Baixinhos acabou fazendo uma das entrevistas mais comoventes e longas (de 28 minutos) já transmitidas pelo *Planeta Xuxa*. A produção criou um clima especial e Flordelis foi anunciada como "mãe de verdade, uma mãe especial de 44 filhos", mãe essa que vinha de uma favela violenta e enfrentara traficantes armados para tirar adolescentes do vício apenas com a promessa de que a vida deles poderia mudar para melhor. Mas a mensagem que marcaria a entrevista e conquistaria os telespectadores de vez seria enunciada com candura pela própria Flordelis: "Há dois tipos de mãe, Xuxa: a mãe biológica e a do coração. E eu tinha adotado aquelas crianças no meu coração. Elas nasceram do meu coração."

Flordelis respondeu muito bem às perguntas endereçadas a ela e arrancou lágrimas dos convidados, inclusive de Xuxa e dela mesma, ao relatar que chegara a viver nas ruas, fugindo do Juizado, para não se separar de "suas crianças". A apresentadora então declamou: "Mãe é aquela que cuida, que educa, que ampara, que corrige, que alimenta, que dá carinho e que enfrenta junto os desafios e os problemas." Incitada por Xuxa, a pastora rememorou várias passagens de sua vida, como quando resgatou uma bebezinha do lixo (Rayane), atrás da Estação Central do Brasil. Eram histórias cheias de compaixão que Flordelis repetiria nas dezenas de entrevistas que passaria a dar, cada vez mais, em programas de TV, jornais, revistas e rádios. E, conforme Marlene Mattos lhe ensinara, sempre sem "pregações".

Anos depois, Xuxa contou que percebia humildade nas ações de Flordelis e que se sentiu particularmente tocada pelo caso dela porque associou a missionária à própria mãe, que sempre quisera adotar uma criança:

— Como alguém pega tantos filhos para criar? Como alguém, sem possibilidade nenhuma, se arrisca por eles? Eu fiquei emocionada porque minha mãe sempre quis adotar, mas nunca deixamos, já que éramos cinco e não tínhamos muita grana para sustentar bem nós cinco... E Flordelis, sem nenhuma grana, pegou todos eles. Eu vi um pouco da minha mãe na coragem dela. Eu, que tinha grana para me sustentar, sustentar a minha fundação, não tinha adotado uma criança... Fiquei curiosa para saber como ela os conheceu, como conseguia dinheiro para mantê-los. Eu fiquei fascinada. E ela viu isso em mim: emoção, curiosidade e fascínio.

Xuxa disse também temer que a tragédia tenha atingido psicologicamente as crianças de forma irreversível:

— Tenho muita vontade de saber como está a cabecinha dessas crianças que devem ter vivido coisas que nunca vamos imaginar. Que vivenciaram toda essa história com um final tão trágico.

Na noite daquele mesmo 12 de maio de 2002, a Mãe do Ano ainda apareceria no *Fantástico*. Flordelis surgiria na telinha cantando com os "filhos" uma música gospel. Foi um sucesso. Conforme ela sintetizaria posteriormente, em um único dia sua carreira "deu um boom". De fato, a partir daí, choveram convites de apresentadores famosos de canais e estilos diversos, como Hebe Camargo, Ana Maria Braga e Rodrigo Faro. O tom era sempre o mesmo: "Eu digo para os meus filhos que é preciso gerar no coração." Ou: "As crianças eram presentes de Deus." Ou então: "Eles podem não ter o meu DNA físico, mas têm o DNA da alma."

Até diante da experiente jornalista Marília Gabriela, conhecida por suas perguntas incisivas, Flordelis se saiu bem. Fez uma detalhada narrativa da realidade numa favela dominada pelo tráfico de drogas e do seu trabalho de recolhimento de crianças nesse ambiente. Abordou também temas sensíveis para os evangélicos, como controle de natalidade. Não fugia dos assuntos e surpreendia ao dar respostas controversas sob o ponto de vista religioso, como a de que as adolescentes precisavam de informações sobre a vida sexual.

***

Ainda em 2002, Anderson começou a comentar com alguns amigos que a Assembleia de Deus Ministério Flordelis estava com muitas dívidas. Um desses amigos era o pastor Samuel Gonçalves, a quem eles acabaram passando o espaço da congregação — mas não o nome, que rapidamente se tornou uma marca do casal. Samuel se lembra bem da ocasião:

— A Flor cantava bem, atraía o público, Anderson era um bom orador e os dois sempre tiveram boas intenções com as crianças. Mas, apesar de a igreja se manter cheia, o Anderson reclamava que estavam com muitas dívidas. Ele me perguntou se eu tinha interesse em ficar com o templo. Eu respondi que igreja não se fecha, se abre. Acabei ficando com ela.

Samuel, que pagou todas as despesas pendentes do templo, conta que foi mais ou menos nessa época que Flordelis e Anderson tomaram a iniciativa de se autodenominar "pastores". Não era incomum que isso ocorresse no mundo evangélico quando o fiel criava a própria igreja, mas também havia a possibilidade de a pessoa ser ordenada por um líder religioso. Samuel recorda-se que, em 1996, chegara a aproximar o casal do bispo Abner Ferreira, responsável pela Assembleia de Deus de Madureira, uma das mais antigas e conceituadas do país. Mas o fato de Flordelis e Anderson estarem sempre às voltas com pendências no Juizado de Menores não era visto com bons olhos pelos evangélicos, e a relação com o bispo desvaneceu-se. Anderson acabaria optando por ser independente, sem vínculos com outras congregações. Autodidata no campo religioso, depois ele faria cursos de Teologia com o pastor brasileiro Nelson Rocha, que pregava nos Estados Unidos.

Quando passaram a igreja do Rocha para o pastor Samuel, Flordelis e Anderson já ministravam um culto semanal para cerca de trezentas pessoas no salão de festas de um condomínio do outro lado da baía de Guanabara. O condomínio ficava no Colubandê, bairro localizado em São Gonçalo, um dos municípios mais pobres do estado, pertencente à Região Metropolitana do Rio de Janeiro. A apenas 20 quilômetros da capital e próximo de Niterói, São Gonçalo não era tão longe que impedisse os fiéis de atravessar a ponte Rio-Niterói de ônibus ou carro para chegar lá. Mas o espaço em Colubandê era temporário.

O acalentado projeto de Anderson era fundar ali mesmo em São Gonçalo um templo maior e se estabelecer na região, o que, de fato, aconteceria entre 2010 e 2011, quando toda a família se mudaria, não para São Gonçalo, mas para o município de Niterói, fixando-se em Pendotiba. Em 16 de novembro de 2002, depois de várias participações em programas de TV, Anderson alugou um espaçoso galpão no mesmo Colubandê para sediar a sonhada igreja, intitulada, simplesmente, Ministério Flordelis. Foi aí que Flordelis retomou a prática de fazer "revelações" em público, o que abandonara desde que saíra do quarto de orações de Carmozina. O templo recém-inaugurado lotou, e cada culto passou a reunir, em média, mil pessoas.

Os ministérios da pastora traziam sempre apresentações de música gospel e hinos de louvor puxados por ela e pelos "filhos" mais talentosos, caso de *Luan*. Com a colaboração dos fiéis e de outros "filhos", ela também dava palestras motivacionais, fazia pregações e até oferecia terapia para casais, tendo em vista evitar a separação. Em relação aos jovens, seu objetivo era alertá-los sobre o uso de drogas e o perigo de se ingressar no tráfico. Mas eram as "revelações" súbitas feitas por Flordelis que mais atraíam crentes: do púlpito, ela apontava para alguém da plateia e, dizendo-se profetisa, revelava algo íntimo da pessoa. Geralmente a frase era genérica, tal como "sei que você está enfrentando um problema na família". Ela própria e o marido apelidariam os cultos de "Casa Show Evangélico".

A maioria das ideias para atrair seguidores partia de Anderson, consciente de que a região era carente de entretenimento e que a população enfrentava desafios cotidianos como desemprego, alcoolismo, drogas, miséria. A igreja era então o lugar do espetáculo — para aqueles que não podiam pagar ingressos para eventos culturais — e, ao mesmo tempo, o lugar dos desvalidos, dos doentes, dos necessitados — que não podiam arcar com consultas a médicos e psicólogos. Em seu livro, Flordelis faz vários elogios à capacidade empresarial do marido em frases como: "Meu marido, que é mais prático e empreendedor [*do que eu*], vai direto ao assunto." "É um homem de muita visão." "Se a minha carreira de cantora é o que é hoje, eu devo muito a ele." "Acredito que seja esse um dos fatores que contribuem para o nosso sucesso matrimonial: nós nos equilibramos."

Na agenda da semana, havia um dia em que o casal anunciava a expulsão de demônios do corpo dos fiéis em pleno culto, uma espécie de exorcismo. Alguns chegavam a cair no chão quando Anderson espalmava a mão acima da cabeça deles. A cena impressionava até os mais incrédulos. Havia também intercâmbio com outras igrejas: assim como Anderson e Flordelis eram convidados para palestrar, fazer pregações ou cantar em congregações fora do estado, ocasiões em que recebiam doações em dinheiro, alimentos e roupas, também eles convidavam pastores de templos vizinhos a orar no Ministério Flordelis. Anderson era um mestre de cerimônias nato. Martinho Monteiro, professor de Teologia e pastor da Assembleia de Deus de São Gonçalo, recorda-se do carisma do jovem e da importância de seu trabalho para inserir Flordelis no mundo evangélico:

— Ele sempre chamava a atenção nas rodas de pastores: "Olha a Flô ali"; ou "Olha quem está vindo!" Aí ele gritava o nome dela: "Flô, dá um abraço nele aqui."

Outra grande inspiração de Anderson foi criar o I Congresso Internacional de Missões, uma espécie de Rock in Rio do mundo gospel. Até então, o mais conhecido do gênero entre os evangélicos era o Congresso dos Gideões, criado no fim da década de 1970 em Camboriú, Santa Catariana. Como esperava muita gente, o pastor alugou a área de um quartel desativado no bairro do Barreto, em Niterói, para que as caravanas pudessem se acomodar ali. Pelos cálculos do casal, 12 mil pessoas estiveram no Ministério Flordelis do Colubandê entre os dias 1º e 7 de setembro de 2006. Era o casal Flordelis e Anderson criando contatos internacionais — o evento foi um sucesso e se tornou anual.

4. FILME, CD, PREGAÇÃO E SHOW

A entrevista dada no *Planeta Xuxa* foi um divisor de águas na vida de Flordelis e sua família. Uma das pessoas que particularmente se sensibilizaram com a trajetória ímpar da pastora e sua forte imagem de mãe foi o editor de moda e fotógrafo Marco Antonio Ferraz. No Dia das Mães de 2002, ele andava pelo salão de embarque internacional do Aeroporto Tom Jobim, no Rio de Janeiro, esperando a hora de seu voo para Paris, quando teve a atenção voltada para uma TV ligada numa loja do *duty free* justamente no momento em que Xuxa entrevistava Flordelis, de quem ele nunca tinha ouvido falar. Marco acabara de perder a mãe, dona Margarida, também com nome de flor, vítima de uma infecção hospitalar. De família pobre, ele tivera, como Flordelis, uma trajetória incomum.

Nascido em Volta Redonda, no sul do estado do Rio, estudou apenas até o ensino médio e partiu para São Paulo, com a cara e a coragem, a fim de tentar ser alguém no meio fashion. Autodidata, seu sonho era ocupar o cargo de editor de moda na prestigiada revista *Marie Claire*, para a qual, de fato, foi contratado com pouco mais de 20 anos de idade. Com o tempo, acabou assinando editoriais em publicações internacionais como *Vogue*, *Twill*, *Eastwest*, *GQ* e a *Vanity Fair* italiana. Realizado profissionalmente, sentia falta de ajudar outras pessoas, sentimento que se intensificou com a partida de dona Margarida. Os relatos de Flordelis mexeram com ele e, após sua viagem, já no Brasil, Marco tentou obter o telefone da pastora por meio de uma irmã de Xuxa, a empresária Solange Meneghel, com quem mantinha uma relação profissional. Ela lhe passou o telefone de Pedro Werneck, que, por sua vez, deu a Marco o número de telefone de Anderson.

— Fiquei muito tocado com o que ouvi sobre Flordelis e pensei em usar a minha profissão de editor de moda em prol daquela família, que eu não conhecia — explica Marco. — Isso me preencheu como cidadão e ser humano. Foi algo muito forte, difícil de explicar o que deu em mim.

Marco se aproximou de Flordelis, Anderson e seus "filhos" e logo criou um sólido vínculo afetivo com eles. Pelo seu lado, ele ressalta que, por ser homossexual, condição não muito tolerada entre os evangélicos, temeu que pudesse haver algum estranhamento. Mas foi bem acolhido. Aos poucos, eles virariam sua segunda família e Flordelis diria que ele já aparecera em uma de suas visões como a pessoa que mudaria a vida dela. Influente em sua área de atuação, Marco incluiu Flordelis e as crianças em diversos projetos solidários. E estabeleceu como meta a compra da casa própria deles — o que não chegaria a se concretizar. A primeira ideia a sair do papel foi um desfile beneficente com modelos famosas, entre as quais Isabeli Fontana, Raica Oliveira, Fernanda Lima, Ana Hickmann, Adriana Lima e Raquel Zimmermann. Na plateia, Flordelis vestia uma criação do britânico Alexander McQueen, um dos mais respeitados estilistas do mundo. As fotos tiradas no evento compuseram um calendário que foi vendido para dar início à poupança da casa própria do clã Flordelis.

Marco ainda tomou para si a tarefa de aprimorar a aparência da pastora, a partir dos conceitos que ele achava essenciais para impulsionar a carreira dela, e se autonomeou seu *personal stylist*. Nesse sentido, os primeiros itens da agenda estabelecida por ele eram: tratamento dentário e mudança radical na cabeleira.

— O cabelo dela sempre foi muito fraquinho, daí então ela passou a usar perucas. Fui eu que as introduzi na vida da Flor. Como editor de moda, eu tinha os melhores maquiadores e fotógrafos do país trabalhando comigo. Precisava tirar aquela imagem de pedinte dela.

As perucas se tornariam uma das marcas registradas de Flordelis. A primeira, recorda-se Marco, foi adquirida na Fiszpan, loja com os mais finos produtos do ramo na época, e paga por um namorado dele com doze cheques pré-datados. Marco doava para Flordelis muitas das roupas que recebia de grifes para montar seus catálogos. E apresentava a pastora às mulheres famosas que fotografava, em geral modelos e atrizes, e também elas acabavam ajudando-a. Ele lembra que havia uma atriz que doava vestidos e sapatos caros que serviam não apenas na pastora, mas também em suas "filhas" mais velhas. Acabar com a imagem de "pobre coitada" de Flordelis, como ele dizia, tornou-se uma ideia fixa para Marco, que a levou até a desfiles na São Paulo Fashion Week, o maior evento de moda do Brasil, para que se familiarizasse com o glamour daquele mundo.

∗ ∗ ∗

Ao todo, Marco articulou mais de dez projetos beneficentes para apoiar a família de Flordelis e Anderson, sempre usando sua credibilidade no mercado. Mas o que mais impactaria a popularidade de "Flô", conforme passou a tratá-la na intimidade, seria a produção do filme *Flordelis — Basta uma palavra para mudar*, realizado basicamente com a colaboração de voluntários. A ideia inicial era fazer um documentário — ou, como Marco define, um *docudrama* — sobre a vida da pastora e sua penca de filhos para ser vendido apenas à porta das igrejas, tal qual o casal já fazia com CDs. Seria em P&B, sem grandes sofisticações.

Marco convidou a atriz Malu Mader para interpretar a protagonista, mas ela declinou por falta de tempo. Ele então sugeriu que Flordelis atuasse. Insegura, ela disse não estar preparada para tamanho desafio, mas Marco a incentivou dizendo que bastaria interpretar a si mesma. E ainda apelou para um argumento irrefutável do ponto de vista da pastora:

— Se você acha que Deus está ajudando a fazer o filme, então vai ser você e ponto final.

Flordelis cedeu e, disciplinada, rapidamente decorou suas "falas" no script. Além das entrevistas que dera até então para a TV, sua única experiência em uma atuação ocorrera ao fazer um comercial de fraldas da marca Turminha Feliz, na primeira metade dos anos 1990. O cachê era pago, em parte, com fartas doações do produto encaminhadas para a casa de Flordelis. O pastor Samuel Gonçalves rememora que foi ele quem conseguiu o patrocínio, quando ainda trabalhava como apresentador na emissora CNT.

Com a definição da intérprete da protagonista, Marco passou a montar todo o estafe necessário para a produção. Não foi difícil para ele reunir atores bastante conhecidos do público — que sequer cobraram cachê — para interpretar os outros personagens. Assim, integraram o elenco: Reynaldo Gianecchini, Letícia Sabatella, Deborah Secco, Marcello Antony, Letícia Spiller, Cauã Reymond, Alinne Moraes, Patrícia França, Fernanda Lima, Rodrigo Hilbert, Ana Furtado, Fernanda Machado, Erik Marmo, Guilherme Berenguer, Pedro Neschling, Sérgio Marone, Thiago Rodrigues, Bruna Marquezine, Carolina Oliveira, Cris Vianna, Graziella Schmitt, Isabel Fillardis, Júlia Mattos, Eduardo Galvão, Thiago Martins,

Giselle Itié, Alexandre Zacchia, Roumer Canhães e Raphael Louzada.

— Eu usava de chantagem [com os atores] — resume Marco, dando uma risada alta. — Falava sobre quantos quilos eram gastos para alimentar uma família tão grande. Sempre funcionava. Era por uma boa causa: a compra da casa definitiva para a família da Flô. Eu queria ajudar a tornar o sonho dela realidade.

O editor de moda citava então para os atores a quantidade de alimentos consumida semanalmente na casa de Flordelis, revelada na primeira aparição da pastora no *Fantástico*, no Dia das Mães de 2002: 165 quilos de comida, 300 pãezinhos e 56 litros de leite. E todos se comoviam. As filmagens ocorreram na casa da própria família, que, nessa época, morava na Freguesia, na rua Jornalista José de Moraes. Por ser uma casa grande, foi possível construir o set de filmagem no térreo e ainda improvisar um camarim. O local era perto de Curicica, também na Zona Oeste, onde ficava o Projac, os estúdios de gravação da TV Globo. A maioria dos atores trabalhava ali, o que dava mais agilidade às gravações.

— Eles já chegavam com o texto decorado — lembra Marco, agradecido pelo crédito que lhe deram.

Para imprimir realismo à produção, algumas externas foram feitas no Jacarezinho, um dos lugares com a maior concentração de usuários de crack do estado, já que aquela foi uma das primeiras favelas a vender esse tipo de entorpecente no Rio de Janeiro. Por assumir também a direção do filme e ainda dividir a função de roteirista com o cineasta Anderson Correa, Marco fez questão de conhecer a localidade. Flordelis o levou com ela quando foi pedir autorização aos traficantes para rodar ali certas cenas e também o clipe musical a ser usado como material de divulgação. Marco queria filmar um baile funk, algo completamente novo para ele, mas foi impedido até mesmo de entrar em um. Mesmo assim, o filme acabou mostrando um baile funk, só que montado pela equipe de filmagem em uma rua de São Gonçalo.

Em meio a becos e vielas, Marco percebeu como Flordelis dominava o ambiente. Ela brincou com ele: "Espero que você não dê de cara com o 'bonde do tráfico'." Foi ela acabar de falar e passou por eles um grupo de cerca de cinquenta homens com fuzis e metralhadoras. Eles levavam consigo um menino de 12 anos para lhe aplicar um castigo, mas a pastora interveio e pediu que libertassem o garoto.

— Eu vi, ninguém me contou — relata Marcos, com expressão de espanto. — Os caras obedeceram. Sei lá como ela fez isso.

Nos dias em que filmaram no Jacarezinho, Marco viu também muitos moradores querendo tocar em Flordelis, aproximar-se para pedir orações ou simplesmente oferecer café. Às vezes ela aceitava uns goles de água, mais nada. Era inegável, na opinião do editor de moda, o fascínio que ela exercia sobre as pessoas. Meninos que atuavam no tráfico corriam para pôr uma camisa antes de pedir a ela que tirasse fotos ao lado deles. Flordelis os atendia com gosto e até brincava com a garotada, mas não tirava fotos com meninos armados. Certa vez, traficantes deixaram no set da favela diversos pacotes de sanduíche de mortadela para a equipe. Por ordem dela, todos recusaram o presente, embora estivessem com fome, para não gerar troca de favores com o tráfico.

***

Entusiasmado com o nível do *casting* que participaria das filmagens, o marido de Flordelis contagiou muita gente da equipe ao defender ardorosamente a ideia de levar a produção para as salas de cinema. Marco relutava. Sua ideia — comercializar o produto apenas à porta das igrejas — sempre fora bem menos ambiciosa. Não à toa ele mantivera a película em P&B, uma opção nada comercial. E ainda havia o problema da sonorização precária. O filme deixou definitivamente de ser um documentário quando a advogada contratada para analisar algumas cenas comentou que no roteiro havia situações remetendo a crimes que ainda não tinham prescrito. Por isso os "filhos" de Flordelis poderiam vir a ser chamados a depor. Era o caso, por exemplo, do jovem que descrevia sua rotina como traficante. Embora fossem atores interpretando os adolescentes, as pessoas retratadas eram reais e integravam a família da pastora.

A saída foi fazer um filme "baseado em fatos reais", o que causou certo transtorno porque a produção não havia sido concebida assim originalmente. Mas como exibidores consultados se encantaram com o elenco e consideraram o produto vendável, o negócio foi adiante, para alegria de todos. Os Werneck, que também colaboraram como produtores associados, mais tarde envolveriam no processo a distribuidora Art Films, que chegou a enviar o material para um estúdio americano a fim de melhorar sua qualidade técnica.

Os personagens tinham nomes fictícios, já o roteiro seguia fielmente o que Flordelis e Anderson relatavam. A primeira cena, a do baile funk, mostra Flordelis em suas andanças de madrugada pela favela. No filme, ela fica sabendo que um jovem acabara de ser levado para ser executado pelo chamado "tribunal do tráfico". Ela vai atrás e, no momento em que o garoto está prestes a ser morto, surge no local e consegue convencer os bandidos a poupá-lo. É uma cena semelhante à presenciada por Marco naquela noite em que eles foram pedir autorização ao chefe do tráfico do Jacarezinho. Mas há muitas outras histórias narradas pelo casal de pastores que — hoje se sabe — eram quase todas fantasiosas.

É o caso da cena em que o personagem do pastor, interpretado por Marcello Antony, conta a alguém como conheceu Flordelis. Ele teria ido à igreja dela justamente para isso, pois sempre ouvira falar de seu carisma. De acordo com seu relato, ao ouvi-la cantar, pensou: "É aqui que vou amarrar meu burro." A frase seria repetida, em seguida, pelo próprio Anderson, que fez essa "pontinha" no filme, certamente para dar autenticidade à passagem. Em seguida, o personagem de Antony reaparece fazendo o seguinte comentário para seu interlocutor: "Eu pensei que essas coisas de amor à primeira vista eram só em novela. Eu sabia que para conquistar tinha que estar ao lado dela. Aí grudei." O problema é que, na vida real, conforme o depoimento da mãe de Anderson à polícia, seu filho já conhecia Flordelis desde criança.

Como a produção se tornou "um filme baseado em fatos reais", as cenas inventadas isentavam os autores de responsabilidade, mas o público é levado a acreditar que tudo é verdadeiro. Marco afirma não saber que havia tantas inverdades no roteiro, mas observa que várias vezes precisou fazer ajustes por perceber incoerências ou pontas soltas nas narrativas:

— Tive que fazer cortes em algumas cenas. Uma delas tratava justamente do nascimento do filho Daniel, tratado como biológico pelo casal. Embora o casal afirmasse que o menino era deles, desconfiei que estavam mentindo porque a história parecia muito confusa.

***

A família morou em mais de uma dezena de casas no Rio de Janeiro, todas alugadas, à exceção do imóvel de Carmozina no Jacarezinho, que foi vendido para bancar a construção de uma igreja. Conforme a filha de criação Daiane Freires informaria aos investigadores após a morte do pastor, as mudanças foram tantas que era difícil precisar a data de cada uma. Quando Anderson passou a investir na criação de igrejas em São Gonçalo, o casal decidiu, por exemplo, morar mais perto dos templos a fim de poder administrá-los melhor. Por outro lado, *Misael* lembra bem que, ainda em 2009, chegaram a morar de forma provisória em um quartel do Exército, em Niterói.

Sensibilizados com a situação, os irmãos Werneck se propuseram a alugar temporariamente para a família uma casa num condomínio de classe média em Piratininga, na Região Oceânica de Niterói, até que Flordelis e Anderson pudessem se estabelecer com os filhos em uma moradia financiada pela Caixa Econômica Federal e paga mensalmente por Carlos Werneck. Proposta aceita, Flordelis escolheu uma casa de três andares no Badu, bairro da região de Pendotiba. Com piscina e um sótão num terreno acidentado, era a última casa da rua Cruzeiro, uma rua sem saída.

Com algumas obras de pequeno porte, a casa principal passou a abrigar dez quartos, invariavelmente subdivididos por um compensado à guisa de parede, conforme iam chegando mais crianças. Uma parte da sala, por exemplo, ganhou várias camas, reduzindo-se, assim, o espaço reservado à família para ver TV. Esse quarto improvisado era abafado, por não contar com janelas, por isso um ventilador ficava ligado praticamente 24 horas por dia ali dentro. Uma casinha num aclive do quintal, concebida inicialmente talvez para servir de dormitório de funcionários, foi cedida a Carlos Ubiraci e Cristiana a fim de que usufruíssem de mais privacidade com suas três meninas. Carlos Ubiraci também foi designado para comandar a igreja de Piratininga, uma espécie de prêmio por sua lealdade, ainda que tivesse de prestar contas pormenorizadas a Anderson. Outra casinha ficaria com Adriano, o caçula de Flordelis. Casado com Marcelle Gomes, eles tinham dois meninos.

Um grande canil existente nos fundos, na subida do morro atrás da casa, que dava para a rua Thieres Francisco Santana, transformou-se em uma ampla suíte destinada a acomodar os rapazes solteiros mais velhos. Em outra suíte, colada à casa principal e com entrada independente, ficou Daniel. Todo cantinho foi aproveitado. Até uma pequena construção na parte alta do terreno, sem destino certo, virou "lugar de orações", como Flordelis o denominou, exclusivo para ela, Anderson e os filhos mais próximos. Na garagem cabiam dois veículos na parte plana, mas o pastor determinou que apenas o carro que servia a Flordelis poderia ficar ali. Nessa mesma garagem Anderson seria assassinado em 16 de junho de 2019.

***

A moradia era outra, mas as regras de conduta eram as mesmas. Todos tinham deveres a cumprir; quem não fosse da família só poderia entrar no terreno mediante autorização; e todas as saídas — fossem para o mercado, a praia ou o colégio — tinham de ser informadas ao casal. Na ausência dos pastores, Carlos Ubiraci ou André deveriam ser avisados. Também os adultos precisavam comunicar as saídas. Nessa época, Flordelis e Anderson viajavam muito com os shows-combo, nos quais ela cantava e ele pregava. Mas se, ao retornarem, ficassem sabendo de algum episódio que considerassem irregular, todos eram convocados para uma reunião com o pastor na cozinha, na sala ou no quintal, a fim de se apararem as arestas. Volta e meia havia punições físicas, das quais ninguém era poupado. Nem mesmo os integrantes do "núcleo original", tidos como "educadores" dos menores.

Certa vez, Carlos Ubiraci, o mais velho, ao entrar numa crise de abstinência de drogas, foi atingido por uma panela de pressão pela própria Flordelis. Ele tem até hoje um afundamento no crânio por conta desse "corretivo", conforme os castigos eram nomeados. A seu favor, porém, Flordelis diz que não poderia permitir que Carlos Ubiraci voltasse a consumir drogas. Não foram poucas as vezes em que as punições extrapolaram o bom senso. Erica dos Santos de Souza, a Kaká, filha adotiva de Flordelis, carrega em uma das mãos as marcas da violência produzida, por ironia, por Carlos Ubiraci.

— Um dia, enquanto eu passava roupa na casa a Júlia, que tinha uns 9 anos, acho, estava colocando a mão no lugar onde eu colocava o ferro. Mandei que ela parasse com aquilo. Não deu outra. A fumaça estava tão forte que formou uma bolha na mão dela. Dos adultos, só tinha a Simone em casa. Simone sempre aumentava as coisas. Correu para contar para o Carlos Ubiraci do jeito dela. Nem quiseram me ouvir. Simone contou que eu tinha passado o ferro na Júlia. André me segurou e Carlos me queimou com o ferro de passar roupa. Foi uma dor horrível — relembra Kaká, que na mesma tarde pegou suas coisas e foi embora de casa.

Na ocasião, o casal de pastores se encontrava em São Paulo, mas bastou Anderson pisar em casa, na volta, e saber do ocorrido para mandar chamar a jovem, que relata:

— Eu já queria ir embora mesmo, procurar a minha família biológica, cair no mundo, mas o "pai" [*Anderson*] me chamou na casa. Ele pediu que eu voltasse e repreendeu Carlos Ubiraci e André, e eles tiveram que me pedir desculpas a mando do "pai", que viu que a bolha na mão da Júlia estava quase desaparecendo. Para a mãe, tanto faz, tanto fez...

Ela se recorda que presenciou mais duas cenas de maus-tratos antes de deixar a casa, em 2016. Numa delas, um irmão de criação apelidado "Mudinho" por apresentar deficiência na fala teria feito algo que Flávio, filho biológico da pastora, não gostara. Coube a ele, então, aplicar o "corretivo":

— O Flávio foi corrigir e bateu no garoto como se ele fosse um bandido. Foram socos, pontapés. O menino já estava sem fôlego, quando o André chegou e pediu que ele parasse, porque já havia corrigido. Flávio não gosta que se metam nas coisas que ele está fazendo. Quando André virou as costas, o Flávio cravou uma tesoura nas costas dele. André disse que iria na delegacia, mas aí a Flordelis mandou ele esquecer o assunto e ele não foi na polícia.

O ferimento nas costas de André foi curado em casa mesmo e não num hospital, para evitar escândalo, observa Kaká. O outro episódio do qual a jovem não se esquece ocorreu devido a uma disputa por um boné entre dois irmãos afetivos, Eduardo e Alexandre. Dessa vez foi Flordelis quem apartou a briga e estabeleceu a pena: agarrou o boné, cortou-o em quadradinhos, pegou duas garrafas, cada uma com dois litros de água, e deu uma para cada garoto.

— Em seguida, ela obrigou os meninos a engolir os pedaços picotados com água — afirma a jovem, com expressão de angústia.

A história foi relatada também por Raquel, filha de Carlos Ubiraci e Cristiana, numa entrevista à Rede Rio TV, canal com transmissão pela internet:

— Ela pegou o boné e picotou em quadradinhos. Botou em cima da mesa, pegou os dois meninos e as duas garrafas de água. Cara, eu me lembro direitinho! Mandou eles comerem! Isso na presença de todo mundo!

A filha de criação Daiane conta ter visto a pastora, enraivecida, bater com a ponta do salto alto do sapato na cabeça de uma criança quando ainda moravam na Freguesia. Também era costume de Flordelis, segundo relatos de alguns filhos, colocar pimenta na boca de quem falasse palavrões ou gírias. Os menores eram atendidos em muitas de suas necessidades básicas, mas o preço era alto.

Além dos "corretivos", outro motivo para mágoas profundas se devia ao fato de os "filhos" serem informalmente divididos em dois grupos pelo casal de pastores: os privilegiados e os não privilegiados. Embora Flordelis negue tal circunstância, os filhos adotivos e os de criação lembram que havia até geladeiras separadas em Pendotiba: a da cozinha da casa principal não continha guloseimas; já a do quarto do casal era abarrotada de iogurtes e chocolates. Nesse quarto, além da cama maior, havia outra, menor, para acolher o filho que estivesse precisando de maior cuidado. No entanto, na prática, só os prediletos tinham acesso àquele aposento, também reservado para reuniões com o grupo mais íntimo. Simone era a filha que mais dormia no quarto do casal. Em seguida, vinha uma filha de criação chamada Marzy Teixeira da Silva, pertencente ao círculo de confiança da pastora.

Num andar acima do quarto de Flordelis e Anderson ficava a suíte de Simone e dos cinco filhos dela — as pessoas mais ligadas à pastora. As irmãs Isabel e Annabel também integravam o grupo dos "bem relacionados", a ponto de ganharem um quarto só para elas. Os demais "filhos" ficavam em cômodos menores, partilhados por várias pessoas. A existência de tratamentos diferenciados entre os "filhos" gerava desequilíbrios importantes nas relações familiares. Kaká comenta que Anderson não incentivava os privilégios, mas cedia para evitar confrontos com a esposa.

— A gente sempre viveu de doação de roupa e comida. [...] Quem trabalhava fora contribuía em casa. O problema é que o melhor ia para os preferidos. Os adotados tinham hora para dormir e acordar, porque tinham que fazer as tarefas da casa e ir para a escola. Os biológicos acordavam ao meio-dia e não ajudavam nos afazeres. E a gente não podia reclamar, senão era surra de vara de goiabeira, de cinto, vassourada e chinelada. Correção só para nós.

Contudo, era preciso manter as aparências, em nome da preservação do Ministério Flordelis. E também porque o casal agora se preparava para dar um salto no escuro: transformar Flordelis, em breve, em deputada. Mais do que nunca era preciso cuidar da boa imagem.

* * *

Apesar do esforço de Flordelis e Anderson para manter intramuros tanto as desavenças quanto as relações consideradas inadequadas pelo próprio casal — ao menos oficialmente —, algumas informações acabavam se espalhando. Foi o caso do relacionamento mantido por poucos meses entre Simone, já separada de André, e o comerciante Rogério dos Santos Silva, um frequentador do Ministério Flordelis que trabalhou como obreiro na congregação. Casado, Rogério participou dos cultos com a mulher e os dois filhos de 2010 a 2017, quando a família abandonou a igreja por discordar de certas práticas, entre as quais a existência de relacionamentos amorosos entre os "filhos" da pastora.

O relacionamento de Simone e Rogério começou em 2018, ano em que haveria eleições gerais no país e Flordelis concorreria a uma vaga como deputada federal. Simone e Rogério se aproximaram após ele levar dois filhos dela, Ramon e Rafaela (que namorava então um dos filhos de Rogério), para passar o Carnaval fora do Rio de Janeiro com a família dele. Depois do passeio, Simone e Rogério se aproximaram e começaram um namoro em sigilo. Logo, porém, um filho de Rogério veria no celular deixado pelo pai no balcão da vidraçaria da família uma troca de mensagens amorosas com Simone. A história chegou aos ouvidos do outro filho e da esposa de Rogério e, imediatamente, diversas mensagens e vídeos dos amantes vazaram para um pequeno grupo de membros da igreja.

Ato contínuo, o comerciante recebeu uma ligação anônima na qual uma voz masculina, em tom grave, lhe ordenava que apagasse do celular toda a correspondência com Simone. Ao tentar saber quem falava, ouviu como resposta: "Pra que você quer saber? Sou pior que bandido e milícia junto!" O sujeito avisou ainda que os filhos de Rogério, e ele próprio, correriam grande risco se a ordem não fosse cumprida. E acrescentou que "seu patrão" estava investindo R$ 200 mil na campanha eleitoral de Flordelis e que se a intimidade de Simone continuasse a vazar na internet isso atrapalharia o desempenho da candidata. Apavorado, Rogério obedeceu, alertou seus conhecidos e pediu aos filhos que avisassem as pessoas às quais eventualmente haviam repassado as mensagens para que as deletassem e se acautelassem.

Rogério afastou-se definitivamente de Simone, mas seu casamento de vinte anos não resistiu. Já a amizade com a ex-mulher e a sociedade na vidraçaria foram mantidas. Hoje ele diz desconfiar que o telefonema tenha sido arquitetado por alguém do Ministério Flordelis. Afinal, raciocina ele, quem mais se beneficiaria com o silêncio em torno do escândalo senão o casal de pastores? O plano de crescer na política começava a deslanchar e a credibilidade do Ministério não podia ser questionada.

* * *

Paralelamente a todas as dificuldades e confusões que havia na casa de Pendotiba, Anderson tocava o projeto de transformar Flordelis em uma cantora de renome. A melhor propaganda do talento da esposa se fazia mesmo por meio dos fiéis de suas igrejas. Por isso Anderson anunciava regularmente a programação de sua igreja na rádio evangélica 93FM, pertencente ao Grupo MK de Comunicação. De propriedade da família do deputado federal evangélico Arolde de Oliveira, a empresa era uma referência no meio evangélico e incluía a gravadora MK Music. Arolde, que posteriormente abriria as portas do mundo da política para o casal de pastores, teria grande importância na vida de Flordelis. Ao saber que um filme sobre o trabalho dela estava sendo realizado, o Grupo MK se propôs a fornecer gravações para compor a trilha sonora da produção. Conforme o contrato então assinado, Flordelis e Anderson passaram a ter acesso, sem custos, a boa parte do catálogo da gravadora, exceto no que dizia respeito aos direitos autorais dos cantores, que tiveram de ser pagos. Deu tudo certo.

Flordelis — Basta uma palavra para mudar estreou no celebrado Festival do Rio em 6 de outubro de 2009, após três anos de produção. O que deveria ser apenas um DVD sincero e simpático teve seu lançamento numa noite de esplendor no tradicional Cine Odeon, na Cinelândia, região histórica da cidade. Havia até tapete vermelho à porta do cinema, bem no estilo do Oscar e do Grammy Awards. A maioria dos patrocinadores e da equipe que participou da produção compareceu. Flordelis entrou deslumbrante no salão, com um vestido preto de grife comprado em doze prestações. Marco lembra que a pastora lhe confidenciou que estava em felicidade plena. O filme agradou ao público evangélico sobretudo por contar com um elenco estelar, mas havia muitas falhas, incluindo o som. Marco, idealizador da produção, sentiu-se constrangido.

— Nunca vi o filme inteiro na minha vida. Nem no dia do lançamento. Só algumas cenas. Não tinha qualidade para ser exibido em cinemas. A ideia era emocionar o público evangélico com a história dela e vender nas igrejas. Só isso. Eu tenho tanta vergonha desse filme... Quando vi a crítica no *Globo*, vi que o bonequinho estava sentado. Pelo menos ele não se enforcou — brinca.

Quatro meses depois, também o DVD foi finalizado e a distribuição ficou a cargo da MK. O lançamento foi realizado numa igreja de Nova Iguaçu, com a participação do próprio Arolde. Marco considerava Anderson talentoso e determinado, mas, ao longo do processo, o editor de moda diz ter se decepcionado um pouco com ele. Por exemplo, quando o pastor exigiu que no pôster de divulgação do filme seu nome se destacasse dos demais. Mas sobretudo quando a cota de DVDs destinada à venda pelos pastores acabou e Anderson passou a vender cópias piratas.

— Anderson nunca parava de pensar em algo grande. Ele ficava maquinando 24 horas por dia. Só pensava em crescer, crescer, crescer. O DVD vendeu muitas cópias. Mas depois eu vi que vendiam até cópias piratas nas igrejas dela. Cheguei a perguntar ao pastor Anderson o porquê daquilo. Ele justificou-se dizendo que, como as cópias originais tinham acabado, fizera aquilo pensando num propósito: comprar a casa deles. Ouvi e tive que ficar calado.

Em meio ao intenso envolvimento com a MK, os pastores ainda reforçariam os laços afetivos com a família de Arolde após um brutal acidente de ultraleve, ocorrido em 7 de fevereiro de 2010, que vitimou o filho e o genro do político. Flordelis e Anderson apoiaram os donos da MK e oraram com eles inúmeras vezes, a fim de atenuar a dor da perda. Um mês depois, fragilizados, o político e a esposa, Yvelise, visitaram a igreja do Ministério Flordelis, em São Gonçalo. No fim do culto, Yvelise anunciou a contratação da pastora como aquisição da gravadora. Começava ali uma nova etapa na vida de Flordelis, que finalmente atingiria o topo da carreira gospel.

O primeiro CD da cantora pela MK, lançado em 27 de outubro daquele ano, ganhou o título de *Fogo e unção*, o mesmo da música-tema. Assinou a produção musical o prestigiado Rogério Vieira, especializado no segmento pentecostal e congregacional e ganhador de cinco prêmios Grammy, um dos mais cobiçados da indústria fonográfica latino americana. A canção diz que Jesus não abandona o pecador: "Não! Não acabou, não é o fim, ainda tem jeito pra mim."

***

Não era só a carreira de Flordelis que dava uma guinada com lançamento de filme, DVD e CD. A igreja do casal também ganhava prestígio e pouca coisa lembrava o improviso do templo do Rocha. O estilo "Casa show evangélico" atraiu tanto público que Anderson se sentiu confiante para organizar o V Congresso Internacional de Missões, dessa vez com pompa e circunstância. Daí a necessidade de construir igrejas cada vez mais espaçosas. Em 1º de setembro de 2010, oito anos após a inauguração do templo do Colubandê, em São Gonçalo, o casal abriria uma segunda unidade, numa área de 12 mil metros quadrados, numa antiga garagem de ônibus no Mutondo, outro bairro do município. O espaço, batizado de Cidade do Fogo mas mantendo em seu registro a marca Ministério Flordelis, começou a funcionar no dia da abertura do congresso.

A Cidade do Fogo foi erguida apenas com doações de fiéis — dos tijolos aos bancos de madeira. Com capacidade para 7 mil pessoas, não seria mais necessário alugar o quartel no Barreto para abrigar as caravanas que chegariam para o congresso. Ainda que nessa igreja coubesse menos gente do que na de Colubandê, ela era luxuosa, uma verdadeira sede do Ministério Flordelis, onde Arolde e Yvelise passaram a assistir aos cultos. Além de um superpalco com instrumentos musicais caros, telão como os das boas salas de cinema para a exibição de filmes e shows evangélicos, som e iluminação de alta qualidade, no centro do tablado havia algo particularmente imponente: dois tronos nos quais apenas Flordelis e

Anderson podiam se sentar. Na parte baixa ficavam os fiéis. No segundo andar, uma sala vip foi reservada para o casal e os filhos do "núcleo original". Tudo era grandioso.

Entre 2010 e 2019 foram erguidas outras sete igrejas: em Itaboraí; Rio Bonito; Niterói (Piratininga, Largo da Batalha, Jurujuba); Maricá (Itaipuaçu); e São Gonçalo (Jardim Catarina). Nessas, os cultos eram ministrados por "filhos" ou amigos ordenados pelo casal. Como Flordelis e Anderson eram as estrelas, eles só faziam o culto na Cidade do Fogo, onde havia "mais vibração", segundo a pastora. Apenas esporadicamente, em festas, o casal prestigiava as outras unidades. Outro templo começou a ser erguido em Laranjal, também em São Gonçalo, com previsão de inauguração no VI Congresso. Mas, com a morte do pastor, a construção foi interrompida.

Todo o dinheiro arrecadado com o filme, os congressos, os shows e a venda de CDs e DVDs era administrado por Anderson, muitas vezes ajudado por *Misael*. André, mais voltado para os assuntos da casa, também participava das questões financeiras, porém de forma mais esporádica. As igrejas funcionavam custeadas pelos dízimos e pelas ofertas dos fiéis, que eram vultosas. Frequentemente, no entanto, as despesas obrigavam o casal a investir nesses templos parte do que era recebido nos shows. Às vésperas da morte de Anderson, o casal de pastores vinha mantendo um ritmo de dez a quinze shows por mês. O faturamento alcançava entre R$ 60 mil e R$ 70 mil, contaria Flordelis depois à polícia.

A popularidade de Flordelis a tornou conhecida em outros países, inclusive nos Estados Unidos. Pastores fora do Brasil a convidavam para dar testemunhos e cantar em suas igrejas. Por empenho da gravadora MK, o CD *Fogo e unção*, um hit no universo gospel brasileiro, foi lançado na Primeira Igreja Batista de Nova York, em outubro de 2010, com apresentações do grupo de Flordelis em diversas igrejas americanas, em especial nas comunidades brasileiras.

* * *

Segundo Marco, em seu contato inicial com a família ele viu um nível de pobreza assustador enfrentado pelas crianças que chegavam à casa da pastora. A escala de carência ali era outra, por isso ele admirava tanto a dedicação da família aos menores. Certo dia, por exemplo, ele presenciou o episódio de um menino de 9 anos que chegou à casa de Flordelis, foi tomar banho e quase se afogou. O garoto não sabia como proceder embaixo de um chuveiro, desde que nascera só tomara banho de mangueira. Também havia casos de crianças e adolescentes gays, o que não era ignorado por Flordelis, cujo método de criação não seguia qualquer manual.

— Eu me lembro de um menino, de 16 anos, que saiu bem arrumado, travestido, numa noite de sexta-feira. Ele só queria sair [*vestido*] de mulher. Mas ele parecia que queria atingir a si mesmo, se violentar, porque, durante a infância, sofrera abuso sexual por parte da avó. Um dia, Flô levou o jovem a uma loja com vendedores gays. Flô tinha uma maneira de educar fora do comum. Ela apontou para os vendedores e disse, olhando para o adolescente: "Está vendo esses rapazes bem-vestidos e bonitos? São todos gays. Tá vendo o tio Marco? Ele está sempre bem arrumado, mas com roupas de homem."

Com essa lição, ela passava a mensagem ao menino que aceitava que ele fosse gay, mas que ele refletisse sobre se o que realmente desejava era se vestir de mulher. Para Marco, no entendimento de Flordelis o rapaz não havia se "descoberto" ainda e travestir-se seria apenas uma forma de ele expressar sua revolta pelos abusos que sofrera em criança. De modo geral, Marco acabou lidando bem com o preconceito contra a homossexualidade no meio evangélico e não se intimidava com eventuais comentários maldosos de fiéis.

— Ouvi [o pastor Anderson] pregando três vezes de maneira preconceituosa ao falar sobre os gays. Até que, um dia, cheguei para ele e disse: "Estou cansado desse tipo de tratamento, pastor! Não vou mudar o meu jeito!" Nunca mais ele pregou, na minha presença, sobre o assunto. Uma vez barraram o meu namorado porque ele queria entrar de boné na igreja. Ele me ligou e fui buscá-lo na entrada. Coloquei o boné dele na minha cabeça. Aí disse: "Quero ver me barrarem."

Não barraram, os fiéis o respeitavam.

Marco não se afastava de Flordelis em nenhum momento. Ela lhe dava conselhos espirituais e ele retribuía a delicadeza com carinho, além de mantê-la sempre com uma aparência de mulher bem-sucedida. Da maquiagem aos sapatos, passando pelas roupas e pelo modo de arrumar os cabelos, ele a ajudava a encontrar o que a deixasse mais satisfeita e bonita. Mesmo depois do tsunami do filme, ele continuou sendo um importante elo entre a família, os artistas de TV e as celebridades. Marco faz questão de dizer que não cabe a ele julgar Flordelis, mas admite que se distanciou. Integrante do elenco do filme, também a atriz Fernanda Lima contaria, tempos depois, que ficara impressionada ao conhecer Flordelis. Como Marco, ela percebeu que a pastora era totalmente comprometida com o resgate de crianças em situação de risco.

— Eu achava bonita essa capacidade dela de ocupar a vida dela preenchendo a vida de outras pessoas. Mas falei [com a produção do filme] se não havia mais vaidade e necessidade de exposição por parte de Flordelis do que o objetivo de comprar a casa. Porque com o dinheiro do filme eles não conseguiriam isso. Não é assim que funciona no mercado audiovisual. Mesmo assim, acabei participando para ajudar a família.

A partir das filmagens de *Basta uma palavra para mudar*, Fernanda convidou duas filhas de criação da pastora para trabalhar na casa dela.

— Logo eu tive filhos e vi que tinha muitas jovens desempregadas morando com Flordelis — recorda-se Fernanda, que já tinha dois filhos gêmeos na época. — Perguntei se ela não tinha interesse em saber se algumas das meninas gostariam de trabalhar de babá, para tirar uma renda e sair de casa.

A atriz conta que a proposta foi levada até as jovens e aceita. Convivendo diariamente com elas, porém, Fernanda concluiria que, por trás da fachada de "família perfeita", o clã Flordelis se ressentia da existência de diversos problemas. Assim, Fernanda ficaria sabendo, por exemplo, que as "filhas" da pastora eram proibidas de cursar o ensino superior e só podiam trabalhar para a igreja ou executando serviços domésticos. Sair de casa, nem pensar — somente casadas. Fernanda revela ainda que se esforçava para ajudar as moças, de formas diversas, sempre que elas expunham suas dificuldades, que não eram poucas. Nem tampouco simples.

5. A VOLTA POR CIMA NA POLÍTICA

A política não surgiu de repente na vida de Flordelis e Anderson. Pelo menos desde 2003 o assunto já estava no radar dos dois pastores. No ano seguinte, ela concorreria a uma vaga na Câmara Municipal de São Gonçalo pelo PMDB (Partido do Movimento Democrático Brasileiro), mas, obtendo apenas 2.262 votos, não se elegeu. Oito anos depois, em 2012, já morando em Pendotiba, apoiou *Misael* na disputa por um mandato de vereador no município, mas ele também não foi eleito. Em 2016, Flordelis chegou a ser confirmada como vice na chapa do advogado Adolfo Konder, do DEM (Democratas), que concorreria a prefeito, contudo, por falta de verbas, a campanha naufragou. Já *Misael da Flordelis* — alcunha adotada pelo filho de criação da pastora desde que entrara na seara da política —, foi eleito vereador pelo PMDB na cidade com 4.309 votos.

A popularidade da pastora na época continuava em alta, graças ao filme *Flordelis — Basta uma palavra para mudar* (2009), aos recentes DVD e CD (2010) e à autobiografia (2011), lançada pela editora Thomas Nelson Brasil em evento festivo que reuniu *socialites* e artistas de TV numa tradicional livraria do Leblon, na Zona Sul do Rio. Conforme ela conta, somente após ter um sonho no qual via seu rosto estampado num panfleto de campanha é que decidiu encarar o desafio da política e comunicou à família que se candidataria. Em julho de 2018, filiou-se ao PSD e anunciou sua pré-candidatura como deputada estadual para o pleito de outubro. O PSD havia sido fundado em 2011 pelo então prefeito de São Paulo, Gilberto Kassab, que chegou a afirmar que o partido "não seria de direita, não seria de esquerda, nem de centro". Na prática, porém, a sigla passou a atuar mais ao centro, segundo comentaristas políticos.

Coube a Anderson preparar o discurso de Flordelis a ser lido no lançamento da pré-campanha, diante de uma plateia formada por pastores de várias igrejas influentes na política, e não apenas evangélicos. No local estavam, além de Índio da Costa, candidato do PSD ao governo do estado do Rio de Janeiro, o próprio presidente do partido, o empresário Arolde de Oliveira. Como proprietário do Grupo MK de Comunicação, ele já tinha estabelecido uma sólida relação com o casal de pastores, e agora abria as portas da legenda para Flordelis. Tendo cumprido nove mandatos como deputado federal e participado da Assembleia Nacional Constituinte, que redigiu a Carta Magna de 1988, Arolde concorreria a uma vaga no Senado Federal em 2018.

Bem treinada pelo marido, Flordelis comportou-se na solenidade como em um de seus shows gospel. Vestindo uma espécie de túnica branca e preta com mangas compridas, ela andava de um lado para o outro do salão, de microfone em punho, ora cantando, ora discursando. Em certo momento, chegou a encarnar sua versão pastora: "Esse negócio de dizer que vai comprar o povo com cesta básica, com saco de cimento [...]. Eu ouvi isso esta semana: 'É só chegar lá e colocar o asfalto e distribuir um monte de cesta básica, é só chegar lá, Flordelis, e dar um saquinho de cimento.' Olha para aquele que está ao seu lado e diga para essa pessoa: 'Não se venda!'"

Anderson cuidou dos detalhes da cerimônia, inteiramente filmada. Aliás, a transmissão de encontros e shows da esposa nas redes sociais, além de suas *lives*, revelou-se o melhor modo de divulgar a imagem dela na política, recurso amplamente usado naquelas eleições também por outros candidatos. Em um desses vídeos, o próprio Anderson dialoga hipoteticamente com o internauta que o assiste: "Certamente, ela [*Flordelis*] conta comigo, conta com os amigos que vieram e a gente quer contar com você. [...] Ore pela Flor, ore mesmo, para que Deus possa iluminar o caminho dela nesse projeto e ser luz no meio das trevas."

No evento, mesmo se sentindo desconfortável por não pertencer ao meio evangélico, Índio da Costa deu apoio a Flordelis: "Olho no olho, é assim que a gente vai construir uma nova história, vai firme com a Flordelis e vai firme com Arolde de Oliveira, que eu estou atestando para vocês. Vocês estão construindo um Brasil melhor." Arolde foi mais econômico nas palavras: "Flordelis para deputada estadual é a melhor solução." A missionária chamou-o de "pai" e disse que o apoio dele era fundamental para ela, a família e o povo do Rio de Janeiro. Como em toda reunião com evangélicos, não faltaram hinos de louvor. Um deles, de cujo coro o dono da MK Music participou, foi "A volta por cima", canção de autoria de Júnior Maciel e Josias Teixeira. Gravada em 2014 por Flordelis, o título remete a uma expressão popular que caía como uma luva na entrada dela na política, após duas tentativas frustradas.

Entusiasmado com a boa aceitação que Flordelis vinha tendo, o casal começou a vislumbrar a possibilidade de a pastora concorrer a uma cadeira na Câmara dos Deputados, em Brasília, e não mais em nível estadual. Arolde abraçou a ideia e Anderson costurou as negociações com as lideranças do PSD. A nova candidatura foi lançada e o partido injetou, no total, R$ 1.018.000,00 na campanha. A partir de articulações com o DEM, partido de centro-direita, mais R$ 10 mil foram arrebanhados. Um dos ícones da legenda, o vereador e ex-prefeito Cesar Maia contribuiu com R$ 3.974,50. *Misael* doou R$ 7.600,00. Outros filhos afetivos, como Carlos Ubiraci e Cristiana, também colaboraram, bem como outros políticos, porém com valores simbólicos. O carro de som para ações nas ruas seria emprestado por Arolde, assim como toda a estrutura da MK Music. Na lista de bens da candidata apresentada ao Tribunal Superior Eleitoral constava o valor de R$ 40 mil, dos quais R$ 30 mil se referiam à propriedade de um Honda Accord, ano 2008/2009, e R$ 10 mil a cotas de participação em uma pequena empresa em São Gonçalo, registrada como Gospel e Gospel Music Produções Ltda., que comercializava CDs, DVDs, fitas cassete e discos.

Quando a campanha teve início no rádio e na TV, Flordelis conquistou uma boa parte do público com o bordão "Mãe de 55 filhos". Ao longo de seus quinze segundos na TV, ela falava cinco frases: "Olá, sou Flordelis, mãe de 55 filhos. Muitos vieram daqui, da Central do Brasil [*atrás dela eram exibidas imagens antigas da missionária no entorno da estação*]. Você conhece a minha história, minha luta. Com pouco, mudei a vida de muitos. Vote 5593!" Por mais incrível que pudesse parecer, o número de sua chapa se iniciava com o número de seus "filhos" — facílimo de memorizar. Ela não era conhecida no meio político, mas muitos dos que a ouviam lembravam-se logo das notícias da época em que fugia da Justiça para não entregar "seus meninos". Com uma plataforma pautada em questões sociais, com destaque para o tema da adoção, Flordelis se propunha "ser voz para os menos favorecidos".

Não deu outra no pleito: com 196.959 votos, a candidata foi a mulher mais votada no estado do Rio. Era 7 de outubro de 2018 e, assim que soube do resultado das urnas eletrônicas, divulgado pelo Tribunal Regional Eleitoral, ela tuitou: "Nós ganhamos! Obrigada ao Senhor Jesus Cristo, que sempre nos abençoou, à minha família e a você!" A proximidade com Arolde de Oliveira, eleito senador pela primeira vez, e a fama no mundo gospel contribuíram, sem dúvida, para que ela ocupasse o quinto lugar entre os mais votados na lista dos 46 deputados federais eleitos pelo estado em 2018. Ela costumava dizer que estava cansada de, com seu apoio, ajudar políticos a ser eleitos. Agora seria a vez dela, afirmou ao marido após a vitória.

***

A presença de evangélicos pentecostais na política começara a crescer em 1986, com a eleição dos integrantes da Constituinte de 1987-1988, num total de 32 deputados federais dessa religião entre os 594 constituintes, sem contar os suplentes. De acordo com o sociólogo e professor da USP Ricardo Mariano, especialista no assunto, esse crescimento não foi casual. Rumores davam conta de que um movimento católico pretendia tornar o catolicismo a religião oficial do Brasil, o que incentivou a Igreja Evangélica a trocar o seu tradicional bordão "Crente não se mete em política" por "Irmão vota em irmão". Conforme explica o professor, o pentecostalismo é o segmento evangélico mais dinâmico e o que mais cresce na América Latina e no Brasil, ainda que os católicos continuem sendo maioria no país.

De acordo com o IBGE, cujos dados estão defasados, pois resultam do último Censo realizado, em 2010, os católicos representavam então 64,6% da população brasileira. No fim de 2019, porém, levantamento do Instituto Datafolha realizado com pessoas a partir de 16 anos e divulgado em 2020 indicou que a percentagem de católicos declinava. Segundo esse estudo, o cenário é: 50% de católicos; 31% de evangélicos; 10% de sem religião; 3% de espíritas; 2% de outras religiões; 2% de religiões afro-brasileiras; 1% de ateus. Como a pesquisa tem margem de erro de dois pontos percentuais, os evangélicos podem estar abrangendo entre 29% e 33% da população de 16 anos ou mais. Na comparação entre o Censo de 2010 e o anterior, realizado em 2000, a percentagem de pessoas que se declarava católica era de 73,6%

Para Mariano, esse declínio dos católicos está justamente relacionado ao crescimento evangélico, sobretudo pentecostal, e, em menor medida, à expansão dos sem religião. Assim, também o número de congressistas evangélicos aumenta no país a cada legislatura. Em 2014 foram eleitos 75 deputados federais evangélicos, enquanto no pleito seguinte, em 2018, 84 parlamentares identificados com a crença foram empossados na Câmara dos Deputados, segundo o Diap (Departamento Intersindical de Assessoria Parlamentar). No Congresso Nacional há bispos, pastores, missionários, cantores de música gospel ou simplesmente fiéis que propagam a religião evangélica.

Em 2018, um evangélico assumido tornou-se o deputado federal mais votado da história do país, com 1.843.735 votos válidos: tratava-se de Eduardo Bolsonaro, que, filiado ao PSL (Partido Social Liberal) por São Paulo, superou o recorde de 1.573.642 votos batido em 2002 por Enéas Carneiro (Prona). Pai de Eduardo, o então candidato a presidência Jair Bolsonaro, na época filiado ao mesmo PSL, dizia-se católico, mas seu flerte com os evangélicos era tão intenso que esse grupo o ajudou, sem medir esforços, a vencer a disputa e chegar ao Palácio do Planalto. Antes de ser eleito, Jair frequentava cultos com a mulher, Michelle, na Igreja Batista Atitude, na Barra da Tijuca, onde o casal morava até se transferir para Brasília.

Em 2016, ainda em seu sétimo mandato como deputado federal pelo Rio de Janeiro, Jair Bolsonaro, na época filiado ao PSC (Partido Social Cristão), foi batizado nas águas do rio Jordão, em Israel, pelo pastor Everaldo Dias Pereira, então presidente do partido — molhar a cabeça no rio Jordão, onde Jesus foi batizado por João Batista, é um ritual bastante comum realizado pelos que visitam o país, evangélicos ou não. Bolsonaro já misturava o político com o religioso em seus discursos. "Quanto ao batismo no rio Jordão, a certeza de Deus no coração e os desafios como uma MISSÃO", escreveu ele no Twitter referindo-se à sua intenção de participar da corrida sucessória presidencial. Em outubro de 2019, já presidente, não compareceu à cerimônia de canonização de Irmã Dulce, a primeira santa brasileira, embora tenha sido convidado pelo Vaticano. A mídia especulou que o motivo teria sido o fato de a primeira-dama ser evangélica.

O apoio massivo recebido do grupo evangélico por Jair Bolsonaro no Congresso Nacional se deveu, em especial, à veemente defesa feita por ele da manutenção da família convencional e da moral conservadora. Tais bandeiras harmonizavam-se perfeitamente com o ideário das igrejas pentecostais e da extrema direita, que condenam, entre outras pautas, a descriminalização do aborto, a regulamentação da união civil homoafetiva e as pesquisas com células-tronco.

— O conservadorismo e a direita são identidades que eles [*os evangélicos*] estão assumindo publicamente para se contrapor aos adversários políticos — explica o professor Ricardo Mariano. — Os candidatos evangélicos apoiados oficialmente por uma igreja pentecostal, como a Assembleia de Deus, a Quadrangular, a Universal [*do Reino de Deus*] e outras, precisam abraçar e defender os interesses institucionais e os valores/princípios desses líderes que os apoiaram, o que foi fundamental para a eleição [*de Bolsonaro*]. Caso contrário, perderão o apoio ao tentarem a reeleição. Eles não têm como tergiversar nessas matérias sem perder seu principal apoio eleitoral. Não à toa prestam contas e obedecem, primeiramente, a seus "padrinhos" religiosos.

***

No primeiro dia do ano de 2019, Flordelis e Anderson já tiveram de enfrentar os protocolos típicos do Distrito Federal — uma novidade na vida de ambos — para assistir à posse de Jair Bolsonaro. O casal chegou de manhã junto com outros deputados fluminenses eleitos, todos saídos do Rio de Janeiro de carona num voo da Força Aérea Brasileira. A produção de gravações para postar imagens de Flordelis nas redes sociais começou assim que o grupo desembarcou na Base Aérea de Brasília. À tarde, ao longo da cerimônia de posse, no plenário lotado da Câmara, Flordelis fazia *selfies* e entrevistava colegas de partido e do grupo evangélico.

Sua experiência como cantora e pregadora lhe dava uma desenvoltura excepcional para uma "marinheira de primeira viagem" na política. Nas filmagens, o casal daria destaque às pessoas mais próximas do presidente, como outro filho de Bolsonaro, o deputado federal Flávio Bolsonaro, então no PSL, eleito senador pelo Rio de Janeiro também naquelas eleições. Como os outros membros do Senado Federal, Flávio seria empossado um mês depois, no dia 1º de fevereiro, à tarde, enquanto os deputados federais, caso de Flordelis, tomariam posse pela manhã. Flávio foi o senador mais votado em 2018 no estado fluminense.

Às vésperas da posse de Flordelis, Anderson, como o bom aluno que sempre foi, estudou o funcionamento da Câmara por meio de vídeos existentes na internet a fim de ensinar Flordelis a se movimentar pela Casa. Era Anderson também quem a treinava a discursar. Sentia-se um mentor da esposa e estava sempre ao lado dela, fosse por recear que ela cometesse uma gafe, fosse por querer participar de algo que exigira dele grande esforço. Tanto que, na diplomação dos novos congressistas, vedada ao grande público, ele estava presente. Aliás, era o único dentro do Plenário Ulysses Guimarães sem cargo de primeiro escalão em nenhum dos três

Poderes e sem mandato parlamentar. A estratégia usada para conseguir esse feito fora muito bem planejada: dias antes, ele apresentou um culto para porteiros, seguranças e garçons da Casa Legislativa, já calculando que, no dia do evento, os funcionários responsáveis pelo acesso aos espaços restritos, com os quais travara contato, ficariam constrangidos de barrar sua entrada no salão. A manobra funcionou.

O amigo e editor de moda Marco Antonio indicou a Flordelis um terninho para a ocasião. Anderson preferia um vestido, para reforçar o perfil de mãe e pastora evangélica. Marco conta que deu um passa-fora no pastor:

— Eu disse na lata: e eu dou palpites sobre política?

Mesmo assim, Anderson venceu aquele *round* e ela entrou no plenário com uma saia branca de bolinhas pretas e uma blusa preta de mangas compridas. A cerimônia foi aberta pelo então presidente da Câmara, Rodrigo Maia (ainda no DEM), que iniciou a chamada dos deputados eleitos. Alguns filhos do "núcleo original" foram a Brasília participar das comemorações, caso de Carlos Ubiraci, Cristiana, André, Adriano e o vereador *Misael*, que chegou acompanhado da mulher, Luana, e do filhinho. Nas confraternizações, Flordelis não parava de repetir que estava representando São Gonçalo e o Rio de Janeiro.

＊＊＊

Desde a primeira semana de trabalho, Anderson puxou para si a tarefa de montar a agenda política de Flordelis de acordo com as áreas de interesse do casal. Já em dezembro de 2018, por exemplo, ele atuara para que ela participasse de uma reunião de transição de governo, em Brasília, com a presença do presidente eleito Jair Bolsonaro e de outros candidatos eleitos. No encontro, ela fez um discurso comunicando a todos que estava lá para defender "o povo brasileiro e a comunidade". No vídeo da reunião postado nas redes é possível perceber a expressão de tédio entre a maioria dos presentes durante a fala da deputada.

Flordelis não se incomodava e continuava se embrenhando por Brasília, demonstrando proximidade com os bastidores da política e usando a seu favor o exemplo de "ex-favelada, mulher, cantora gospel e deputada", como ela recitava, para dizer que "tudo é possível". E que "foi Jesus quem quis" que ela conquistasse tantas vitórias. Mas o único assunto que realmente dominava eram as questões ligadas à adoção. Não à toa, de imediato, investiu grande energia para ganhar a confiança da pastora evangélica Damares Alves, do PP (Partido Progressistas), à frente do Ministério da Mulher, da Família e dos Direitos Humanos.

Advogada com vinte anos de assessoria jurídica no Congresso, Damares era ligada ao senador eleito Arolde de Oliveira, com quem já trabalhara, e desenvolvia projetos para crianças e adolescentes. Um de seus focos era o estímulo à adoção tardia, ou seja, na faixa entre 7 e 17 anos, de menor interesse entre aqueles que se inscrevem no programa. Por seu turno, conforme contaria a ministra, sua empatia por Flordelis tivera início desde que assistira ao filme que focava a trajetória e o trabalho assistencial da pastora. Damares a elogiava em público. "Que mais Flordelis apareçam nesta nação", declarou certa vez. A sintonia religiosa e de pauta entre as duas era um convite natural à aproximação. Flordelis também se reuniria com o grupo de deputadas voltado para os direitos da mulher, com a intenção de, segundo ela, discutir o feminicídio.

A rapidez com que a missionária conquistava os colegas era assunto nos corredores do Congresso e impressionava até os políticos mais experientes. Assim, já nos dois primeiros meses de mandato, Flordelis integrou cinco importantes Comissões Permanentes da Câmara, entre as quais, a de Defesa dos Direitos da Mulher, a de Defesa dos Direitos das Pessoas com Deficiência e a de Seguridade Social e Família. Todas as quartas-feiras, às 8h30, ela chamava colegas evangélicos e comandava um culto em uma das salas da Casa Legislativa, inclusive com música. A rotina chegou a ser alvo de críticas à época, sob a alegação de que ela havia sido eleita para legislar e não para ministrar cultos. Aborrecida com os comentários, a deputada contra-atacou em uma de suas transmissões em redes sociais: "Pessoal, mal começou o meu trabalho, apenas uma semana, e já começou a perseguição." Ainda como resposta, ela diria que protocolara três projetos de lei com o senador Arolde, mas sem mencionar o tema.

Também Anderson chamava atenção ao transitar, confiante, de um gabinete a outro do Congresso, sempre conversando com os parlamentares. Além de atender Flordelis, ele cavava para si um espaço regular na Câmara. Logo seria alçado ao posto de secretário executivo geral do PSD, partido de Flordelis do qual Arolde ainda era o presidente. Mas tal função, não oficializada, embora lhe oferecesse prestígio e um salário, não lhe dava acesso permanente ao plenário, apenas ao gabinete da esposa. Inconformado, Anderson aproximou-se da presidência da Casa e solicitou um crachá especial que lhe desse acesso a áreas restritas. Flordelis reforçou o pleito, lançando mão da imagem estereotipada da esposa evangélica submissa às decisões do marido: admitiu não poder gerir o mandato sem a ajuda dele.

O crachá chegou às mãos de Anderson e ele passou a circular para cima e para baixo, sempre muito ocupado e falando ao celular. Alguns políticos o apelidaram de "Segundo-Damo", outros diziam que ele era o 47º deputado federal eleito pelo Rio de Janeiro. Inteligente, Anderson aceitava as alfinetadas e costumava acrescentar: "Não são 513 deputados federais, são

514." De fato, ele era uma espécie de deputado eleito, mas não por vontade do povo, e sim por conta do carisma de Flordelis e da existência de "55 filhos" em sua vida. "Filhos" esses que, embora agora estivessem sob os cuidados de Carlos Ubiraci, já que os pastores ficavam parte da semana em Brasília, ainda eram mantidos sob rédea curta por Anderson, que continuava a gerenciar todo o movimento financeiro da casa em Pendotiba. "Sob o comando de uma só pessoa, todos permaneceriam unidos", dizia. Com a ajuda de *Misael*, Anderson ainda administrava pessoalmente as finanças das igrejas.

Era Anderson também quem dava as cartas no gabinete da mulher. Ela entregava o salário inteiro ao pastor, que lhe fornecia uma mesada. A quase 1.200 quilômetros do Rio de Janeiro, ela não contava mais nem com a ajuda de seu *personal editor* de moda. Agora era Anderson quem escolhia as roupas dela e lhe ditava o comportamento: do modo de sentar-se e gesticular até o modo de dizer o quê e quando. Prática comum em Brasília, mas tratada com discrição, também ele contratou uma empresa para preparar os discursos parlamentares da esposa, redigidos sob suas estritas orientações. Anderson certamente não imaginava o quanto esse domínio sobre a mulher a estava incomodando.

* * *

Em 2019, o mandato de Flordelis consumiria R$ 107.565,48 com consultoria, pesquisas e trabalhos. Nas notas fiscais que constam no portal Transparência da Câmara, a deputada era a principal cliente da Factotum e Factotum Assessoria Ltda. ME, empresa que oferece serviços de assessoria de imprensa, produção de discursos e de material para divulgação de mandatos, além de gestão de mídias sociais, como Facebook, Instagram, YouTube e Twitter. Não era a única empresa. Outras, similares, ajudavam igualmente a cuidar da imagem de Flordelis, conforme se constata no mesmo portal sob a chancela "Propaganda e Marketing".

Além do salário, cada deputado recebia, em 2019, uma cota de R$ 33.763,00 brutos para o exercício da atividade parlamentar, ou seja, para cobrir despesas com passagens, telefone, assessoria de imprensa, confecção de discursos, propaganda e marketing. Em seu primeiro ano de mandato, a maioria dos gastos de Flordelis decorreu de encomendas de pesquisas e trabalhos relacionados à causa da adoção. No ano seguinte, já com o rosto estampado regularmente na mídia por conta do homicídio, a maior preocupação da pastora seria com sua imagem. Gastos com propaganda e marketing, que representavam 6,38% da cota, chegaram, em 2020, a 39,02%. Nos primeiros quatro meses de 2021, quando a própria Flordelis tornou-se o centro das investigações, tais gastos atingiram a exorbitante percentagem de 80,58% do total. Em 31 meses de mandato, esse tipo de despesa custaria aos cofres públicos a espantosa quantia de R$ 216.863,44.

Um deputado federal também podia usar, naquele mandato, até R$ 111.675,59 por mês — valor conhecido como "verba de gabinete" — para pagar o salário de 25 cargos comissionados, ocupados por pessoas que tanto poderiam trabalhar no gabinete, em Brasília, como na base eleitoral, ou seja, no estado de origem do parlamentar. A base eleitoral de Flordelis foi montada num escritório na rua Primeiro de Março, 21, no Centro do Rio. Para compor os quadros do mandato, o casal designou vários filhos afetivos. Também havia pessoas da igreja nesse rol.

Os salários da equipe variavam entre R$ 1.025,12 e R$ 15.698,32. Entre os "filhos" com melhor remuneração estavam Carlos Ubiraci e André, ex-marido de Simone. Essa disparidade de salários gerou grande desconforto no "núcleo original", já que havia filhos afetivos recebendo o valor máximo, ainda que fossem novos no clã, caso de Gerson Conceição de Oliveira. Era Anderson quem distribuía as tarefas de cada um, mas era Flordelis quem justificava a disparidade de salários, dizendo apenas que todos os colaboradores eram necessários e de confiança.

Após a morte do pastor, o Ministério Público do Rio de Janeiro daria início a uma investigação em torno da suspeita de nepotismo no gabinete de Flordelis. A defesa da deputada alegaria que as nomeações em seu mandato não se configuravam nepotismo por abrangerem filhos de criação e não parentes. O Ministério Público veria ainda indícios de existência do esquema de "rachadinha" no gabinete, que é quando o parlamentar exige de seus funcionários parte do salário que eles recebem. Alguns dos "filhos" admitiriam depois que a ideia teria partido de Anderson, o qual teria instruído ainda *Misael*, que até 2020 detinha um mandato de vereador em São Gonçalo, a fazer o mesmo em seu gabinete. (Até meados de 2022, nenhuma dessas investigações havia sido concluída.)

Anderson não media esforços para ampliar a popularidade de Flordelis em nível nacional. Uma de suas estratégias era divulgar pelo YouTube a "Semana de Trabalho de Flordelis". Pautados, narrados e editados por ele com a ajuda de uma pequena equipe formada por "filhos", os vídeos permitiam ao eleitorado acompanhar os passos da deputada na Câmara. Era ele quem determinava que pessoas ela deveria encontrar — e a escolha recaía em geral sobre as que estivessem no topo do Executivo e do Legislativo — e tais encontros eram filmados e incluídos no vídeo semanal. Entre os registros captados pela equipe, constavam fotos de Flordelis no Palácio da Alvorada, residência oficial do presidente da República, ao lado da primeira-dama. Havia ainda fotos com o então presidente do Supremo Tribunal Federal, o ministro Dias Toffoli, em cujo gabinete ela certa vez entrou acompanhada de parlamentares evangélicos. Todas as reuniões eram intermediadas por Anderson, que inventou ainda um Seminário sobre Adoção na Câmara, atraindo pessoas envolvidas ativamente com a causa. De celular em punho e marcando almoços com políticos, o pastor parecia ter nascido para a política.

No dia 12 de junho de 2019, Dia dos Namorados, quatro dias antes do homicídio, o casal integrou uma comitiva inusual que acompanhava o presidente Jair Bolsonaro ao Estádio Mané Garrincha, em Brasília, a fim de ver um jogo de futebol. O grupo assistiria a mais uma etapa do Campeonato Brasileiro e o confronto seria entre Flamengo, time carioca com a maior torcida do Brasil, e CSA (Centro Sportivo Alagoano). O jogo, num dia de semana na capital da República, oferecia a Bolsonaro a possibilidade de testar a popularidade de seu governo, e ele ocupou a área VIP, ao lado dos ministros da Economia, Paulo Guedes, e da Justiça, Sergio Moro.

Flordelis e Anderson não perderam a oportunidade de participar e aparecer na mídia, inclusive fazendo *selfies* com o presidente, as quais foram postadas imediatamente nas redes com a legenda "Valeu, presidente". A deputada passou a maior parte do jogo com a palma das mãos unidas, a indicar que orava pelo time dela e do marido, o Flamengo, que venceu por 2 x 0. Flamenguistas ou não, aquela era uma ocasião única para mostrar intimidade com Bolsonaro em um ambiente informal.

* * *

O pastor não deixava passar nenhuma chance de socializar com o alto escalão. Conforme teria confidenciado a uma pessoa próxima, que pediu para não ser identificada, seu projeto pessoal era disputar as eleições municipais de 2020 como candidato à prefeitura de São Gonçalo. Mas ele ainda hesitava porque, se saísse vitorioso do pleito, teria de deixar a esposa sozinha em Brasília, o que poderia ser arriscado para ela e, por tabela, também para ele. Havia outro problema: *Misael*, vereador por São Gonçalo desde 2016, também almejava concorrer ao cargo em 2020. Contudo, do ponto de vista do pastor, o filho afetivo deveria concorrer novamente à Câmara Municipal para dar base à candidatura dele próprio à prefeitura. Nesse momento teria então havido um desentendimento entre os dois.

Anderson não admitia palpites em sua forma de conduzir os assuntos na política e nas finanças, mesmo que tais palpites partissem de seu círculo mais íntimo. Esse temperamento impositivo transparecia em suas ações e decisões ao longo do mandato. Por isso ele acabou tendo um entrevero em 25 de janeiro de 2019 com o chefe de gabinete da deputada, Luciano da Silva Gomes, o que ficaria registrado em mensagens trocadas por eles via WhatsApp. A mulher de Luciano, a pastora Gleice Lourenço Gomes, sócia de Flordelis em um salão de beleza e uma de suas melhores amigas, também estava lotada no gabinete como assessora. Luciano e Gleice eram próximos do casal de pastores também por serem os pais de Marcelle, esposa de Adriano, caçula de Flordelis.

O desentendimento teria ocorrido porque Anderson descobrira que Luciano falara sobre tópicos referentes a verbas e cargos com Gleice, que acabou levando o assunto até Flordelis. No diálogo registrado no aplicativo, Anderson confessa estar "decepcionado" com Luciano. E a tensão aumenta quando o chefe de gabinete responde que eles deveriam fazer o que a deputada determinasse. Anderson insinua que o chefe de gabinete está quebrando protocolos de trabalho por conta do fato de ambos serem amigos e declara, taxativo: "Já te ensinei que pode fazer qualquer coisa que eu relevo, mas não toca na minha autoridade." Luciano então rebate: "Não mexi na sua autoridade, só não gostei da forma como você falou comigo. Autoridade é diferente de autoritarismo. Isso que eu coloquei. Nunca fui tratado assim por ninguém, mas se você acha que é legal assim fico até quando achar que suporto."

Na conversa, Anderson revela que a distribuição de cargos para filhos de criação, genros e agregados, muitos deles sem conhecimento suficiente para exercê-los, era um problema que ele tentava contornar para evitar atrito com Flordelis. "Você não tem ideia do que eu passo e tenho que ficar quieto por causa da Flor", escreveu ele a Luciano. O pastor diz ainda que precisa afastar Flordelis das decisões e dos assuntos que envolvem dinheiro para que o mandato não se transforme em um "cabidão de empregos". Esse longo diálogo foi extraído do celular de Anderson pela Polícia Civil após o seu assassinato e anexado ao processo porque, segundo os investigadores, trazia elementos que poderiam indicar motivações para o crime.

Ainda na troca de mensagens pelo aplicativo, o pastor admite que é complicado tentar ocultar do mandato quem realmente tinha ou não laços de sangue com Flordelis. O gabinete estava tomado de filhos e netos afetivos justamente para Flordelis não ser acusada de nepotismo. Uma saída para a questão, ele conta, tinha sido alocar alguns filhos no gabinete de *Misael*, em São Gonçalo. Daniel, por exemplo, atuava em São Gonçalo e não em Brasília, por ser registrado como filho biológico dos pastores.

Ao mesmo tempo que tocava a política com faca nos dentes, Anderson acalentava o plano de transformar o Ministério Flordelis em algo ainda mais grandioso. Por isso, desde 2017 vinha administrando a construção de uma igreja em Laranjal, em São Gonçalo, com capacidade para 5 mil fiéis. O senão é que as igrejas estavam acumulando dívidas e isso lhe tirava "noites de sono", conforme dizia. Mas ele não pensava em desistir. Afinal, em sua concepção, a política e a expansão das igrejas caminhavam juntas, porque quanto mais gente houvesse nos cultos mais dízimos entrariam nos cofres e, consequentemente, mais eleitores poderiam votar em Flordelis.

Quando o casal voltava para casa após a jornada semanal em Brasília, na maioria das vezes Anderson nem seguia para casa, ia direto para o escritório no Centro do Rio para reuniões com os "filhos" encarregados da administração dos templos e da política em São Gonçalo. Anderson vivia num ritmo de ansiedade elevada. De repente, passou a apresentar sintomas como febre, diarreia e dores abdominais. As idas ao Hospital Niterói D'Or, em Icaraí, tornaram-se frequentes, o que só viria a público após sua morte, quando então a polícia fez um mapeamento de todas as entradas dele na unidade. De abril de 2016 a junho de 2019, o pastor foi atendido dez vezes na Emergência, tendo sido internado em dois momentos.

Em três ocasiões o marido de Flordelis apresentou forte taquicardia. Vômitos e dores de cabeça permaneceram constantes em maio de 2018. Numa das internações, em outubro, consta que perdeu 15 quilos. O diagnóstico inicial, de gastroenterite aguda, não justificava tamanho abatimento. Foi esse histórico que levou os investigadores a considerar a hipótese de Anderson ter sofrido um processo lento de envenenamento e que sua morte talvez já estivesse sendo planejada desde 2016. Até meados de 2022 o inquérito a respeito não estava concluído, mas muitas outras conjecturas já haviam sido confirmadas.

6. MATARAM O PASTOR

Anderson foi assassinado na madrugada de 16 de junho de 2019, um domingo. Ao longo daquela semana, ele e a mulher só haviam se ocupado de compromissos políticos. Até mesmo a ida ao jogo Flamengo x CSA na comitiva do presidente Jair Bolsonaro, na quarta-feira, Dia dos Namorados, foi em cumprimento a um item da agenda parlamentar. No sábado, véspera do homicídio, era quase hora do almoço quando Flordelis acordou em sua casa de Pendotiba. Decidiu fazer compras para abastecer a despensa da cozinha e foi chamar alguns filhos para acompanhá-la. Já Anderson permaneceu no quarto após acordar, resolvendo pendências pelo celular.

O grupo que acompanhou Flordelis, do qual faziam parte os filhos Simone e Flávio, seguiu para Niterói na Grand Caravan Chrysler do casal, comprada com blindagem após a eleição de Flordelis para o Congresso Nacional. No Centro da cidade, eles pararam por algum tempo em um supermercado; em Icaraí, percorreram lojas de produtos naturais, frutas secas e grãos. Como o volume de alimentos era grande, retornaram a Pendotiba para descarregar. Em seguida, saíram novamente, agora em direção à Região Oceânica, onde entraram em um hortifrutigranjeiro de Piratininga e, depois, em um shopping de Itaipu.

Já era por volta de seis da tarde quando a turma voltou para casa. Conforme relataria à polícia em seu segundo depoimento, prestado no dia 24 (o primeiro seria no próprio dia do homicídio), Flordelis encontrou o marido ainda ocupado no quarto. Nem falou com ele, preocupada em organizar o restante das compras nos armários. Ao entrar de novo em seu quarto, Anderson já não estava. Pouco depois, soube que ele tinha ido até a casinha de Adriano, no quintal, para usar o computador dele e acertar detalhes do culto do dia seguinte. O caçula de Flordelis trabalhava como web designer e era ele quem cuidava do material de divulgação dos eventos nas igrejas do casal.

Eram quase nove da noite quando ela abriu uma das janelas da casa principal que dava para os fundos e gritou por Anderson, perguntando se ele já tinha jantado. Ao receber um "não" como resposta, preparou dois pratos com arroz, bife e batatas fritas, chamou-o e os dois jantaram. Duas horas depois, o marido a convidou para um passeio, a pretexto de ainda não terem comemorado o Dia dos Namorados. Flordelis aceitou e escolheu um vestido leve e simples, emprestado por Isabel, em contraste com as roupas em estilo clássico que vinha usando na condição de parlamentar. De acordo com sua narrativa, sabendo que o marido gostava de passear em carros esportivos, ela sugeriu que saíssem com o Honda, que o filho Daniel tinha pegado emprestado para ir a uma festa perto dali, com a namorada, Manuela. Sugestão acatada, ligaram para o filho, que lhes levou o Honda e voltou para a festa com a Grand Caravan blindada. Foi quando o casal decidiu ir até a praia de Copacabana, na Zona Sul do Rio de Janeiro, a 34 quilômetros de onde moravam.

Quase dois anos depois, em 25 de março de 2021, ao conceder uma entrevista ao programa *Conversa com Bial*, da TV Globo, comandado pelo jornalista Pedro Bial, ela se lembraria desse último passeio com Anderson: "Nós fomos a Copacabana e andamos ali no calçadão. Em Copacabana! Fomos para a beira da praia, molhei meus pés, ele molhou os dele, fizemos uma retrospectiva, conversamos. Depois voltamos para o calçadão. Todos os dias ele tinha o costume de perguntar: 'Amor, já disse hoje que eu te amo?' Aí ele me perguntou [*em Copacabana*]: 'Eu já disse hoje que te amo?' Falei: 'Não ouvi...' Mas era brincadeira, porque eu já tinha escutado. Aí ele pegou uma cadeirinha do quiosque, subiu, estendeu o braço e gritou: 'Eu te amo.' Eu estendi meus braços também e falei: 'Eu também.' Aí ele desceu da cadeira e demos bastante risadas."

Esse relato, semelhante a outro dado à polícia anteriormente, mas sem tantos detalhes, também foi apresentado em 31 de agosto de 2020 ao repórter Roberto Cabrini, no *Conexão Repórter*, do SBT. "Nós nos abraçamos. Ele me levou para um lugar que não tinha quiosque e nós namoramos", contou, acrescentando que Anderson a levara para uma rua deserta, cujo nome ela não sabia, e que ali fizeram sexo no capô do carro. Para os investigadores, no entanto, a narrativa não soava nada verossímil, visto ser altamente perigoso ficar tão vulnerável em uma rua deserta de Copacabana de madrugada.

* * *

Ainda no seu segundo depoimento à polícia, Flordelis disse que ela e Anderson só retornaram a Pendotiba por volta das três da manhã. Ela percebeu que Daniel já regressara da festa, pois a Grand Caravan encontrava-se na frente da casa. O casal entrou na garagem e ambos desembarcaram. Flordelis contornou o veículo por trás para acessar a porta do closet do quarto do casal. Num projeto nada convencional de arquitetura, embora o quarto ficasse no segundo andar da residência o closet ficava no térreo, podendo ser acessado por duas portas: pela garagem, no próprio térreo; e por uma porta do quarto. De uso exclusivo de Anderson e Flordelis, o interior do closet tinha uma escada que ligava os dois patamares.

Tratava-se de um compartimento espaçoso. Numa das paredes perfilavam-se dezenas de vestidos da deputada, além de perucas e bolsas. Na segunda parede ficavam as roupas do pastor, onde se destacavam os ternos de marca, como Hugo Boss, uma de suas vaidades, um cofre e um espaço só para relógio. Havia dezenas deles. Em outra parede do closet, num armário de alumínio, Flordelis guardava acessórios. Nada de decoração no ambiente, apenas um boneco da Pantera Cor-de--Rosa que pertencera a Kikita, uma lembrança da jovem.

O casal mantinha também ali uma esteira elétrica encostada à porta que dava para o térreo, impedindo que ela fosse aberta por quem quisesse entrar pela garagem. No dia do crime, porém, a esteira não estava no local habitual. Assim, no fim da tarde, ao chegar da Região Oceânica e perceber que a porta do closet estava destrancada, Flordelis entrara por ali mesmo com algumas compras para ir até o quarto do casal e guardar itens em sua geladeira pessoal. Agora, de madrugada, voltando de Copacabana e verificando que a porta do closet continuava destrancada, ela resolveu usar mais uma vez a passagem para atingir o quarto. Antes, porém, teria pedido a Anderson, que começara a digitar mensagens pelo celular tão logo descera do Honda, que conferisse se o portão social que dava para a rua estava trancado; o da garagem fechava eletronicamente. Na versão dada à polícia sobre os últimos minutos de vida do marido, Flordelis acrescentaria que, ao fechar a porta do closet atrás de si, ainda o viu pegando a mochila no banco de trás do carro e colocando-a no ombro. Só então ela entrou, descalça, com os sapatos e a bolsa nas mãos.

Em seu quarto, Flordelis jogou tanto a bolsa quanto o calçado sobre a cama de solteiro mantida ao lado da cama de casal. Abriu a porta que dava para um corredor interno, onde ficavam diversos quartos, e subiu ao terceiro andar, dirigindo-se ao aposento que Simone dividia com os filhos. Notando uma luz de lanterna no beliche do neto Ramon, parou para conversar com ele e ficou sabendo que a filha tinha saído com o namorado. De repente, os dois ouviram tiros muito próximos, e Flordelis correu para o quarto das irmãs Annabel e Isabel, no mesmo pavimento, a fim de ver se estava tudo bem com elas. Segundo a pastora, não fazia nem cinco minutos que o casal havia chegado em casa.

"Foram: *PA, PA, PA, PA*", reproduziria ela o som dos tiros em forma de onomatopeia, duas semanas depois do crime, para o repórter Domingos Meirelles no *Domingo Espetacular*, da TV Record, uma rede evangélica. Após uma breve pausa, ela prosseguiria: "*PA, PA*. Deram quatro tiros seguidos. Parecia dentro de casa. Parecia. O barulho. A gente já estava acostumado a ouvir tiros."

O som de tiros era comum na região porque eles moravam perto do Morro da Cocada, uma favela então com intenso tráfico de drogas na qual os confrontos entre policiais e traficantes eram frequentes. Mas aqueles pareciam ter estourado dentro da casa. Em seu depoimento, Daniel negou terem sido apenas seis tiros. Ele chegara em casa minutos antes do casal e estava no banheiro de sua suíte quando ouviu o Honda, dirigido pelo pai, entrar na garagem. Pensou em trocar logo as chaves dos carros com o pastor, porque sabia que Anderson acordaria cedo para o culto do dia seguinte, mas aí vieram os tiros. Na primeira sessão de disparos realmente teriam sido quatro, no entanto, após uma ligeira pausa, ele ouviu diversas detonações. Tal versão era mais condizente com o laudo da necrópsia realizada pelo Instituto Médico-Legal de Niterói, que detectou mais de trinta perfurações no corpo do pastor, indicando que ele fora alvejado, pelo menos, quinze vezes.

Daniel explicaria aos investigadores que sua suíte não tinha comunicação com a casa principal e que o acesso era feito por uma porta que dava para o jardim, perto da garagem. E contou que, com os primeiros estampidos, num misto de instinto e curiosidade, saiu do banheiro e vestiu um short às pressas para ver o que estava acontecendo. Abriu a porta do quarto e olhou na direção da garagem, mas sentiu medo e se recolheu. Apagou a luz e ficou espiando em silêncio pela janela, ao lado da porta. Foi quando viu três vultos dentro do terreno passando diante do vidro, mas não conseguiu identificá-los. Em segundos, escutou a segunda série de tiros. Somente após acreditar que tinham cessado, ele saiu da suíte, de celular na mão, passou pelo jardim e entrou na casa principal pela porta da cozinha.

A porta do quarto da mãe estava aberta, mas ela não estava lá. Ouvindo gritos no andar de cima, ele subiu e a encontrou de pé, em frente ao quarto de Annabel e Isabel, berrando repetidamente:

— Mataram meu marido, mataram meu marido!

Contudo, em vez de descer para acudi-lo, ela queria entrar no quarto das meninas, cuja porta encontrava-se trancada. E mais: ela não tinha como saber que os tiros tinham acertado Anderson, tampouco se ele ainda estava ou não na garagem quando os disparos começaram. Entretanto, segundo Daniel, ela estava num tal estado de nervosismo que ele agiu sem pensar e chutou a porta, arrombando-a com tanta força que ela escancarou. Nesse momento, Flordelis teria começado a gritar para Isabel:

— Isa, é seu pai! Isa, é seu pai!

Ato contínuo, Daniel disparou para a garagem, saindo da casa pela mesma porta da cozinha. Flordelis diria depois aos investigadores que não o acompanhou porque Flávio e o próprio Daniel lhe disseram que aguardasse ali. Ao depor na polícia, Isabel diria que acordou ouvindo um falatório no corredor e murros na porta. No entanto, ao tentar abri-la, a maçaneta teria se soltado e a porta emperrara. Ela não ouvira os tiros porque, como sempre, dormira com o ar-condicionado e a TV ligados.

***

Daniel pisou na garagem e, ao se aproximar do Honda, ficou em choque. O mais apegado a Anderson, de quem acreditava ser filho biológico, o jovem viu o pai caído, em meio a uma poça de sangue, entre a porta do motorista do carro e a porta do closet, então aberta. Viu Flávio, filho biológico de Flordelis, com expressão atônita, pegando no chão a mochila preta do pastor, onde ele costumava carregar o dinheiro arrecadado nas igrejas, e entrando no closet. Com o pai naquelas condições, Daniel se desesperou. Por isso, diria depois à polícia, não lhe ocorrera perguntar a Flávio, por exemplo, como ele chegara tão rapidamente à cena do crime, aonde ele ia naquele momento, tampouco se ele tinha visto alguém estranho entrando ou saindo da casa.

Na hora, o que mais lhe chamava a atenção era o fato de Anderson estar apenas de cueca. Só pouco depois ele veria, caída no closet, a bermuda que o pai vestira ao sair para passear com Flordelis — posteriormente, a polícia concluiria que o pastor entrara no closet para se trocar, mas que algo o interrompera e o levara a retornar à garagem, talvez o chamado de alguém, quando então foi baleado. Por isso estaria só de cueca. Apesar da insistência de Daniel, Anderson não reagia. Com receio de descobrir que ele já estivesse sem vida, o jovem relutava em pegar o pulso do pai. Quando o fez, viu que não havia pulsação. Desnorteado, levantou-se e entrou no closet em busca de alguma pista que lhe permitisse entender aquela tragédia. Foi quando viu a carteira e o celular do pai na cômoda, ao lado das chaves do Honda e do controle do portão da garagem. Guardou o celular no bolso e, conforme narrou aos investigadores, pegou o próprio aparelho e ligou para o número 190, a fim de pedir socorro à Polícia Militar.

Nesse instante, chegaram o irmão de criação André e, em seguida, o filho dele, Ramon. Ainda sem condições emocionais de falar, Daniel passou o telefone para André, que, no entanto, desatou num choro tão forte ao ver o pastor ensanguentado que repassou o aparelho a Ramon, que, afinal, fez a ligação. Quando, do outro lado da linha, o atendente pediu ao neto de Flordelis que iniciasse os procedimentos de ressuscitação, ele se recusou, afirmando não haver mais nada a fazer. Eram 3h40 da manhã.

Flávio apareceu de novo e saiu em seu Fiat Uno, estacionado na rua, a pretexto de buscar ajuda numa cabine da PM próxima dali. Em doze minutos estaria de volta, dizendo não ter conseguido ajuda. Flávio, que jamais aceitara a separação de Flordelis de seu pai, o pastor Paulo Rodrigues Xavier, residia havia tempos na casa de Carmozina, no Jacarezinho. Por estar foragido da Justiça, recentemente fora acolhido na casa da mãe em Brasília, mas havia três meses estava na residência de Pendotiba, tendo começado a trabalhar como motorista de carro de aplicativo. Embora tivesse o Fiat Uno, ele preferia alugar um automóvel para transportar passageiros por receio de a polícia chegar até ele pela placa do carro, que mantinha estacionado nos fundos da casa. Mesmo no período em que passou em Brasília o carro ficara ali.

A essa altura, já havia outros filhos ao redor do corpo, mas a pastora continuava na casa principal. Ainda segundo o depoimento de Daniel, ele decidiu levar o pai a um hospital no Honda. Antes, porém, ligou do celular de Anderson para Manuela e o pai dela, a fim de contar a ambos o que acontecera e pedir a ela que fosse encontrá-lo no hospital. Guardou o celular de novo no bolso e, finalmente, do jeito que estava, descalço, de short, sem camisa, pegou o pai no colo e seguiu para o Honda, ordenando a Ramon que abrisse a porta do veículo. Mas o jovem parecia estático. Flávio, que já se sentara ao volante, gritou com Ramon, e só assim o jovem atendeu. Daniel acomodou o pai no assoalho do banco traseiro e eles partiram.

Chegando ao Hospital Niterói D'Or, a cerca de seis quilômetros e meio de casa, eles pararam diante do setor de Emergência e, dessa vez, Daniel contou com a ajuda de Flávio e de uma equipe da unidade para levantar o pai e deitá-lo numa maca, logo empurrada pelos maqueiros para uma área restrita. Algum tempo depois, Flávio foi chamado a essa área. Ao retornar à sala de espera, comunicou a Daniel que acabara de ser informado que Anderson estava morto. Outros "filhos", além de amigos da igreja, começavam a chegar. O primeiro foi *Misael*, acompanhado da esposa. Ele fora avisado por Gleice, sogra de Adriano e assessora parlamentar da deputada, que o pai havia sido baleado. Cerca de meia hora depois, ao lado do filho Adriano, Flordelis entraria no Niterói D'Or, levando na bolsa os documentos do marido.

Mais tarde, ao prestar esclarecimentos aos policiais, a médica plantonista que a atendeu, Vivian Vilas-Bôas, contaria que perguntou a Flordelis:

— Você sabe que seu marido tomou tiro?

— Não, doutora — respondera Flordelis. — Anderson é tudo na minha vida. Eu não posso perder esse homem de jeito nenhum, ele faz tudo para mim.

A médica então declarou, sem rodeios:

— Flordelis, ele tomou muitos tiros, infelizmente já chegou em óbito. Seu marido faleceu.

A pastora começou a chorar e pediu que a deixasse "falar" com ele, mas a médica ponderou que não seria aconselhável porque a vítima estava com diversos ferimentos pelo corpo. Em seguida, a pastora, bastante alterada, passou a comentar com as pessoas que via pelo hospital que não queria ter saído naquela noite, mas que o marido insistira por não terem tido um Dia dos Namorados especial. Não dava detalhes de onde haviam estado, mas dizia ter percebido algo estranho no retorno para casa: sentada no carro e de cabeça baixa, jogando um jogo no celular, a missionária teria tido a atenção voltada para uma moto com dois homens de casaco e capuz no cruzamento de um sinal da avenida Presidente Roosevelt, em São Francisco, bairro de Niterói que fazia parte do trajeto. Contou ainda que alertou o marido, mas ele ignorou a advertência. Também teria visto um carro prata estacionado à porta de sua casa e disse que, na vizinhança, já teria ouvido falar de um veículo dessa cor cujos ocupantes praticavam assaltos no bairro.

**

A Delegacia de Homicídios de Niterói, São Gonçalo e Itaboraí, a DHNSG, foi acionada pelo hospital e, já às primeiras horas da manhã de domingo, dois peritos do Grupo Especializado em Local de Crime bateram na porta da casa de Pendotiba para dar início à investigação. O modo como o corpo havia sido retirado da garagem criou dificuldades para a perícia. Em contrapartida, nove estojos calibre 9mm e dois projéteis de cartucho indeterminados foram apreendidos. Os dois últimos foram entregues por Ramon, neto de Flordelis. Moradores da casa contariam aos policiais que, tão logo Anderson foi levado para o hospital, Ramon passou a recolher os cartuchos, afundando os dedos em poças de sangue. Já na delegacia, Raquel, filha de Carlos Ubiraci e Cristiana, contaria que questionara a atitude:

— Eu perguntei por que ele estava fazendo aquilo. Aí Ramon disse: "Não tem sangue, não tem bala, não tem crime."

Duas manchas que poderiam ser de sangue foram identificadas no interior da casa principal. Os peritos ainda ficariam sabendo que os dois cachorros da família, a fêmea Lelis e o macho Niel, que sempre latiam quando estranhos entravam na residência, não se manifestaram naquela noite. Seria possível que o assassino morasse na casa? Ou seriam vários assassinos? Ou quem sabe os cães teriam sido dopados? Amostras de sangue dos animais foram levadas para exame toxicológico, assim como uma certa quantidade de urina de Niel. Também foram recolhidas imagens de câmeras de segurança instaladas na rua e nas adjacências e naquele mesmo dia a polícia iniciou a tomada de depoimentos. Os resultados dos exames dariam negativo para substâncias tóxicas.

As imagens das câmeras seriam produtivas, mas a tomada de depoimentos prometia ser complexa. De fato, seria. E se arrastaria por mais de dois anos. Afinal, Flordelis dizia ter 55 filhos, além de vários netos, sem contar que fiéis das igrejas, assessores políticos e amigos do casal circulavam diariamente pela moradia. Por envolver pessoas ligadas ao Congresso Nacional e ao meio evangélico, o caso chegou às redes sociais e à mídia de imediato e ganhou repercussão nacional. A pergunta era a mesma em todos os veículos: o que teria motivado o assassinato do pastor Anderson do Carmo? Latrocínio? Crime passional? Vingança? Teria relação com a política? Teria ligação com a administração das igrejas?

Coube à delegada Bárbara Lomba, titular da DHNSG desde março de 2018, montar uma estratégia para ouvir as dezenas e dezenas de supostas testemunhas. Bárbara tinha apenas 43 anos, mas dezenove de carreira. Numa ficha longa de casos elucidados por ela, destacavam-se a prisão, em 2010, de Rafael de Souza Bussamra, que atropelara e matara o músico Rafael Mascarenhas, filho da atriz Cissa Guimarães, dentro do Túnel Acústico da Gávea; e as investigações que em 2012 levaram para a cadeia 21 policiais militares da Unidade de Polícia Pacificadora da Providência, na Zona Central do Rio de Janeiro, acusados de receber propina do tráfico. A delegada também esteve à frente das investigações que culminaram, em 2010, com o indiciamento de duzentas pessoas e o estouro de uma refinaria de drogas na maior favela do país, a Rocinha, na Zona Sul da cidade.

Bárbara nunca alimentou o ideal de ser delegada. Só queria estabilidade no emprego, assim como os pais, médicos em hospitais públicos. Acabou ganhando uma bolsa para cursar Direito em uma conceituada universidade do Rio de Janeiro. Já bacharel, fez concurso para o Ministério Público do estado, porém não foi bem nas provas. Decidiu estudar para pleitear uma vaga na Defensoria Pública, mas, em 2000, incentivada pela família, candidatou-se ao cargo de delegada na Polícia Civil. Um ano depois, lá estava ela na Academia de Polícia do Rio de Janeiro, a Acadepol. Como os pais, tomou gosto pelo serviço público e abraçou a causa. Sua dedicação a fez ser cotada para o posto de chefe da Polícia Civil nos idos de 2010, quando o cargo era o mais alto da classe. A um superior ela declarou certa vez, assim definindo o próprio perfil profissional:

— Eu não visto a camisa da corporação, eu estou aqui para servir à sociedade.

Além da equipe de plantão que bateu na porta de Flordelis ao amanhecer, a delegada também montou uma força-tarefa com mais dois delegados e todos os seus inspetores e peritos, deixando de fora apenas os que gozavam férias. Assim, às sete da manhã, investigadores já começavam a colher depoimentos na delegacia. Bárbara lembra que, na casa de Flordelis, os policiais tiveram certa dificuldade para dar conta da perícia não só porque se tentara apagar os vestígios do crime, mas principalmente porque as pessoas lá dentro estavam inquietas, agitadas.

— Percebeu-se que isso ocorria por causa da presença do filho adotivo Lucas por lá — contaria depois a delegada. — Verificamos que ele tinha um mandado de apreensão pendente e os policiais o levaram à delegacia.

Chegando à DHNSG, Lucas Cezar dos Santos de Souza negou ser traficante, mas ficou detido. A delegada ainda não sabia, mas havia também outro filho da pastora circulando na casa em débito com a polícia, o que intensificava o nível de tensão dos moradores. Tratava-se de Flávio, filho biológico de Flordelis.

* * *

Os primeiros a depor foram os irmãos Lorrane e Ramon, netos de Flordelis. O pai de ambos, André, também depôs naquela manhã de domingo, assim como a advogada que os acompanhou, Luciene Diniz Suzuki. Próxima da família, Luciene cuidava dos processos de adoção dos filhos do casal havia uma década. Lorrane não estava em casa na hora do crime, mas contou que a irmã Rafaela (também filha de André e Simone) ligara às 3h48 para lhe avisar que tomasse cuidado ao retornar porque ela acabara de ouvir tiros por perto. Quando chegou em casa, pela rua de trás, Lorrane disse ter notado que o portão dos fundos estava aberto. Pensou que a irmã o havia deixado destrancado para ela, uma vez que a tranca automática estava com defeito e só abria por dentro. A irmã, porém, negou que tivesse mexido no portão.

Ramon contou que estava com Flordelis no segundo andar quando os tiros começaram. Desceu até a garagem, e lá já encontrou o pai. O jovem disse na delegacia que, ao ver o corpo de Anderson caído no chão, percebeu também que o portão da garagem, por onde o Honda entrara minutos antes, estava aberto. A advogada Luciene declarou suspeitar que Lucas, o filho adotivo levado para a delegacia naquele dia, estivesse envolvido na morte de Anderson. Conforme ela declarou, dezoito dias antes do assassinato, Anderson comparecera à delegacia para depor sobre um processo envolvendo o rapaz, então com 17 anos. No dia 12 de março ele havia sido apreendido em flagrante por tráfico de drogas, mas, por ser menor de idade, conseguira o benefício socioeducativo de responder em liberdade assistida. Na ocasião, Lucas já não morava com a família, e sim na favela.

Assim como Lorrane, Luciene chamou a atenção dos investigadores para o fato de o portão dos fundos estar aberto na madrugada do homicídio. E reiterou o que os policiais já sabiam: os cachorros não latiram quando o assassino entrou na residência, o que, para ela, seria um forte indício de que alguém com acesso à casa teria participado do crime. Informou, ainda, que Anderson era o articulador tanto da carreira de Flordelis quanto da de *Misael*, abrindo a hipótese de a execução ter tido motivação política. Mas afirmou não ter conhecimento de nenhuma ameaça feita ao pastor.

Em seu depoimento, André não acrescentou novidade alguma à fala dos demais. Estava dormindo e, ao ouvir os tiros, acordou e correu para ver o que tinha acontecido, deparando-se com o corpo do pastor tombado na garagem. Também mencionou o fato de o portão dos fundos estar aberto, o que, segundo ele, era incomum, e de os cães não terem latido. Aos investigadores pareceu que todos aqueles depoimentos haviam sido combinados previamente.

Perto do meio-dia, foi a vez de Lucas contar sua versão. De origem humilde e de pouca escolaridade, ele disse que fora adotado legalmente por Flordelis e Anderson. Afirmou que no momento do crime estava numa festa na localidade do Eucalipto, em Maria Paula, bairro localizado entre Niterói e São Gonçalo, a cerca de 20 quilômetros da casa de Flordelis. Estava acompanhado de três amigos do Morro da Cocada. Às 3h40, recebeu uma ligação de Flávio avisando que o pai estava no hospital, baleado. Imediatamente, Lucas pegou um carro de aplicativo e se dirigiu para o Niterói D'Or, onde soube da morte de Anderson. Na quinta-feira anterior, isto é, três dias antes do crime, Lucas estivera na casa dos pastores e não vira nada de anormal.

Ao ser perguntado sobre a sua detenção, ele confirmou ter sido levado ao juiz da Vara da Infância e Juventude de Niterói, mas negou ser traficante. Disse que vendeu drogas uma única vez, justamente no dia em que foi flagrado. Contudo, ele portava um radiocomunicador do tráfico, aparelho comum para a atividade de olheiro, o que pesou contra ele. Após o depoimento para esclarecer o homicídio de Anderson, os policiais decidiram manter Lucas apreendido. Uma cela foi improvisada lá mesmo na DHNSG para o rapaz, já que quatro dias antes, em 12 de junho, ele havia atingido a maioridade.

* * *

Flordelis só prestaria esclarecimentos às 17h30. Antes de seguir para a delegacia, ela deu entrevista aos jornalistas que a aguardavam diante do portão de casa e lamentou a morte do marido, aos prantos, dizendo que Anderson morrera para "proteger a família". Mais uma vez ela insinuava que ele fora vítima de um assalto.

— Eu só fui dar um passeio com meu marido, mais nada, gente... Só um passeio, que acabou desta forma, [com ele] perdendo a vida para proteger a casa, proteger a família. O que ele tentou foi evitar que [...]. Infelizmente abriu o portão da garagem e tentou evitar que eles entrassem na casa. Ele sacrificou a vida dele para proteger a família.

Na DHNSG, a deputada fez um relato que indicava duas linhas de investigação: latrocínio, isto é, roubo seguido de morte; ou execução premeditada. Aos investigadores ela desfiou a mesma história que contara de manhã no hospital, sobre ter visto dois homens encapuzados em uma moto em São Francisco, acrescentando que mais adiante, no Largo da Batalha, já chegando em casa, teria visto a mesma dupla na moto, sendo que dessa vez o marido a ultrapassou.

Sobre desavenças entre Anderson e pessoas próximas, Flordelis citou dois casos. O primeiro tinha como protagonista Elias de Souza Azevedo, ex-companheiro de uma de suas filhas adotivas, Monique dos Santos de Souza, com quem ela tivera um filho. Segundo a pastora, Monique teria ido embora e deixado o menino com o pai, que morava na rua. Por isso a deputada tomara as medidas necessárias para ficar com a guarda do neto e Elias, inconformado por perder o filho, teria ameaçado Anderson.

O segundo caso envolvia justamente Lucas, que pisara pela primeira vez na casa de Flordelis aos 12 anos. A pastora adotaria Lucas e seus quatro irmãos biológicos, órfãos de pai e mãe. Embora não se saiba exatamente quando cada um entrou na casa dos pastores, sabe-se a idade de todos quando a adoção foi concluída, em 2016: Lucas estava com 15 anos; Gabriella, com 17; enquanto os demais tinham 5, 9 e 10. O pai biológico teria trabalhado para o tráfico e sido uma "má influência" na vida de Lucas, de acordo com Flordelis. Ela relatou que o jovem era bastante carinhoso, mas tinha "fascinação" pela vida de traficante e que, em razão disso, deixara a casa dela para integrar uma facção criminosa. Disse também que desde que ele fora detido ela já não sabia quem eram as suas companhias.

Concluído o depoimento, a deputada seguiu para o velório, marcado para as 18h30 na igreja Ministério Flordelis, na Cidade do Fogo, em São Gonçalo. A família ficara esperando a liberação do corpo do Instituto Médico-Legal para poder realizar a cerimônia de corpo presente. Com a participação de parentes, pastores, políticos e fiéis, o velório seguiu a linha do show gospel e até Flordelis cantou. A seu lado, postavam-se Flávio e a pastora Reni Rodrigues de Moraes, assessora parlamentar e cabeleireira da deputada. Trajando um vestido com estampa floral, Flordelis passou a maior parte do tempo sentada, chegando a desmaiar ao lado do caixão, colocado no meio do palco do templo. Um enorme telão exibia imagens de Anderson em seu dia a dia.

Pelos cálculos da família, mais de 2.500 pessoas teriam ido se despedir do pastor. Em sua fala, do púlpito, Flordelis contou que naquela semana o neto Ramon tivera uma "revelação", que ela interpretara como um aviso de que alguém na casa morreria:

— Esta semana o Ramon sonhou com a vinda de Jesus. Sonhou que uma foice cortava as coisas boas. [...] Perguntei a ele o que subia [*aos céus*] e ele me disse que apenas uma rosa vermelha subia. Então eu disse: "Deus vai levar alguém da nossa casa." Agora está aí, nosso pastor. Se tem uma coisa que ele não iria gostar é que hoje, domingo, as portas estivessem fechadas. E o combinado era, se um de nós fosse embora, o outro faria o culto mesmo assim, chorando.

***

O enterro, marcado para as 11h do dia seguinte, no Memorial Parque Nycteroy, em São Gonçalo, também atrairia centenas de pessoas, entre familiares, amigos, fiéis, admiradores, cantores gospel e políticos, como o senador Arolde de Oliveira e o deputado federal e também pastor Otoni de Paula. Arolde estava comovido e conversou com os repórteres:

— Para nós, que somos próximos, parceiros, companheiros, que estamos juntos há muitos anos, tanto na família dele como no ministério dele, ministério pastoral dele e da Flordelis, e agora mais recentemente na política, muito próximos, foi um golpe muito grande que nós, naturalmente, como pessoas de fé, temos que aceitar. É a vontade de Deus e a saudade vai ficar. Teremos que preservar a memória.

Chorando muito, Maria Edna, mãe de Anderson, que havia alguns anos vendera sua casa no Jacarezinho para doar o dinheiro à igreja do filho, chegando a morar por algum tempo em São Gonçalo, estava transtornada e declarou aos repórteres que cobriam a cerimônia:

— Por que fizeram isso com ele? Fizessem isso comigo. Eu quero meu filho. Perdi meu filho, parte do meu coração.

Flordelis chegou de óculos escuros, com um blazer cinza e uma saia preta, sóbria. Quando o caixão foi baixado à sepultura, a cantora gospel Bruna Carla entoou a música "Ele vive". Rodeada por Flávio, Adriano, Simone, Carlos Ubiraci, *Misael* e Daniel, além do irmão, Fábio, a pastora olhava para o caixão e exclamava em voz alta:

— Mataram meu marido! Por que mataram? Fala comigo!

Doente, a irmã de Anderson, Michele, desmaiou e precisou ser retirada do cemitério. Enquanto isso, longe dali, numa inauguração de obras de uma escola estadual na Praça da Bandeira, no Rio de Janeiro, o então governador do estado, Wilson Witzel, surpreendeu a todos por trazer a público, sem que a polícia tivesse terminado de ouvir os depoimentos, a suspeita de que o crime contaria com a participação de um dos filhos da deputada:

— Há suspeita de que um dos filhos adotados, não sei se formalmente ou informalmente, teria praticado o crime.

Então agora estaria nessa linha a investigação. Entendemos que é um fato lamentável e espero que tudo seja rapidamente esclarecido.

Ao fim da cerimônia, os jornalistas repassaram à viúva a declaração de Witzel, e Flordelis negou veementemente o envolvimento de qualquer um de seus "filhos" no crime:

— Isso não é verdade. Isso é especulação. Eu não vou permitir que acusem um de meus filhos sem ter provas — bradou, afirmando que o casal não tinha inimigos e que ela estava convicta de que o marido fora vítima de assalto.

Enquanto a pastora dava entrevistas, policiais civis infiltrados no cemitério pediam discretamente aos guardas municipais que bloqueassem todas as saídas do local, pois planejavam uma ação. E ela ocorreu no estacionamento: quando Flávio fez menção de entrar em seu carro, os agentes se aproximaram e lhe deram voz de prisão. Segundo um investigador, ele ainda teria argumentado:

— Vocês estão fazendo isso, vão achar que eu sou bandido. Vão achar que fui eu [*que matei*].

A deputada saiu em defesa do filho, mas não teve jeito. Os investigadores haviam descoberto que existia um mandado de prisão contra Flávio por ele ter descumprido, havia algum tempo, uma medida protetiva determinada em 30 de janeiro daquele ano pelo 1º Juizado da Violência Doméstica e Familiar Contra a Mulher, de São Gonçalo. Amparado na Lei Maria da Penha, o juiz o proibira de se aproximar da ex-mulher, moradora do município, além de não permitir qualquer tipo de comunicação entre eles, uma vez que Flávio a estaria ameaçando de morte e teria até mandado fotos de uma pistola para a mulher. Embora Flávio tivesse se escondido em Brasília por existir um mandado de prisão contra ele, curiosamente não se importara de se expor no velório e no cemitério, sabendo que as duas cerimônias atrairiam atenção da mídia e da polícia.

Em menos de 48 horas, os investigadores já haviam prendido dois filhos de Flordelis, ainda que por motivações distintas e não relacionadas ao homicídio. A hipótese de latrocínio estava descartada pelos investigadores e a delegada esperava que, sob a pressão emocional gerada pelas prisões, familiares começassem a revelar algum fato obscuro ligado ao crime. Em outra frente, policiais tentavam encontrar o celular da vítima. Daniel, que o enfiara no bolso ao encontrá-lo no closet na madrugada de domingo, já não sabia do seu paradeiro. Na delegacia buscava-se por todos os meios judiciais ter acesso ao aparelho, sem êxito. Pediram ajuda a Luciene, a advogada, que ligou para algumas das quarenta pessoas que moravam na casa de Pendotiba naquele momento, e nada. O sumiço do celular seria um problema que se arrastaria por muito tempo.

* * *

Lucas daria quatro depoimentos na delegacia. No próprio dia 16; no dia seguinte, dia 17; no dia 24; e no dia 5 de agosto. No dia 17, ele foi ouvido, como da primeira vez, pela delegada titular e pelo inspetor Mario Augusto Bernardo Júnior. Esse depoimento seria essencial para a polícia começar a puxar o fio da meada que levara à morte do pastor Anderson do Carmo. Perguntado sobre o que fizera na véspera do crime, Lucas contou que acordou na casa da namorada, no Morro do Cantagalo, em Niterói, e que, à tarde, participou de um churrasco na quadra da comunidade. No fim do dia, seguiu para o Morro da Cocada, onde ficou até as 2h15 de domingo, saindo em seguida para uma festa em outra favela, na localidade conhecida como Eucalipto, em Maria Paula, também em Niterói. Do Morro da Cocada até lá, o deslocamento, de cerca de 35 minutos, teria sido feito num veículo de aplicativo conduzido pelo motorista Daniel Solter, apelidado "Gordinho". Segundo a polícia, tratava-se de um típico trajeto de venda de drogas.

Diferentemente do primeiro depoimento, quando disse que não ia à casa de Flordelis desde a quinta-feira, 13, agora Lucas admitia ter passado lá na madrugada do crime após as três da manhã a fim de deixar uma mochila com roupas para lavar — mais tarde a polícia descobriria que na verdade ele havia ido guardar a droga que não fora vendida no Morro da Cocada. Contou que entrou pelo portão social do imóvel, que estava destrancado porque, tal qual o portão dos fundos, apresentava um defeito na tranca. Deixou o motorista esperando na rua e foi direto para a suíte de Flávio, onde guardou a mochila. Ainda segundo Lucas, Flávio estava sentado na beirada da cama, digitando no celular. Ficou surpreso ao vê-lo acordado porque o filho biológico da pastora não costumava dormir tarde, já que se levanta cedo para trabalhar. Ao ser perguntado pelos policiais sobre a hora em que vira Flávio, Lucas respondeu que teria sido entre 3h30 e 3h40, quase a hora do crime.

Lucas reportou aos investigadores que, como Flávio tinha um mandado de prisão contra ele, teria ido de ônibus para a casa de Flordelis em Brasília, e ficara um mês na cidade trabalhando como motorista de aplicativo. Ao decidir morar em Pendotiba, Flávio também teria evitado o uso de avião para driblar o rígido policiamento dos aeroportos, viajando no mesmo carro alugado que usava nas corridas de passageiros. Acrescentou que Flávio "estava com uns papos estranhos" desde que chegara ao Rio. Dizia, por exemplo, que a mãe vinha "sofrendo muito", que "Anderson estaria colocando muito dinheiro no bolso e criando dívidas para Flordelis" e que já teria até encontrado notas fiscais de gastos pessoais do padrasto com valores acima de R$ 100 mil. Por isso teria resolvido que "acabaria com o sofrimento da mãe".

Ao ser perguntado por Lucas sobre como pretendia fazer isso, Flávio "com um sorriso debochado no canto da boca, lhe teria respondido:

— Você vai ver.

Ao que Lucas teria rebatido:

— É contigo mesmo, vai fazer merda.

Flávio então teria encerrado o assunto:

— Já é, depois a gente se fala.

Três semanas após esse diálogo, na sexta-feira 14, Lucas teria recebido uma ligação de Flávio, que queria vê-lo. Eles se encontraram e Flávio o convidou para ir até o Rio de Janeiro. Lucas recusou o convite e Flávio foi embora. No mesmo dia, segundo o rapaz, Flávio lhe enviou duas fotos de uma pistola Bersa, com mira a laser acoplada, calibre 9mm, por meio de um aplicativo de mensagens. Na primeira imagem, a arma estava num saco transparente. Já na segunda, aparecia sem o invólucro e "com dois pentes e umas trinta balas".

Lucas teria perguntado:

— Pô, você tá maluco? Não quero saber de nada. O que você fizer é com você. Apaga essa mensagem com o meu nome aí.

Flávio teria respondido:

— Fica quieto. Não fala com ninguém, não. Fica tranquilo. Não vou te botar em nada, não. Minhas coisas eu faço sozinho.

Depois disso, Lucas disse que só tinha estado com Flávio no dia do crime, o que não era verdade. Os investigadores comprovariam, logo adiante, que Lucas ajudara Flávio a comprar a pistola que mataria o pastor. Uma das dificuldades no início do caso, diria Bárbara Lomba, era extrair das declarações de Lucas o que era verdade e o que era inventado. Tudo o que ele dizia eram meias verdades. Assim como Flávio.

* * *

Preso no estacionamento do cemitério, Flávio foi levado para depor. Confirmou que ficara morando em Brasília ganhando a vida como motorista de aplicativo "por um tempo" e que, de volta ao Rio de Janeiro, passara a ajudar a deputada com as redes sociais dela, ainda que não fosse remunerado pelo serviço. Havia se separado da mulher em janeiro daquele ano. No dia 30 de maio, um amigo dela lhe mandara mensagens ordenando, em meio a xingamentos e ameaças, que a deixasse em paz. Flávio teria respondido que bateria em ambos. "Só por isso", contou o filho biológico de Flordelis aos policiais, a ex-mulher solicitara medida protetiva na delegacia, com base na Lei Maria da Penha.

Flávio negou que tivesse uma arma em casa, mas admitiu que se filiara a um clube de tiro em setembro de 2018 e obtivera o certificado de registro de atirador no Exército. Ao ser questionado sobre o que fizera no sábado, véspera do assassinato, disse que acompanhara a mãe nas compras ao longo da tarde e a ajudara a guardar os produtos na despensa. Depois disso teria ido para a sua suíte, na casa principal, saindo apenas uma vez, às onze da noite, para pegar no portão um hambúrguer e um açaí que havia pedido por delivery.

Sobre a relação mantida com o padrasto, declarou ser boa. Os investigadores, então, pediram o seu aparelho celular, mas Flávio alegou tê-lo perdido logo após a morte do pastor. Segundo ele, era comum coisas de valor como dinheiro e celulares sumirem na casa de Pendotiba. Em seguida, argumentou que Anderson guardava dinheiro em casa por "achar que era mais seguro ficar com ele do que no banco". Ao declarar que a vítima mantinha valores na residência, os investigadores entenderam que a intenção era reforçar a tese de latrocínio. A própria Flordelis já havia sugerido isso, ao mencionar ter visto uma moto com homens encapuzados na madrugada de domingo.

Analisadas pela polícia, contudo, as imagens das câmeras de segurança de imóveis das ruas Cruzeiro e Thieres Francisco Santana, frente e fundos da casa da família, respectivamente, não revelaram nenhuma moto ou carro suspeito ali por perto no horário do crime. Ainda pelas câmeras, a polícia verificou que Daniel chegara às 2h58 em casa e Lucas dez minutos depois. Os horários não coincidiam com o relato de Lucas, mas os policiais acharam que havia coerência na dinâmica de sua descrição. Lucas chegou num carro, aparentemente de aplicativo, cujo motorista esperou que voltasse até as 3h15, quando Lucas saiu da casa e eles partiram. Ou seja, ele ficou pouco tempo em casa e foi embora antes dos disparos, visto que o carro do casal só aparece nas imagens retornando do suposto passeio em Copacabana às 3h25. Às 3h40, Flávio sai com o Fiat Uno e retorna doze minutos depois.

Em outras imagens recolhidas pela polícia, o foco foi o itinerário do casal do Rio de Janeiro até Niterói. Apenas na Estrada da Cachoeira, próximo a um posto de gasolina, no bairro de São Francisco, aparece uma moto. Segundo a filmagem, ela seguiu um caminho diferente do utilizado pela vítima. Os investigadores pediram imagens à CET-Rio (Companhia de Engenharia de Tráfego do município) nas quais apareciam o Honda de Anderson, a fim de descobrir o percurso do carro da vítima e também o caminho percorrido pelo Fiat Uno de Flávio e pelo veículo do motorista de aplicativo usado por Lucas. As câmeras da CET-Rio não confirmaram a passagem do carro de Anderson por Copacabana no dia do crime, mas, sim, por uma rua do bairro do Humaitá, colado ao bairro de Botafogo, também na Zona Sul. Já o trajeto por dentro de Niterói, conforme relatado por Flordelis, pôde ser comprovado. Os demais carros foram flagrados por câmeras particulares, confirmando com exatidão os horários de movimentação dos suspeitos.

A delegada Bárbara Lomba pediu um mandado de busca e apreensão de celulares na casa e na Cidade do Fogo, pois os aparelhos da vítima e de Flávio continuavam desaparecidos. Já Lucas entregara seu celular espontaneamente, fornecendo o número da senha de desbloqueio. Dois dias após o homicídio, a juíza titular da 3ª Vara Criminal de Niterói, Nearis dos Santos Carvalho Arce, atendeu à solicitação da delegada, mas proibiu o recolhimento de qualquer bem pertencente a Flordelis, que usufruía de imunidade parlamentar. O fato de a mulher da vítima ser uma deputada federal dificultaria enormemente as investigações. Como se não bastasse, ela era também mãe dos dois principais suspeitos até aquele momento.

7. O ÓDIO, A ARMA E OS CELULARES

Com o crime, a família rachou. De um lado, liderados por *Misael*, ficaram os que defendiam Anderson como pessoa de bem, lembrando seu rigor na condução dos negócios, sua aversão a regalias na casa, sua dedicação às carreiras da pastora e aos interesses da família. De outro lado, encabeçados por Flordelis, ficaram os que o criticavam, fosse porque gostariam de participar da gestão do orçamento familiar, o que ele não permitia, fosse porque nutriam rancores em relação a ele por motivos diversos. Conforme as investigações andavam, descortinava-se um surpreendente panorama de ódio entre os integrantes da família, construído, certamente, dia a dia ao longo de anos.

Foi seguindo essa trilha de ressentimentos que os investigadores tomaram conhecimento de que pelo menos dois planos já haviam sido arquitetados para matar o pastor, sem contar a hipótese de que ele vinha sendo envenenado. A polícia identificara dois suspeitos de envolvimento no homicídio: Flávio (filho biológico de Flordelis) e Lucas (adotivo). Mas ainda não se sabia se existira um mandante nem se os dois haviam contado com ajuda para executar o crime, uma vez que não tinham recursos para comprar armamento e munições. Flávio era sustentado por Flordelis e até o aluguel do carro de aplicativo no qual trabalhava era bancado por ela; Lucas largara o emprego e não possuía status no mundo do tráfico.

    Naquela primeira semana de apurações, duas reviravoltas ocorreram: a primeira, quando Flávio declarou na delegacia ser o assassino do pastor; a segunda, quando, em novo depoimento, negou o anterior e disse ter confessado sob coação da polícia. Além disso, tentou responsabilizar Lucas pela morte de Anderson. Com essas narrativas rocambolescas, o quadro se tornou mais complexo ainda para os investigadores.

* * *

Em 18 de junho, terça-feira, dois dias após o assassinato, os policiais que chegaram à casa de Pendotiba, munidos de intimações para depoimentos e de mandados de busca e apreensão para iniciar uma varredura no local, tiveram uma surpresa: havia fogo no quintal. Os agentes acorreram e viram que móveis e papéis estavam sendo destruídos em uma fogueira, prática nada comum na rotina da casa, segundo moradores. A perícia chegou a ser acionada, mas o fogo já consumira o material a tal ponto que não era possível confirmar se houvera destruição de provas. Após relatos de testemunhas à polícia dando conta do envolvimento de André com essa função, a partir daí também ele entrou no radar da polícia. A principal missão dos agentes naquele dia era encontrar a arma do crime e os celulares da vítima e de Flávio, ainda desaparecidos. Mas logo a equipe enviada pela delegada percebeu quão árdua seria aquela operação, tendo em vista a quantidade de quartos, móveis, vãos e objetos que poderiam servir de esconderijo, além do grande número de moradores transitando pelos cômodos do casarão.

    — Era bem complicado administrar as buscas na casa com tanta gente morando. Era uma operação de guerra — lembra o chefe das investigações da DHNSG, o inspetor Reinaldo Leal, com larga experiência na execução de mandados desde a época em que era agente penitenciário. — As pessoas ficavam para lá e para cá, falavam alto. Isso desconcentrava a gente. Tínhamos de colocar ordem na bagunça, pois a impressão que dava era que alguns tentavam tumultuar as investigações.

No mesmo dia, a Justiça deferiu o pedido de quebra de sigilo dos celulares de Anderson e de Flávio, autorizando também o levantamento de dados no aparelho de Lucas, já apreendido. Em plena operação, uma informação inesperada: a operadora de telefonia avisou aos agentes que o sinal do telefone de Flávio fora detectado ativo dentro da residência. Com a notícia, a busca ganhou fôlego e até mesmo a advogada Luciene Suzuki, que acompanhava a ação, a partir de certo momento começou a lhes apontar discretamente locais que poderiam ocultar pistas importantes para a elucidação do crime. Mesmo contando com ajuda, a arquitetura da casa era tão pouco convencional que os investigadores se confundiam em meio à intensa circulação de pessoas. A solução foi confinar todos os moradores na sala, mas alguém sempre escapava, saía da casa e retornava, enquanto outros trocavam mensagens com os que saíam. Os aparelhos foram então confiscados e proibiu-se o trânsito de pessoas na propriedade: quem já estava fora não entrava mais até o término da ação e vice-versa.

— Estava estressante — recorda-se Leal. — Uma brincadeira de gato e rato. Falei: "Porra, a gente tá aqui igual idiota. O telefone tá aqui. Cadê a porra do telefone? Se vocês não entregarem o celular, a gente não vai mais embora."

Ninguém respondeu à pergunta do inspetor, tampouco o celular de Flávio ou o da vítima foram achados. Mas a arma, sim. Os agentes já estavam encerrando o trabalho quando resolveram fazer uma segunda busca na suíte de Flávio. De pé numa cadeira, um policial enfiou a mão no vão existente entre a parte de cima do armário e o teto — que já havia sido revistado — e, dessa vez, tocou em algum objeto envolto em um pano. Puxou, constatou que o pano era uma camisa, abriu, e ali estava uma pistola Bersa, calibre 9mm, com um carregador e dez cartuchos RP Luger. O calibre coincidia com o da pistola usada na execução de Anderson e a marca da munição era a mesma inscrita nos estojos recolhidos próximos ao corpo. O número de série da arma estava raspado, um indicativo de que não era registrada e fora obtida de maneira ilegal.

A cena da descoberta da arma foi filmada, mas um desleixo por parte da polícia serviria, mais tarde, de argumento da defesa de Flávio para tentar invalidar aquela que era uma das evidências mais relevantes do caso até então. Embora a pistola estivesse embrulhada por um pano, o agente que a encontrou segurou-a sem luvas. A delegada Bárbara Lomba, porém, acatou a justificativa da polícia — que alegou falta de luva no estoque na época do mandado — e não permitiu que esse erro primário comprometesse os resultados levantados pelo setor de perícias da DHNSG. Ao se comparar os estojos ejetados durante testes feitos pelos peritos com o material retirado da cena do crime, atestou-se que todos haviam saído daquela arma. Verificou-se ainda que as ranhuras (a digital do armamento) impressas nas balas detonadas pela polícia como teste eram idênticas às das balas achadas na garagem. Checagem no banco de dados levou à conclusão de que a pistola não fora usada em outros crimes na região abarcada pela delegacia.

***

No dia seguinte, 19 de junho, quarta-feira, Flávio recebeu a visita de Daniel, *Misael* e *Luan* na delegacia. O filho de Flordelis estava numa cela desde a segunda-feira, quando fora levado do estacionamento do cemitério por ter descumprido uma medida protetiva. Os quatro choraram muito e oraram juntos na DHNSG, numa espécie de catarse, imprimindo coragem a Flávio. Pouco depois, durante seu segundo depoimento desde que o pastor morrera — o primeiro fora dado por Flávio imediatamente após a prisão —, os investigadores lhe apresentaram a arma encontrada em seu quarto. Sem saída, ele admitiu tê-la comprado e escondido no alto do armário.

O interrogatório continuou e, mais adiante, ele acabou declarando ter assassinado o pastor. Filmada, a cena mostra Flávio em uma sala montada especialmente para depoimentos sensíveis, segundo o inspetor Leal. Diante de um microfone e sentado, bem à vontade, em uma cadeira dessas usadas em escritório, Flávio afirma friamente: "Quando eu olhei o Anderson ali [...], foi automático." É possível ver o filho biológico de Flordelis dando outra declaração contundente: "Cheguei lá e me deparei com Anderson [...]." Em outro trecho do depoimento, ele enfatiza que temeu também que os traficantes com os quais Lucas circulava pudessem fazer mal a algum familiar. E ainda diz: "Eu vou ser sincero, em nenhum momento me passou na cabeça a imagem de matar o Aderson. Se não fosse o Lucas, eu não teria comprado a arma. A arma foi só um incentivo. Foi só a lenha na fogueira." Em outro vídeo, gravado ao longo de uma acareação entre os dois, Lucas admite ter acompanhado Flávio na compra da arma.

Diante da delegada, Flávio acrescentou que sua decisão de acabar com a vida do pastor decorrera da necessidade de vingar a honra da família. Explicou que Simone, sua irmã, se queixara de que Anderson teria "passado a mão nela e numa das filhas dela" enquanto elas dormiam, o que o teria deixado "cego de ódio". Por isso pedira a Lucas que o ajudasse a comprar a pistola e o ensinasse a municiá-la, dizendo ao rapaz que precisava se defender de um namorado da ex-mulher que o estaria ameaçando. Outra explicação esfarrapada de Flávio dada aos policiais para a compra da arma foi a de que ele teria presenciado uma discussão entre Lucas, Simone e Lorrane e, ao perceber que Lucas começara a andar armado pela casa — o que não se confirmaria —, resolvera comprar a pistola para protegê-las, caso fosse necessário.

Ainda de acordo com essa narrativa, que, segundo os investigadores, se comprovaria fantasiosa, na madrugada do crime Flávio teria notado que Lucas estava novamente armado assim que o irmão entrou no quarto para guardar no armário uma mochila. Flávio, então, receando que Lucas resolvesse atirar em alguém, pegou a pistola em cima do armário e seguiu o irmão, que tão logo guardou a mochila no armário se dirigiu ao térreo. Flávio contornou a casa por trás, passando pela garagem, instante em que, por acaso, deu de cara com o pastor. Como já estava com ódio dele e tinha uma arma na mão, aproveitou a chance e não pensou duas vezes: atirou. Assim, concluía Flávio, o assassinato de Anderson não fora premeditado, fora simplesmente circunstancial.

Sem demonstrar emoções, o filho biológico da pastora ainda afirma na gravação que, embora seu objetivo fosse pegar Lucas, matar o pastor fora "uma questão de oportunidade". Diz que apertou o gatilho seis vezes, embora o resultado do exame cadavérico tenha indicado um mínimo de quinze tiros, uma vez que havia trinta perfurações no corpo da vítima. E prossegue, informando que estava sozinho na hora do crime e que retornou ao quarto para esconder a pistola em cima do armário, omitindo o fato de Daniel tê-lo flagrado na garagem com a mochila do pai na mão. Conforme o depoimento, Flávio teria ouvido gritos de Flordelis no terceiro andar e correra para lá. Ao vê-lo, a pastora lhe teria dito querer ir ter com o marido na garagem, o que, para os policiais, não passava de uma invenção para proteger a mãe. Flávio também disse que viu Daniel ao lado de Flordelis e que os dois desceram juntos, o que não se comprovou verdade.

    Para a polícia, não havia lógica na história narrada por Flávio de pedir a Lucas que o ajudasse a comprar uma arma para eventualmente vir a matá-lo. Assim como era descabido Lucas ensiná-lo a municiar o armamento, já que Flávio tinha certificado de clube de tiro. Sobre a mochila de Lucas escondida no quarto dele, Flávio explicou que o irmão adotivo voltou para buscá-la de manhã, mas como a polícia já periciava a garagem, o jovem receou passar com ela pelos peritos e a manteve no quarto. A verdade é que Lucas tinha uma carga de entorpecentes não vendida na mochila e a escondera no quarto de Flávio para ir a um baile funk em Maria Paula. Dias depois a polícia descobriria, por meio de informantes, que o chefe do tráfico no Morro da Cocada mandara um aviso a Lucas exigindo a devolução da droga. Como ele já estivesse preso na DHNSG desde a morte do pastor sob a acusação de tráfico, alguém da casa, a pedido do próprio Lucas, devolvera o material na favela.

* * *

Também com relatos cheios de incoerências, Lucas contou à polícia que, dois dias antes do crime, foi procurado por Flávio, que desejava indicação para a compra de uma arma. Lucas teria respondido não saber como ajudar. No entanto, não só o ajudou a fazer o contato com um vendedor como o acompanhou no dia da transação ao lado de um conhecido seu, o motorista de aplicativo Gordinho, que posteriormente também seria chamado a depor. Os depoimentos de Gordinho foram essenciais para a reconstituição da trama da aquisição da arma, que, periciada, confirmou-se ter sido manuseada por Flávio: um pelo humano pinçado na Bersa continha o seu DNA.

De acordo com as apurações, na semana da morte de Anderson, Lucas ligara para Gordinho pedindo o nome de um traficante de armas para ajudar um "playboy" (no caso, Flávio) a adquirir uma pistola. Gordinho acabou identificando um sujeito na favela Nova Holanda, na Zona Norte do Rio de Janeiro, que teria à venda uma Bersa e passou o preço a Lucas. Ato contínuo, Lucas enviou a Gordinho o contato de Flávio, a fim de que as fotos da pistola fossem repassadas por mensagem ao irmão adotivo. Flávio aprovou o material e os três combinaram de procurar o sujeito na favela naquele dia mesmo para adquirir a pistola e também munição.

Por volta das seis da tarde, encontraram-se na estrada Caetano Monteiro, que atravessa a maioria dos bairros de Pendotiba, em um ponto a apenas 350 metros da casa de Flordelis. Dali o grupo partiu em dois carros para a Nova Holanda — Gordinho ia à frente, no próprio veículo, a fim de guiá-los até o traficante por dentro da favela no outro lado da baía, enquanto os dois irmãos de criação o seguiam no Fiat Uno de Flávio. As câmeras de trânsito captariam nessa tarde a imagem dos dois carros em direção à favela e, depois, retornando pela ponte Rio-Niterói no horário mencionado por Gordinho. Na volta, Gordinho continuou à frente, porém bem mais distanciado do Fiat, para que desse tempo de, caso visse uma *blitz* da polícia pelo caminho, avisar a Flávio pelo celular. Afinal, Flávio tinha um mandado de prisão contra ele e carregava no carro uma arma comprada ilegalmente, além de munições.

Na delegacia, Gordinho relatou que Flávio e Lucas compraram a pistola diretamente com o fornecedor e que o primeiro havia puxado "um saco com dinheiro" do bolso para efetuar o pagamento. Disse que os dois botaram as balas no pente e que, no final da transação, Lucas se exibiu, enfiando a arma na cintura enquanto caminhavam até os carros. Em seguida, Flávio tomou-lhe a pistola, escondeu-a no compartimento de rádio do Fiat Uno e os três foram embora. Gordinho acrescentou ter recebido R$ 100,00 pela corrida até a comunidade. Quando os policiais lhe mostraram fotos de Flávio, ele o reconheceu como o "playboy" que pagara R$ 8.500,00 pela pistola e R$ 550,00 pela munição. As investigações confirmariam que Gordinho desconhecia a finalidade da compra da Bersa e que Lucas não contribuíra com o pagamento ao traficante.

***

A expectativa entre os familiares mais próximos de Flordelis era de que Lucas assumisse a autoria do crime sozinho, numa espécie de gesto de gratidão para com a pastora, que o adotara junto com seus quatro irmãos em 2016 — esse processo de adoção foi o último realizado pelo casal de pastores. Mais fragilizado do que os outros na casa por estar envolvido com tráfico, Lucas sofreu enorme pressão, mas contou com a ajuda dos ex-patrões Regiane e Márcio Rabello. Acreditando na inocência do jovem, o casal lhe deu o apoio necessário para que não cedesse.

Regiane e Márcio moravam em Itaipuaçu, distrito do município de Maricá, mas mantinham uma oficina mecânica em Pendotiba, perto da casa de Flordelis. Regiane conta que conheceu Lucas em 2017, quando ele tinha entre 15 e 16 anos. Ela o via andando por ali "maltrapilho, com chinelo pegando apenas a metade do pé". Frequentemente, Regiane e o marido flagravam o jovem parado diante da oficina deslumbrado com os veículos que passavam por lanternagem. O casal, então, lhe ofereceu um emprego.

— Eu e meu marido temos a oficina há dez anos [*desde 2010*]. Há cerca de três anos Lucas vinha aqui na porta, conversava com a gente querendo saber detalhes sobre os carros.

Ele vinha sempre na hora do lanche. Eu perguntei: "Ô, Lucas, ué, você não tem comida? Mas você é filho de quem? Quem é seu pai, quem é sua mãe?" E ele me respondeu: "Não, eu fui adotado pela Flordelis, não sei quê..." Aí eu questionava: "E anda assim?!" Ele andava com trapos de roupa.

Regiane e Lucas estabeleceram um vínculo afetivo espontâneo e ele passou a trabalhar na oficina. De repente, porém, o jovem deixou o emprego e, não muito depois, ela o viu armado no Morro da Cocada. Regiane procurou Flordelis para alertá-la, mas a pastora não teria demonstrado interesse pelo assunto. Depois do crime, imaginando que a mãe adotiva não ofereceria conforto a Lucas na delegacia, Regiane começou a levar-lhe alimentos e produtos de higiene. Certa vez, com autorização da delegada, foi acompanhada de um barbeiro para lhe cortar o cabelo.

— Tinha que fazer algo por ele. Foi só na cadeia que Lucas caiu em si de que a mãe, Flordelis, realmente não o amava como filho. Eu sempre lhe dizia isso, mas ele não acreditava. Aí eu parei de falar, porque notei que ele ouvia como se fosse uma agressão contra ele — relata Regiane, ressaltando o forte sentimento de gratidão que o jovem tinha em relação a Flordelis.

Ao perceber que certos moradores da casa da pastora tentavam tumultuar as investigações e responsabilizar Lucas pelo homicídio, Regiane se propôs a colaborar com a polícia. Logo após a morte do pastor, *Misael* assumira o lugar dele nas decisões administrativas da casa e agora encabeçava os familiares que ajudavam nas investigações. Nessa época, já corriam rumores entre eles de que Flordelis poderia estar implicada no crime, o que também era ventilado na mídia. Regiane conseguiu ser aceita num grupo de WhatsApp formado pela turma de *Misael* para troca de informações sobre o caso e passou a encaminhar aos policiais tudo o que achava relevante para inocentar seu protegido. Afinal, a relação dela com Lucas se tornara uma relação "de uma mãe com um filho", conforme hoje resume.

***

Enquanto isso, a tomada de depoimentos prosseguia na delegacia. Por continuarem com a impressão de que algumas declarações eram pré-combinadas entre seus autores, os investigadores adotaram a estratégia de ouvir várias testemunhas simultaneamente alocadas, de forma individual, nas diversas salas do espaçoso prédio de três andares da DHNSG. Só no dia 24 de junho de 2019, por exemplo, foram ouvidas 21 pessoas ao mesmo tempo, a maioria moradores da casa de Pendotiba. A ideia era evitar ou, pelo menos, reduzir o número de versões semelhantes mas sem credibilidade. Ao longo do interrogatório, os agentes trocavam entre si mensagens por WhatsApp e, assim, perguntas sobre determinados assuntos eram dirigidas a todos, a fim de se captarem contradições. Um dos focos da polícia continuava sendo o paradeiro dos celulares de Anderson e Flávio.

Passados oito dias, a equipe ainda tinha grande dificuldade de entender as intrincadas relações de parentesco na família. Considerando os depoimentos de Daniel os mais claros e confiáveis, o inspetor Leal pediu a ele que desenhasse uma espécie de árvore genealógica da família:

— Ele [*Daniel*] foi crucial para que nós entendêssemos como era a família e a dinâmica da casa. Sabíamos que daquele desenho poderia sair o nome do assassino do pastor.

Talvez o fato de Leal também ser músico, profissão de Daniel, tenha fortalecido a relação de confiança que se estabeleceu entre os dois. Daniel não media esforços para ajudar a descobrir quem matara seu pai, que sempre lhe dera afeto e o protegera, a ponto de gerar ciúme entre os irmãos. O jovem ainda não sabia que sua certidão de nascimento fora forjada pelo casal de pastores, mas, mesmo depois de ser informado sobre suas origens, continuou a cooperar com a polícia.

— O depoimento dele levou mais de doze horas. Começou às onze da manhã e acabou às onze e meia da noite. Tivemos que interromper algumas vezes, porque ele chorava muito. Era um choro sincero — comenta Leal.

A primeira pergunta da polícia foi sobre o celular de Anderson. Daniel encontrara o aparelho no closet logo após constatar que o pai estava sem pulso. Guardara o celular no bolso e levara o pai para o hospital. Ao voltar para casa acompanhado de Manuela, que se encontrara com ele ainda no hospital Niterói D'Or, Daniel entrou em sua suíte, deixou o celular no quarto e dirigiu-se ao banheiro para tomar um banho — ainda estava sujo de sangue, sem camisa, descalço. Saindo do banheiro, deu falta do aparelho. Manuela explicou que uma assessora parlamentar de Flordelis chamada Gleice passara por lá a mando da deputada e levara o aparelho de Anderson.

∗ ∗ ∗

Daniel contou também que Flávio nunca se entendera com Anderson, mas que o pastor, mesmo assim, acolhera-o muito bem após a separação conjugal do filho de Flordelis. Outra informação, de maior impacto, repassada aos investigadores levaria a pastora para o rol de suspeitos de forma definitiva. Daniel disse que, em geral, após as discussões dos pais envolvendo projetos, sua mãe costumava dizer que ele — o pastor — não ia durar muito, que o tempo dele estava acabando, pois Deus já havia falado com ela. A forma como Flordelis dizia isso incomodava Daniel, que via o pai sempre apaixonado por ela, enquanto a mãe parecia não retribuir esse amor. Uma eventual traição conjugal por parte do pai foi descartada energicamente pelo filho, tamanha, segundo ele, a devoção de Anderson por Flordelis.

Depois de discorrer sobre a intimidade do casal, Daniel abordou a convivência dentro do lar. Contou que um dia descobriu que a filha biológica de Flordelis, Simone, a neta Lorrane, a filha afetiva Marzy e a própria pastora vinham colocando remédios na comida de Anderson porque, segundo Flordelis, o pastor sofria de ansiedade e de problemas no estômago. Mas, como se recusasse a tomar os medicamentos, as quatro mulheres se revezavam na função de medicá-lo às escondidas. Daniel contou ainda que em fevereiro de 2019, ao dar uma carona para a irmã afetiva Tayane Dias e para Lucas até a igreja, o jovem teria dito, repentinamente, que os irmãos não sabiam nada sobre o que, de fato, acontecia naquela família.

Em seguida, ainda no veículo, Lucas deixou escapar que em janeiro havia recebido uma proposta de R$10 mil para matar o pastor quando ele saísse de uma concessionária. Num misto de espanto e incredulidade, Daniel quis saber quem era o autor da "proposta" e se Lucas poderia provar o que dizia. Lucas respondeu que havia recebido a mensagem de Marzy, via WhatsApp, e que, preocupado, mostrara à mãe o que a jovem lhe escrevera. A pastora então deletou a mensagem dizendo ser perigoso para ele guardar aquele tipo de diálogo no celular por estar envolvido com o tráfico de drogas. Em seu depoimento na delegacia, Lucas confirmou ter recebido a tal proposta, mas não soube explicar a motivação de Marzy para se expor daquele jeito.

O assunto se encerrou no carro como começara, abruptamente, mas viria à tona três dias depois por iniciativa do próprio Anderson, que chamou Daniel para uma conversa reservada no quarto do casal. Flordelis estava presente, mas não deu uma palavra sequer. O pastor mostrou ao filho um texto que aparecera em seu iPhone, no qual se detalhava um plano para matá-lo quando saísse de uma concessionária na Barra da Tijuca, onde Anderson de fato estivera naquele mês de fevereiro com a intenção de comprar um carro, mas desistira do negócio.

Daniel associou o caso à conversa tida com Lucas no carro, na presença de Tayane, e a reproduziu para o pai, omitindo, porém, o fato de Lucas ter dito que sua mãe vira a mensagem no celular dele e a apagara. Indignado, Anderson perguntou a Daniel por que não o pusera imediatamente a par dessa suposta oferta de R$ 10 mil feita por Marzy, e o jovem explicou que simplesmente não levara Lucas a sério. O pastor chamou Tayane, que confirmou o relato de Daniel, e, em seguida, Anderson aconselhou o filho a tomar cuidado com Lucas.

Dias depois, Anderson também convocou *Misael* ao quarto do casal para discutir o assunto. Daniel, que estava no corredor, ouviu os dois falando sobre o macabro plano contra Anderson. O pastor teria descoberto que o texto que vira em seu iPhone havia sido escrito inicialmente em seu iPad, mas teria aparecido em seu iPhone porque os aparelhos eram sincronizados. A senha de acesso a ambos era a mesma e algumas pessoas da casa a conheciam: Daniel, o próprio *Misael*, Flordelis e um assessor parlamentar de nome Douglas. Daniel acreditava que o motorista da deputada, Marcio Buba, também teria conhecimento da senha.

A polícia acabaria sabendo, ao ouvir o depoimento da mulher de *Misael*, Luana Vedovi, que Marzy lhe confidenciara que fora Flordelis que digitara aquela mensagem usando o iPad de Anderson. Depois a enviara a Marzy para que ela a encaminhasse a Lucas. Mas Flordelis esqueceu-se de apagá-la do iPad e a mensagem foi parar no iPhone, por isso o pastor a encontrou. Questionada posteriormente na Justiça, Flordelis negou ser a autora da mensagem.

***

Daniel admitiu aos investigadores desconfiar que Simone estava implicada na trama do assassinato. O comportamento dela, considerado libertino e negligente por alguns membros da família, desagradava ao pastor tanto quanto o fato de ela não trabalhar. O jovem mencionou, como exemplo, o relacionamento amoroso mantido por Simone com Rogério dos Santos Silva, que frequentava a igreja de Flordelis e era pai de um dos amigos dele. Chamado a depor, Rogério não apenas confirmou que tivera um relacionamento íntimo com Simone, como acrescentou ter certeza de que ela odiava o pastor. Segundo Rogério, certa noite, por exemplo, ela lhe telefonou muito nervosa contando que Anderson a agredira e que, após narrar o episódio, passara a repetir:

— Vou matar esse demônio! A gente não aguenta mais! A minha mãe não aguenta mais!

Impressionado com o que ouvia, Rogério teria respondido:

— Deixa que eu mato, ele bateu em você.

Simone quis saber se ele faria mesmo isso por ela. Apaixonado, ele respondeu que sim, mas alegou não ter uma arma. Uma semana depois, ainda conforme relato de Rogério, Simone ligou para ele informando que havia conseguido o "brinquedo". Mais cauteloso, porém, Rogério ponderou que precisava pensar com calma para saber como agir. Simone o pressionou dizendo que já revelara o plano à mãe e que a pastora quisera uma garantia de que ele realmente teria coragem para isso. Simone dissera a ela que sim e Flordelis ficara em silêncio.

Diante dos policiais, Rogério sustentou também que Simone dizia colocar veneno na comida de Anderson para "matá-lo aos poucos", mas que o pastor era "tão ruim que não morria". Para Rogério, Flordelis tinha conhecimento desse plano envolvendo veneno, já que ela quisera confirmar se ele teria coragem de assassinar o marido dela. Porém, ao pensar que poderia ser preso e seus filhos ficarem sem pai, Rogério desistiu de participar daquela confusão.

* * *

No dia do depoimento de Daniel, em outra sala da DHNSG, *Misael* forneceu elementos para ajudar a polícia a montar o perfil dos que teriam interesse em acabar com a vida de Anderson. Como Daniel, *Misael* contou que já ouvira na família rumores de que Anderson estava sendo dopado para aplacar seu alto nível de ansiedade. Marzy, por exemplo, lhe revelara que diluía os remédios em sucos por ordem de Flordelis. Ao questionar a pastora, ela respondera a *Misael* tratar-se apenas de calmantes.

Misael descreveu Flávio, a quem conhecia desde os tempos da favela do Jacarezinho, como "frio, manipulador e contador de histórias". Sobre os celulares desaparecidos, disse que ficaram com Flordelis. E que Flávio, ao receber voz de prisão no cemitério, teria jogado o próprio aparelho e o dinheiro que tinha no bolso no banco traseiro do carro, onde Flordelis o aguardava. Simone, que também viajava no veículo, pegou rapidamente os objetos e os escondeu na bolsa da mãe, a única que não poderia ser revistada por contar com imunidade parlamentar. Essa informação teria sido passada a *Misael* por Reni Rodrigues, assessora parlamentar que estava de carona no veículo.

Quanto ao celular da vítima, *Misael* revelou que, após a assessora Gleice levá-lo da suíte de Daniel, ela o entregara ao motorista de Flordelis, Marcio Buba, cujo nome verdadeiro era Marcio da Costa Paulo. Frequentador da igreja do Mutondo, a Cidade do Fogo, o jovem era de total confiança da pastora, a ponto de ganhar um cargo de secretário no mandato, ainda que, na prática, trabalhasse como motorista dela no Rio de Janeiro. Marcio Buba contara a *Misael* no domingo do assassinato que o aparelho estava com ele e Flordelis lhe ordenara que o entregasse a ela. Mas *Misael* quis ver o celular antes que chegasse às mãos da mãe, o que foi feito no dia seguinte.

Após o enterro, Buba seguiu até o condomínio de *Misael*, que foi ao seu encontro e entrou no carro do motorista. Com o aparelho de Anderson nas mãos, o vereador buscou mensagens trocadas entre os dois no dia em que o pastor lhe revelou que soubera do plano para matá-lo à porta de uma concessionária. *Misael* não tinha mais essa mensagens no próprio celular, por isso fotografou-as. Em seguida, saiu do carro, deixando o celular de Anderson com Marcio Buba, que prometera entregá-lo a Flordelis, e levou as fotos para os investigadores.

* * *

Misael, que deixaria de usar a alcunha *Misael da Flordelis* na política, lembrou-se ainda de algumas passagens envolvendo familiares. Cerca de três meses antes da morte do pastor, por exemplo, Marcio Buba lhe confidenciara que Flávio desabafara com ele dizendo que estava "a ponto de matar" o pastor, tamanha a raiva que sentia dele. Sobre Simone, *Misael* disse que certa vez ela reclamara do controle exercido pelo pastor no que dizia respeito ao dinheiro da família e ressaltara que "a deputada era a Flordelis, e não o Anderson". Flordelis foi definida por *Misael* como "carismática, manipuladora e sedutora com as palavras, com poder de convencimento e de fazer a cabeça das pessoas". *Misael* acreditava que Simone e Flordelis seriam as responsáveis pelo crime, mas que, para executá-lo, teriam cooptado Marzy.

De acordo com o vereador, como na casa não havia privacidade, as maquinações entre Simone e Flordelis eram feitas por celular, mas com um chip específico para ligações do tipo ponto a ponto, ou seja, elas só conversavam entre si. A medida facilitaria também uma eventual necessidade de descarte, caso a polícia descobrisse a estratégia — é mais fácil descartar um chip do que um celular. Segundo *Misael*, Simone e Flordelis eram muito apegadas. Quanto a Marzy, como se achava menos favorecida que os irmãos biológicos, costumava atender a todos os desejos da pastora, a fim de ganhar a atenção da mãe. Dessa forma, Flordelis teria usado a filha afetiva para, inicialmente, propor a Lucas a tarefa de executar o pastor por R$ 10 mil.

Na visão de *Misael*, sua mãe se incomodava com o bom relacionamento que ele mantinha com Anderson e já tentara até afastá-lo do pastor, dizendo-lhe que o marido estaria "dando em cima das crianças da casa". Ele não acreditou nela e a orientou a conversar diretamente com o pai a respeito do assunto. Não satisfeita, ela levou a Flávio a intriga, o que teria intensificado, na opinião de *Misael*, o ódio que o filho biológico da pastora já nutria pelo padrasto. Flordelis sabia que Flávio tinha temperamento agressivo e era ciumento, características que seriam reiteradas aos investigadores por sua ex-mulher, também chamada para depor. Então, segundo *Misael*, a pastora atiçava em Flávio esses sentimentos. Em suma: *Misael* acreditava que Flávio e Lucas haviam participado da execução de Anderson, mas sob as ordens da missionária e com a colaboração de Simone e Marzy.

Os depoimentos de Daniel e *Misael* deram aos investigadores dados que os levaram a aquilatar a dimensão das desavenças e das disputas na casa, permitindo que eles começassem a ampliar sua lista de suspeitos. Por outro lado, as informações reforçavam também a possiblidade de que Flordelis pudesse ser a mandante do crime.

***

Interrogado, Lucas não apenas confirmou ter sido procurado por Marzy em janeiro daquele ano com uma proposta para matar o pastor, como revelou ter recebido, quase dois meses depois, uma segunda proposta. Dessa vez, Rayane (a menina resgatada na Central do Brasil e registrada como filha biológica de Simone e André) teria pedido a ele que contratasse um pistoleiro para dar cabo de Anderson, autorizando Lucas inclusive a dividir o pagamento com o matador. Como a primeira, também essa oferta foi recusada por Lucas. A polícia descobriria que a própria Rayane acabara contratando alguém, mas que a ação não se concretizara por mero acaso.

Ao depor, Luana, esposa de *Misael*, relatou que um sujeito teria chegado à porta da sede do Ministério Flordelis à procura de Rayane, que não estava na igreja naquele momento, para cobrar R$ 2 mil de pagamento por um serviço prestado a ela. Sem rodeios, o homem explicou a Luana que ele teria combinado com Rayane de atirar no pastor na saída do culto, mas que a vítima, infelizmente, teria trocado de carro no dia marcado para a execução. Contudo, como havia cumprido a parte dele, agora exigia a remuneração ou se vingaria. Acionada, Flordelis entregou o dinheiro a André para que ele se livrasse do matador de aluguel, o que foi feito, embora Luana não tenha chegado a saber que quantia, afinal, chegara às mãos do pistoleiro.

Outro episódio envolvendo Rayane seria relatado à polícia, agora por Erica dos Santos de Souza, a Kaká, filha adotiva de Flordelis que já não morava na casa. Como Erica tivesse parentes no tráfico, Rayane a sondara, por WhatsApp, sobre a possibilidade de Erica lhe passar o contato de algum criminoso que pudesse fazer um serviço para ela. A jovem se esquivou. Mas foi ao lembrar-se dessa ocorrência que começou a desconfiar de que Rayane talvez estivesse implicada no assassinato. Do ponto de vista de Kaká, Anderson era um homem respeitador e exigente com os "filhos", e Rayane vivia sendo chamada a atenção por dormir pelada com a porta aberta. O pastor a obrigava a dormir vestida, argumentando que havia homens na casa, o que a deixava enfurecida.

***

Com a autorização judicial para quebra de sigilo em celulares de alguns dos "filhos", a tese do envenenamento paulatino ganhou corpo. Nos aparelhos de Simone e de Marzy, os peritos encontraram conversas sobre venenos letais, além de pesquisas realizadas pela ferramenta Google sobre duas substâncias específicas: cianureto e cianeto. Questionada pelos investigadores, Simone disse ter frequentado um curso não concluído de técnico de enfermagem e que adquirira o hábito de ver séries de investigação na TV a cabo, quando o assunto teria sido abordado. Ao ser informada de que a pesquisa fora feita por ela no dia 4 de junho de 2019, apenas doze dias antes da morte do pastor, ela justificou ter buscado o tema porque o cachorro de uma amiga estava com um tumor. A sugestão que teria dado à amiga era de que o animal fosse sacrificado ingerindo o veneno. De acordo com o levantamento feito pela polícia, Simone também pesquisara sobre a compra do produto.

Já Marzy, segundo a polícia, buscou na internet informações como "veneno para matar pessoa que seja letal e fácil de comprar", "cianureto de cobre PA comprar no Rio", além de "alguém da barra pesada" e "assassino onde achar". Em seu depoimento ela confirmou as pesquisas. Também segundo a polícia, havia relatos de pessoas na casa que chegaram a passar mal após ingerir veneno por engano. Cristiana, mulher de Carlos, ficou cinco dias internada depois de beber um suco de laranja no escritório de Anderson, quando então sentiu sintomas semelhantes aos do pastor nas vezes em que ele corria para o hospital. Por pouco uma das crianças da família não tomou um laticínio destinado ao pastor que estava pela metade na geladeira do quarto do casal — quem acabou consumindo o produto foi a filha de criação Tayane, que sofreu de enjoos e queimação no estômago.

Um perito do Ministério Público encarregado de analisar os vários boletins médicos da vítima arquivados no hospital concluiu que os sintomas que o pastor descrevia ao dar entrada na unidade eram compatíveis com os provocados pela ingestão de arsênico. Para os investigadores, como essa substância não surtira o efeito desejado em Anderson — a morte, em decorrência da deglutição de pequenas doses frequentes —, estaria aí o motivo para as buscas na internet por outros tipos de veneno.

***

Em seu depoimento, em 24 de junho de 2019, Marzy foi direta. Disse que passara a odiar o pastor porque, em janeiro daquele ano, ao descobrir que ela furtava dinheiro na casa, ele a proibira de sair e a mantivera isolada da família por um tempo. Ela jamais o perdoou. Marzy mencionou também que antes dos episódios de furto recebia presentes caros de Anderson, como um relógio Tommy Hilfiger, que ela guardava no armário, trancado com cadeado. Durante as buscas, os policiais tiveram a atenção despertada para o cadeado e ela justificou a precaução dizendo querer proteger "um relógio que meu pai me deu". Afinal, não era só ela quem pegava coisas alheias na residência.

Quando Marzy apareceu na casa em que os pastores moravam, no fim de 2008, foi Anderson quem a convidou para passar uma noite lá. Na época, ela trabalhava como babá, tinha 24 anos e frequentava o Ministério Flordelis havia um ano. Ao tornar-se mais íntima do grupo, mudou-se definitivamente para a casa, ainda que houvesse resistência por parte de alguns integrantes da família. Mas a amizade com Simone fez com que a aceitassem e o tratamento recebido por ela era o de mais uma filha de criação. Sua admiração pela pastora e a rapidez com que aprendeu os gostos daquela a quem chamava de "Minha Rainha" fizeram dela uma espécie de secretária especial da deputada.

Indicada pelo vereador *Misael*, Marzy conseguiu, em janeiro de 2017, um emprego no posto de saúde do Colubandê com um salário de R$ 1.191,16. Como considerava o salário baixo, ela se revoltava por ter de contribuir financeiramente em casa, conforme Anderson exigia da maioria dos "filhos". A cota que cabia a ela era pagar um botijão de gás por mês. Sobre seu relacionamento com Anderson, disse à polícia que "não eram melhores amigos, mas também não eram os piores". Na percepção dos investigadores, havia ali muita gente com mágoa de Anderson. Mesmo entre aqueles que, após a morte do pastor, haviam ficado contra Flordelis havia algum rancor em relação a Anderson.

Luan, pastor e cantor, era um deles. Formou um trio com *Misael* e Daniel para ajudar a polícia, mas admitia ressentimentos de Anderson. Na opinião de *Luan*, "o pai *Niel*" tinha mão de ferro com a família, mas não abria mão de presentes caros para si. Na viagem que fizeram para cantar em igrejas nos Estados Unidos, ele percebeu esse lado perdulário de Anderson. Chegou a criticá-lo, mas ouviu como resposta:

— *Luan*, cuida da sua vida. O dinheiro é meu e eu gasto como quiser.

Luan confessou não perdoar os pastores por nunca terem ido a um aniversário de seu filho, que é autista. O interesse pela causa só teria surgido quando Flordelis entrou na política, aí teriam tentado usar o menino em uma campanha do mandato. E contou aos investigadores que Simone lhe confidenciara estar colocando "alguma coisa" na comida do pastor para prejudicar a saúde dele, e que, em seguida, teria dito, decepcionada:

— Mas ele não morre, não, tio *Luan*. Ele é ruim de morrer.

Luan quis saber o motivo de tamanha maldade por parte dela e ela lhe respondeu que o pastor gostava de vê-la dormindo, e isso a irritava. Simone lhe teria contado ainda que fora a própria Flordelis quem contratara alguém para "apagar" Anderson. Sobre o sumiço do celular da vítima, *Luan* disse à polícia ter visto o motorista da deputada entregando-o a ela num momento em que ele próprio, Flordelis e Adriano, o caçula da pastora, conversavam no quarto do casal, em Pendotiba. De imediato, Adriano teria se adiantado e falado para a pastora:

— Mãe, olha aqui: a senhora não vai pegar primeiro o telefone. Eu vou ver tudo primeiro, depois a senhora pega. A senhora acredita em mim?

Em resposta, Flordelis teria dito:

— Só apaga o que tá lá. Dá um jeito de apagar.

Essa é mais uma versão para o sumiço do celular de Anderson. E ainda surgiriam outras, como a de que Lorrane, neta de Flordelis, teria se aproveitado de uma distração dos agentes no dia das buscas, em 18 de junho, para sair do local com os aparelhos de Anderson e Flávio. Os policiais confirmariam que naquele dia, após sair da casa, Lorrane chamara um mototáxi que fazia ponto num dos acessos ao Morro da Cocada e seguira nele até a praia de Piratininga, a cerca de onze quilômetros dali. Mas ninguém sabia o que ela teria ido fazer lá.

No dia 26 de junho, o mototaxista depôs e confirmou ter levado a jovem ao local. Contou também que a viu jogar algo no mar, mas não sabia o quê. Daí a polícia desconfiar que ela tenha dado fim aos celulares naquele momento. Em

2 de julho, o mototaxista retornou à delegacia para denunciar que Lorrane o havia procurado com o intuito de intimidá-lo. Ela estava ao volante de uma Grand Caravan, possivelmente o carro da deputada, e o chamou:

— Ei, menino, vem aqui.

Ao aproximar-se, ele percebeu que ela ia filmá-lo. Então ele disse, virando-se de costas:

— Não tenho nada para falar com você.

* * *

Outra versão para o desaparecimento dos telefones foi dada pela própria Flordelis a alguns "filhos". Após o enterro do marido, durante uma reunião no quarto do casal, ela escreveu numa folha de papel que três celulares — o dela, o de Anderson e o de Flávio — haviam sido jogados na baía de Guanabara, do alto da ponte Rio-Niterói. Por receio de que a polícia tivesse instalado uma escuta na casa, a deputada já não falava abertamente ali dentro sobre assuntos relacionados ao crime, preferindo escrever bilhetes a seus interlocutores. No processo, porém, não consta nenhum pedido de escuta na casa de Flordelis por parte dos investigadores.

Com o foco agora no telefone da pastora, que não podia ser apreendido por conta de sua imunidade parlamentar, em 20 de junho de 2019 a polícia pediu à Justiça a apreensão do aparelho e a quebra do sigilo de seus dados. O argumento baseou-se no fato de Anderson ter estado com a esposa horas antes do crime. Assim, o pastor poderia ter usado o celular dela para se comunicar com pessoas que, eventualmente, poderiam ter conexão com o assassinato. O argumento soou convincente e, no mesmo dia, a Justiça atendeu ao pedido, retroativamente, do dia 1º ao dia 18 de junho de 2019, quando se cumprira o mandado de busca na casa de Pendotiba. O juiz

Primeiro disco compacto da cantora, produzido pela gravadora Angelical 2. (Acervo Vera Araújo)

No início da carreira de cantora gospel, Flordelis exibe a capa de um de seus CDs, em 1999. (William de Moura / Agência O Globo)

Em 2009, o casal rodeado de filhos adotivos e de criação. (Luciana Paschoal / Agência O Globo)

As atrizes Fernanda Lima e Alinne Moraes em um evento beneficente para ajudar a pastora e os filhos adotados e de criação. (Marcos Ramos / Agência O Globo)

Casa do clã Flordelis, na rua Cruzeiro, em Pendotiba, em cuja garagem o pastor Anderson do Carmo foi assassinado em 16 de junho de 2019. (Brenno Carvalho / Agência O Globo)

Flordelis no enterro de Anderson, no dia seguinte ao homicídio, acompanhada dos três filhos biológicos, Flávio (atrás dela, de óculos), Adriano (à esquerda, com a mão no caixão) e Simone (de preto), além de *Misael* (à esquerda, de camisa azul), Carlos Ubiraci (de blazer) e do irmão, Fábio (de boné). (Fabiano Rocha / Agência O Globo)

Flordelis, entre a filha biológica Simone e o filho de criação CarlosUbiraci, saindo de casa para prestar depoimento no dia da morte de Anderson. (Marcos Ramos / Agência O Globo)

A juíza Nearis Arce dos Santos lê a sentença do júri que condenou Flávio e Lucas pelo homicídio de Anderson. (Domingos Peixoto / Agência O Globo)

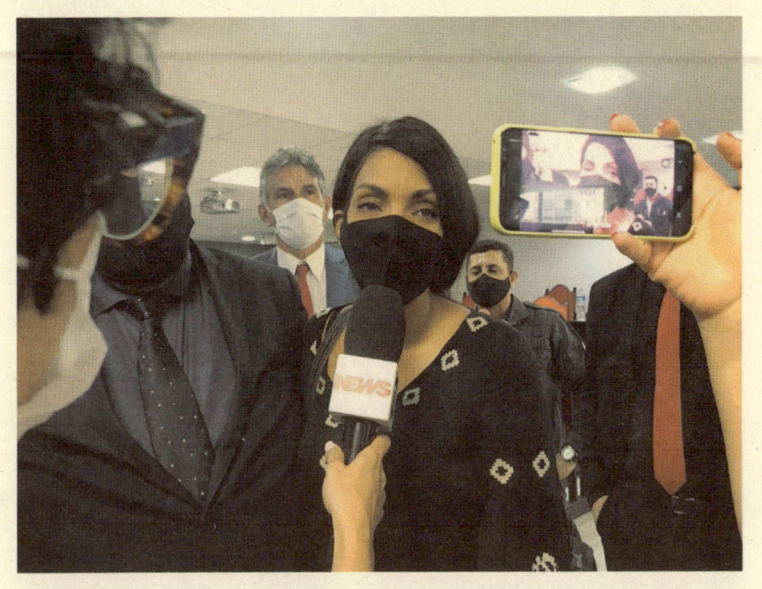

Flordelis concede entrevista após a audiência no Fórum de Niterói. (Acervo Vera Araújo)

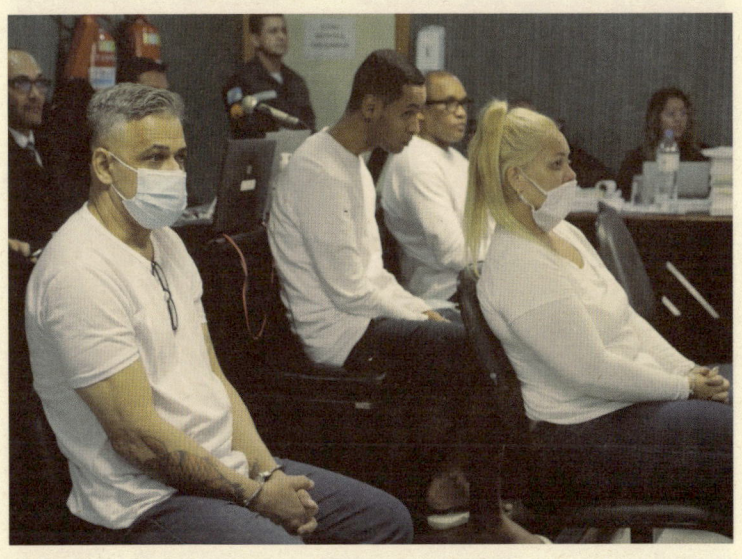

O ex-PM Siqueira (à esquerda), Adriano, Carlos Ubiraci e Andrea durante julgamento no Fórum de Niterói. (Roberto Moreyra / Agência O Globo)

Anderson e Flordelis na escadaria da Alerj poucos meses antes do crime. (Dêssa Pires)

determinou, no entanto, que fossem preservados documentos e mensagens relacionados ao exercício do mandato.

A polícia também alegou na representação a suspeita de que integrantes da família estariam criando obstáculos à investigação, por exemplo, não entregando espontaneamente os celulares de Anderson e de Flávio. Flordelis acabou cedendo o próprio celular, mas tratava-se de um aparelho novo, adquirido imediatamente após a morte do marido, portanto, inútil para as investigações. Após a tentativa frustrada de conseguir o aparelho de Flordelis, a polícia concentrou-se na busca dos celulares da vítima e de seu assassino confesso: Flávio. Para isso, a DHNSG lançou mão de uma estratégia incomum. Em 24 de agosto de 2019, obteve autorização da Justiça para comprar um chip com o mesmo número de celular de Anderson e instalá-lo em um aparelho aleatório, recuperando, assim, tudo o que ficara guardado na chamada "nuvem". Ao terem acesso às mensagens trocadas entre Anderson e seus interlocutores, os investigadores perceberam não só a dedicação do pastor ao projeto político de Flordelis, como também sua personalidade autoritária e controladora. A estratégia, no entanto, não foi usada para recuperar os dados de Flávio, talvez porque eles já tivessem provas suficientes contra o filho de Flordelis.

* * *

Na semana em que Flávio admitiu ter assassinado o pastor, causando uma reviravolta nas investigações, ele provocou uma segunda mudança abrupta no andamento do caso. Em novo depoimento, disse ter sido forçado a confessar sob coação da polícia. Fato é que, no dia seguinte à confissão, Flordelis contratara novos advogados para defender o filho biológico e, segundo a polícia, a estratégia agora parecia ser salvar a pele de Flávio incriminando Lucas. Em seu quarto depoimento, no dia 5 de agosto de 2019, Lucas informaria que, sim, estava sendo pressionado por Flávio para assumir a autoria do crime com a promessa de que, posteriormente, teria a cobertura de bons advogados e a proteção da mãe deputada. E mais: Flávio lhe confidenciara que acusaria os investigadores de terem se valido de tortura em seu depoimento.

Mais adiante, Flávio realmente disse à Justiça que policiais o agrediram e o colocaram numa cela molhada e sem alimentação para forçá-lo a confessar um crime que não cometera. Para corroborar esse estratagema de vitimização, os advogados adicionaram ao requerimento uma foto do local em que ele estivera preso — na imagem, Flávio aparece segurando duas garrafas pet com um líquido amarelo no interior, supostamente urina. A queixa era de que nem banheiro havia na cela, o que o obrigava a ficar dias sem banho. A defesa alegou violação dos direitos da dignidade da pessoa humana e contestou o depoimento com a confissão, que havia sido fornecida pelo depoente sem a presença de um advogado.

Pelo seu lado, a polícia apresentou à Justiça o vídeo em que Flávio aparece admitindo a autoria do crime. Nas imagens, o preso está tranquilo e até quando pede água um policial lhe pergunta, gentilmente, se prefere gelada ou natural. Também lhe é oferecido o controle do aparelho de ar-condicionado para que ele regulasse a temperatura que lhe fosse mais confortável. Além disso, a delegada Bárbara Lomba afirmou que Flávio e Lucas permaneceram por dois meses nas dependências da DHNSG com autorização judicial. O Ministério Público também contestou as declarações de que Flávio sofrera tortura física e psicológica na delegacia e enfatizou que todas as vezes em que o acusado precisara de atendimento médico, por conta de problemas de pressão alta e dores de cabeça, a delegacia chamara o Samu. A Justiça julgou insuficientes as provas apresentadas pela defesa de Flávio e o assunto morreu ali.

*　*　*

Ao concluir, em 14 de agosto de 2019, o inquérito da primeira parte das investigações sobre a execução do pastor, Bárbara Lomba indiciou Flávio e Lucas, argumentando haver provas suficientes de que o primeiro atirara contra Anderson e o segundo, como cúmplice, o auxiliara na compra da arma. Dois dias depois, seguindo a ordem processual natural, o Ministério Público denunciou ambos à Justiça pelo crime de homicídio qualificado, ou seja, por motivo torpe mediante emboscada. Agora os promotores passariam a atuar diretamente no processo. O Ministério Público pediu ainda à Justiça que Flávio respondesse por porte ilegal de arma de fogo de uso restrito.

Três dias depois, a juíza Nearis Arce acatou a denúncia da promotoria e decretou a prisão preventiva de Lucas e Flávio, abrindo o processo que os tornava réus. Os dois foram transferidos da DHNSG, em Niterói, para a Cadeia Pública Frederico Marques, unidade de triagem em Benfica, na Zona Norte, onde ficaram na mesma cela e foram fichados. Em meados de agosto, foram encaminhados para a Penitenciária Bandeira Stampa, também chamada de Bangu 9, no Complexo de Gericinó, em Bangu, na Zona Oeste. Como a parte referente aos executores do crime já progredira, a delegada dividiu o inquérito principal, ficando apenas com as diligências em torno do eventual mandante e de seus eventuais cúmplices. Flávio e Lucas agora teriam de responder em juízo, enquanto os outros suspeitos continuariam sob as investigações conduzidas pela DHNSG.

8. SETE FILHOS E UMA NETA NA CADEIA

Os contundentes depoimentos de "filhos" do pastor que suspeitavam do envolvimento de Flordelis no homicídio, caso de Daniel e *Misael*, acrescidos de diálogos pinçados em celulares, indicaram à polícia que a linha de trabalho adotada pela DHNSG estava correta — a meta era focar na pastora. Mas, na tentativa de salvar o filho biológico Flávio usando a estratégia de levar o filho adotivo Lucas a assumir a autoria do assassinato de Anderson, Flordelis acabaria arrastando mais gente de sua família, além dela própria, para aquele redemoinho de informações desencontradas.

A partir de meados de agosto de 2019, já na condição de réus, Flávio e Lucas passaram a dividir a mesma cela na Penitenciária Bandeira Stampa. Na DHNSG, Bárbara Lomba tivera o cuidado de acomodá-los em unidades separadas, para evitar que trocassem impressões sobre os fatos e tecessem versões combinadas. Além disso, mesmo relutando, Lucas acabou admitindo vínculos com o tráfico ao se declarar pertencente ao Comando Vermelho — principal facção criminosa do estado —, contudo foi levado para um presídio ocupado basicamente por milicianos, inimigos implacáveis de traficantes, com os quais disputam territórios nas comunidades fluminenses.

No sistema penitenciário fluminense, a regra é agrupar os presos de acordo com a facção criminosa a que pertencem, justamente para evitar confrontos intramuros. Mas a Secretaria de Administração Penitenciária do Rio de Janeiro desconsiderou a informação prestada por Lucas sobre sua ligação com o tráfico de drogas do Comando Vermelho. Por isso os investigadores suspeitaram que Flordelis estivesse usando sua influência de parlamentar para que Flávio e Lucas fossem mantidos na mesma cela, a fim de que o primeiro tivesse a chance de persuadir o segundo a mudar a versão dada sobre o homicídio, como também para que Lucas permanecesse naquele presídio, a fim de que se sentisse ameaçado em meio a milicianos e cedesse. Percebendo a situação, a delegada Bárbara Lomba enviou um ofício ao Gaeco (Grupo de Atuação Especial no Combate ao Crime Organizado), do Ministério Público do Rio de Janeiro, dando ciência do caso e solicitando uma providência urgente a respeito. Para os investigadores, começava a ficar evidente que Flordelis tentava salvar Flávio.

Logo, os investigadores começaram a suspeitar que Flordelis montava estratégias também para fazer recair sobre *Misael* e *Luan* a responsabilidade pelo crime. A pastora sabia que o depoimento de *Misael* a comprometera ao extremo e agora ia com toda a ira para cima dele, por meio de uma entrevista dada com exclusividade ao programa *Fantástico*. A entrevista foi ao ar em 22 de setembro de 2019, um dia depois de uma tentativa de reconstituição por parte da polícia da cena do crime na garagem de Pendotiba, ação que redundou em fiasco porque, embora Flávio e Lucas tenham sido levados ao local, não participaram da ação por orientação dos advogados pagos pela pastora.

Na entrevista, ambientada no escritório de seus advogados, a deputada relata ao repórter que Lucas lhe enviara uma carta em que pedia perdão por ter assassinado o pastor e incriminava *Misael* como mandante do homicídio. A missiva fora escrita por Lucas em sua cela na Bandeira Stampa e entregue a Flordelis pela esposa de outro detento. Na descrição do desenrolar do crime — uma narrativa confusa expressa em uma ortografia tortuosa —, Lucas dizia que *Misael* lhe pedira que desse "um susto" em Anderson (na interpretação da polícia, o termo "susto" significaria uma ação violenta, por exemplo, a simulação de um assalto à mão armada). A carta também deixava *Luan* em uma situação delicada, já que nela Lucas dizia que *Luan* ouvira a conversa entre os dois sobre o tal "susto" e a acobertara.

Ainda de acordo com a carta, o "susto" em Anderson se concretizara e teria sido executado por uma terceira pessoa contratada para isso, mas o plano falhara, porque resultara na morte da vítima. "O moleque já sabia o que ia fazer, mas deu ruim", é dito na carta. No documento divulgado por Flordelis ao *Fantástico* não se explicava, porém, por que *Misael* queria dar um "susto" no pastor, mas é mencionado que Lucas ganharia um cargo na prefeitura de São Gonçalo caso cumprisse a tarefa. Lucas escreveu na carta: "Eu também acredito 100% que a senhora não tem nada a ver com isso [o crime]. Sei que o Flávio não tem nada a ver com isso, [...] porque não acho certo uma pessoa de bem pagar por uma coisa que não fez." No fim do texto, que começara com "bênção, mãe", ele escreve "me desculpa por tudo" e manda um beijo.

A carta realmente existe e foi escrita por Lucas. Mas, segundo o depoimento posterior do jovem, todo o seu conteúdo não passava de uma sequência de mentiras ditadas a ele por Flávio na cadeia a mando de Flordelis. E *Misael*, filho afetivo que já mencionara a pastora como provável mentora intelectual do crime, agora era alçado publicamente, pela própria mãe, a mandante do assassinato, executado com ajuda de Lucas e conivência de *Luan*. Logo, o próprio vereador viria a público, por meio de uma nota à imprensa, negar o conteúdo da carta e declarar que o único propósito daquela história forjada era "criar confusão no curso da investigação".

* * *

Na entrevista dada ao *Fantástico*, Flordelis não se contentou em jogar *Misael* no olho do furacão. A deputada ainda denunciou ter sofrido extorsão por parte de alguém que se apresentara por telefone como policial civil da DHNSG, denúncia que seria considerada por Bárbara Lomba uma tentativa de desmoralizar sua delegacia. Segundo a parlamentar, o sujeito fizera várias ligações para o seu gabinete na Câmara exigindo dinheiro em troca de informações privilegiadas sobre o andamento das investigações. Numa delas, teria dito:

— Eu vou falar o português claro para a senhora. A minha intenção é o dinheiro. E eu sei que a gente pode passar informação para a senhora.

Também o fato de os advogados da pastora terem denunciado as investidas do suposto policial da DHNSG à Polícia Federal, passando por cima da delegacia que cuidava do caso, deixaria Bárbara Lomba com a certeza de que a defesa de Flordelis visava desautorizá-la e minar a confiança da delegada na própria equipe. Conforme os investigadores apurariam posteriormente, tratava-se de um golpe aplicado por um detento da Penitenciária Milton Dias Moreira, no município de Japeri, na Baixada Fluminense, que usara três celulares distintos com a intenção de ligar e mandar mensagens para Flordelis entre agosto e setembro. Identificado, ele foi indiciado por estelionato. De acordo com a polícia, o sujeito se apresentava como policial da DH da Capital (Delegacia de Homicídios da Capital) e dizia ter apoio de um agente da DHNSG, onde corriam as diligências em torno do assassinato de Anderson.

Quanto ao homicídio, o golpista aconselhava a pastora, via mensagens de WhatsApp, a chorar diante das câmeras de TV: "Você deveria chamar a imprensa, dar uma entrevista falando que seu coração de mãe não quer acreditar que seus filhos são os culpados. Mas se eles forem os culpados, têm que pagar pelo que fizeram. Fale que muitos filhos tinham brigas entre eles, mesmo por causa de ciúme." E complementava: "Chore, deixe as lágrimas rolarem." O sujeito ainda dava a Flordelis uma sugestão para encerrar de vez o trabalho dos investigadores: dizia ter uma pessoa da inteira confiança dele que poderia assumir o crime. Confusão desfeita, a credibilidade dos policiais da DHNSG não foi mais colocada em xeque por Flordelis.

***

Ao longo das investigações, a seguinte mensagem encontrada no celular de Flordelis chamaria a atenção da polícia: "Deputada, tive a informação de que haverá busca e apreensão no seu apto funcional, gabinete do Rio e em Brasília. Não sei a data." A mensagem, alertando a pastora de que ela sofreria mandados de busca e apreensão, fora enviada às 23h18 do dia 16 de setembro de 2019 por uma pessoa registrada na agenda do aparelho de Flordelis como "Fabiano Advogado". Cerca de seis horas depois, na manhã do dia 17, haveria, de fato, o cumprimento de quatro mandados de busca e apreensão em quatro imóveis relacionados à pastora: o apartamento funcional em Brasília, a casa em Pendotiba, o escritório da deputada no Centro do Rio e uma residência em Jacarepaguá que a família costumava usar.

Em Brasília, a polícia levaria o celular da neta Rayane, que estava morando com o companheiro e um filho, ainda criança, no apartamento funcional. Em Pendotiba, o inspetor

Mario Augusto Bernardo Júnior, responsável pelo cumprimento da medida, apreendeu um novo celular da pastora (o antigo jamais seria encontrado) e o da neta Lorrane, presentes no momento da ação. Adriano, o filho caçula, estava em sua casinha no quintal com a família no momento da operação e, ao ser inquirido pelo inspetor, declarou estar sem seu celular. No entanto, o policial acabou encontrando o aparelho debaixo do travesseiro de um dos filhos de Adriano. Sem saída, ele confirmou ser o dono do aparelho e o colocou para carregar. Percebendo certo nervosismo nas atitudes do filho de Flordelis, Júnior se aproximou e viu que ele apagava mensagens e fotos, entre as quais a imagem de um documento manuscrito com o nome de Lucas no alto. Aquele documento manuscrito no celular de Adriano ajudaria a confirmar o envolvimento dele na farsa da carta redigida a mando de Flordelis para incriminar Lucas.

Os policiais também encontrariam no celular da pastora conversas com o tal "Fabiano Advogado" que incriminavam Adriano. Num desses diálogos, Flordelis declara a "Fabiano" que era o filho dela que estava "na casa dela [*Andrea*] para levar as coisas para entregar". E ainda havia a seguinte mensagem: "Já tem as cartas. Adriano vai buscar hoje." Daí a polícia concluir que Adriano fora o intermediário na entrega do documento. As investigações da DHNSG identificariam que Flordelis tinha realmente um advogado de nome Fabiano trabalhando em sua defesa. Ao ser questionado sobre o alerta que dera à cliente sobre a operação, ele respondeu que o fato não prejudicara as buscas e ficou tudo por isso mesmo.

Enquanto isso, apavorado, Lucas confidenciava a Regiane, sua ex-patroa na oficina mecânica, que temia ser morto dentro da Bandeira Stampa. Ela então teve a certeza de que o rapaz estava sofrendo sérias ameaças. Deu-lhe dois conselhos: falar a verdade sobre a carta e não receber mais nenhum advogado custeado por Flordelis, que ainda exercia grande influência emocional sobre ele. Por iniciativa própria, Regiane já estava buscando um defensor público para o seu protegido. Lucas seguiu os conselhos e aguardou.

* * *

A essa altura, um novo personagem entraria em cena: o advogado Angelo Máximo, procurado pela irmã de Anderson, Michele, e pela mãe dele, Maria Edna, para assumir a defesa da memória do pastor. O nome do advogado, que mantinha um escritório em São Gonçalo, fora indicado a Michele por alguns amigos. A decisão de buscar ajuda jurídica fora tomada pelas duas após Maria Edna ouvir no enterro do filho que ele e Simone teriam retomado o caso amoroso mantido na adolescência. E que, desde abril daquele ano, Flordelis pregava em seus cultos que "o diabo teria entrado na família dela". Maria Edna e Michele, que partilhavam com Daniel, *Misael* e *Luan* a suspeita de que a pastora estaria por trás do homicídio, ficaram indignadas com os boatos espalhados na cerimônia de despedida de Anderson.

Máximo foi procurado por Michele em 24 de junho de 2019, e imediatamente aceitou representá-las no processo. Sua função como assistente de acusação seria ajudar o promotor a formular perguntas ao longo de todo o processo judicial. Máximo se destacaria por fiscalizar a conduta dos dois réus presos, por exemplo tomando ciência, com a ajuda de informantes, sobre as visitas que eles recebiam. Ele se aliaria, inclusive, a Regiane, com quem trocaria informações. Ao assumir a defesa da memória de Anderson, vítima de um crime de repercussão no país, Máximo sabia que aquela era uma oportunidade única de projetar seu nome na advocacia. E, depois, teria orgulho de dizer que trabalhara graciosamente, sem receber "um tostão de ninguém".

Uma das primeiras medidas foi solicitar a retirada de Lucas da Bandeira Stampa. A batalha judicial, contudo, imporia grande desgaste às duas mulheres: Michele morreria em outubro, quatro meses após o irmão, de anemia aguda, aos 39 anos. Debilitada com a perda dos dois únicos filhos, Maria Edna morreria em abril de 2020, seis meses após Michele, vítima de infarto provocado por um pico de glicose, aos 65 anos. Após a morte de ambas, o advogado procurou o pai de Anderson, o aposentado Jorge de Souza, que morava em São Paulo e mantinha um relacionamento bastante distanciado do filho. Ao conseguir seu contato, Máximo pediu-lhe que tomasse o lugar de Maria Edna e Michele no processo. Jorge concordou e chegou a comparecer a algumas audiências no Rio de Janeiro.

Entretanto, em 23 de novembro de 2021, dia em que sairia a sentença de Lucas, o pai de Anderson passou mal durante a sessão e foi colocado em um carro para receber atendimento. Morreria menos de vinte dias depois também vítima de infarto, aos 81 anos. Persistente, Máximo descobriu a existência de uma filha de Jorge, Cláudia Maria Rodrigues de Souza, e conseguiu seu contato. Irmã de Anderson apenas por parte de pai, Cláudia não se relacionava com o pastor, mas acatou a proposta e tomou o lugar do pai no processo, permitindo ao advogado continuar no caso.

* * *

Após os pedidos da delegada Bárbara Lomba e do advogado Angelo Máximo, a juíza da 3ª Vara Criminal de Niterói, Nearis Arce, à frente do caso desde o início, determinou a transferência de Lucas, em 27 de setembro de 2019, para uma instituição estadual de segurança máxima com celas individuais. Tratava-se da Penitenciária Laércio da Costa Pellegrino, conhecida como Bangu 1, no mesmo Complexo de Gericinó. Como a polícia, Máximo desconfiava que a carta escrita por Lucas resultara de uma manobra de Flordelis para livrar Flávio das acusações.

— Acho que estão tentando jogar uma cortina de fumaça em cima das investigações — diria o advogado ao jornal *Extra* em 2 de outubro. — O Lucas prestou inúmeros depoimentos e em nenhum momento citou o nome de um suposto mandante do crime, como fez nessa suposta carta. Essa carta não corresponde com a verdade. Querem causar embaraço ao processo.

Máximo estava certo — com o deslocamento de Lucas para uma penitenciária sem milicianos e longe de Flávio, as investigações avançaram. Meses depois, em 1º de novembro, segundo dia da audiência de instrução e julgamento de Flávio e Lucas na 3ª Vara Criminal, viria a surpresa. Lucas finalmente admitiria, diante da juíza, que escrevera a carta para Flordelis em obediência a uma ordem dela própria que chegara a ele por meio de Flávio quando os dois ainda dividiam cela na Bandeira Stampa. A carta fora copiada por Lucas, "tim-tim por tim-tim", de um texto que Flávio tinha nas mãos redigido pela pastora — Lucas reconhecera ali, de imediato, a letra da mãe. Depois de copiada, a carta original foi descartada por Flávio no "boi", como é chamado na cadeia o buraco no chão usado como vaso sanitário.

Ao ouvir essa tortuosa narrativa — em que um filho adotivo acusava a mãe de querer incriminá-lo pelo assassinato do pai, que teria sido morto, na verdade, por um filho biológico dela — a magistrada, atendendo a um pedido do Ministério Público, determinou que a DHNSG checasse a nova versão de Lucas. A Polícia Civil confirmou a veracidade do relato. Mas como a carta original, a de Flordelis, teria chegado à cela de Flávio e Lucas na Bandeira Stampa?

Segundo o Ministério Público, para fazer com que a carta chegasse à cela dos dois filhos, Flordelis teria recorrido a

Andrea Santos Maia, cujo marido, o ex-PM Marcos Siqueira Costa, também estava preso na Bandeira Stampa e era tido como uma das lideranças da milícia ali dentro. Siqueira foi um dos principais responsáveis pela chamada Chacina da Baixada Fluminense, ocorrida em 2005 em Nova Iguaçu e Queimados, quando 29 pessoas foram assassinadas por um grupo de policiais em represália ao novo comando do batalhão da região, que adotava medidas mais rígidas de controle da tropa. Siqueira, encarcerado havia catorze anos, fora condenado a mais de duzentos anos pela chacina.

Já sua mulher, Andrea, pertencia ao grupo Mulheres Guerreiras, criado por familiares voluntários de presos e voltado para ações em torno da custódia dos internos, por exemplo, orientando esposas e companheiras a providenciar as carteirinhas para as visitas, além de alimentação e uniformes para eles. Como a mulher de Siqueira fazia a entrega de bolsas com alimentos aos custodiados, teria conseguido um trânsito mais relaxado na unidade, de acordo com apurações da polícia. Ela então teria levado até o marido a carta escrita originalmente por Flordelis, na qual a pastora atribuía a *Misael* o papel de mandante da execução de Anderson, e o marido teria entregado o papel a Flávio. Siqueira também teria ajudado Flávio a persuadir Lucas a copiar o texto de próprio punho. Caberia ainda a Andrea fazer a carta redigida por Lucas chegar a Flordelis, por intermédio de outro filho biológico da pastora, Adriano. Inquirida, a mulher do miliciano sempre negou ter introduzido o texto na penitenciária, mas admitiria a entrega a Adriano da carta escrita por Lucas.

* * *

Ainda na Bandeira Stampa, Lucas era constantemente assediado pelos advogados contratados pela deputada para assumir sua causa. Até o advogado do ex-PM Siqueira, mancomunado com Flávio, ofereceu seus serviços ao jovem. Sem compreender o interesse deles por seu problema com a Justiça, Lucas saía assinando procurações. A pressão dos advogados do clã Flordelis só terminaria após a primeira audiência, realizada em 31 de outubro de 2019, quando foram ouvidas 23 testemunhas de defesa e acusação de Flávio e de Lucas. No fim da sessão, orientado por Regiane, o filho adotivo da pastora optou por passar a ser assistido unicamente pela Defensoria Pública. Assim, coube ao defensor público Jorge Mesquita, lotado na 3ª Vara Criminal de Niterói, cuidar da defesa do rapaz. Com mais de uma década de experiência na função, Mesquita atuara em outro caso de repercussão. Ele defendera um dos onze policiais militares condenados pela execução da juíza Patrícia Acioli, em 2011, quando ela chegava em casa, na Região Oceânica de Niterói.

No dia seguinte, 1º de novembro, segundo e último dia de audiência — quando Lucas admitiu ter copiado sob coação a carta enviada pela mãe —, surgiria uma nova manobra dos advogados da pastora para intimidar o rapaz. Dessa vez, eles pediram à juíza Nearis Arce que permitisse à avó Carmozina, que estava na plateia, aproximar-se dos réus a pretexto de dar-lhes carinho — afinal, com quase 90 anos, Carmozina não tinha condições de visitá-los na prisão. Na verdade, a intenção dos advogados e da avó era ter a oportunidade de dar em Lucas um sermão na frente de todos, lembrando-lhe do quanto ele devia à pastora por ela tê-lo adotado junto com mais quatro irmãos órfãos. Ao perceber a pressão feita pela avó para que Lucas inocentasse a mãe, a magistrada interrompeu o sermão de Carmozina e proibiu qualquer novo tipo de contato direto com os réus por parte de familiares.

No fim da audiência, a juíza deferiu um pedido do Ministério Público de abertura de inquérito para apurar as condutas de Andrea, do ex-PM Siqueira e de todos os envolvidos na confecção da carta copiada por Lucas. O objetivo era averiguar se tinham sido praticados crimes como fraude processual, falsidade ideológica e calúnia contra *Misael* e *Luan* no episódio. Mais tarde, concluída a investigação, Flávio, Adriano e Flordelis também responderiam como réus por uso de documento falso e falsidade ideológica, no caso da carta que transformara Lucas em suspeito.

Em agosto do ano seguinte, a polícia e o Gaeco descobririam, a partir de análises no celular de Flordelis autorizadas pela Justiça, que Andrea teria recebido R$ 2 mil da deputada para servir de intermediária no trânsito da carta, conforme valor verificado na imagem de um comprovante de depósito bancário enviado pela pastora para o celular de Andrea. A questão é que aquela conta bancária na qual Flordelis fizera o depósito não pertencia a Andrea e sim a Jailton Reis Dantas Filho. Filho de Andrea com um ex-companheiro, o próprio Jailton explicaria a situação na delegacia: como a mãe já respondera a doze processos por estelionato e já estivera presa em 2012, o CPF dela estava bloqueado, o que a impedia de abrir uma conta-corrente. Aquela conta fora aberta para que o pai dele pudesse depositar ali sua pensão alimentícia, e Andrea tinha acesso. Para o Ministério Público, independentemente da história sobre quem seria o correntista, o valor referia-se, sim, ao pagamento do serviço prestado por Andrea a Flordelis.

* * *

Depois de prestar depoimento à Justiça nos dias 31 de outubro e 1º de novembro de 2019, Lucas foi transferido para a Cadeia Pública Tiago Teles de Castro Domingues, unidade prisional em São Gonçalo menos rigorosa e com menos privações que Bangu 1. A magistrada determinou que o jovem ficasse isolado numa cela, denominada "seguro" no jargão carcerário.

Apenas o defensor público Jorge Mesquita, a ex-patroa Regiane e o irmão de criação Daniel poderiam visitá-lo. Ainda assim, Flordelis, usando de sua autoridade parlamentar, tentou ver o filho adotivo levando-lhe alimentos, mas foi barrada. Ao tomar conhecimento de mais essa investida de Flordelis para se aproximar e influenciar o rapaz, Regiane relatou a ocorrência ao Ministério Público. Disse também que soubera, por meio dos filhos da deputada ligados a *Misael*, que Flávio usava frequentemente um celular na Bandeira Stampa para falar com Flordelis. A denúncia foi verificada e Flávio foi transferido para Bangu 1 com restrição de visitas, como de praxe na instituição.

Bárbara Lomba ainda expediria outros mandados de busca e apreensão de documentos e aparelhos eletrônicos em endereços de pessoas envolvidas com o clã Flordelis. Em dezembro de 2019, por exemplo, a polícia encontraria um segundo celular de Adriano. O primeiro fora apreendido sob o travesseiro de um de seus filhos três meses antes, durante a operação policial realizada em Pendotiba em 17 de setembro. Chocado com o episódio, Adriano mudara-se com a família para a casa dos sogros — Luciano, chefe de gabinete de Flordelis, e Gleice, também assessora da parlamentar —, em Camboinhas, área nobre na Região Oceânica de Niterói. Os policiais entraram na casa para a revista e pediram o celular de Adriano, que lhes disse estar sem um aparelho desde a última operação realizada na casa de sua mãe. Não acreditando na declaração do jovem, um dos investigadores decidiu ligar para o número de Adriano, e, para surpresa de todos, ouviu-se um chamado de celular saindo de dentro de uma caixa de pizza. Não teve jeito. Ali Adriano veria seu segundo aparelho ser apreendido.

※ ※ ※

Regiane e Flordelis se tornaram inimigas ferrenhas, o que se evidenciava tanto na troca de acusações e ofensas pelas redes sociais quanto em declarações dadas por elas em entrevistas, separadamente, a canais na internet que acompanhavam o caso. A protetora de Lucas fornecia informações também em blogs sensacionalistas, a fim de evitar que apenas Flordelis dominasse os meios de comunicação com seu discurso defensivo. Como Regiane sabia que desde a morte do pastor o orçamento doméstico na casa da pastora estava descontrolado e as carências eram inúmeras, ela oferecia aos moradores pequenos favores, por exemplo, serviços em salão de beleza ou, simplesmente, um prato de comida, em troca de novidades sobre o caso. Regiane não media esforços para ajudar Lucas. Nem mesmo o lançamento de uma bomba no quintal da casa dela em Itaipuaçu, por volta da meia-noite de 3 de setembro de 2020, considerado por ela um "atentado" organizado pelo grupo mais íntimo de Flordelis, a faria calar-se. A polícia instaurou inquérito para investigar o ataque, mas não se chegou à autoria do crime.

Por seu lado, Flordelis intensificava suas *lives*, sobretudo no YouTube, onde aproveitava a habilidade nata de oradora para dar a própria versão dos fatos. Suas redes sociais explodiram em número de visualizações após a morte de Anderson, com seguidores acompanhando cada etapa do caso como se fosse em capítulos de uma novela. Em maio de 2019, um mês antes do homicídio, a parlamentar contabilizava 765 mil seguidores no Instagram; no fim de junho, tinha quase 1 milhão. No YouTube, o salto tinha sido de 175 mil inscritos, no início de junho, para 251 mil, em julho. O público fazia comentários e se dividia entre os que a apoiavam e os que a condenavam. Enquanto as redes sociais de Flordelis cresciam, as igrejas do Ministério Flordelis iam perdendo frequentadores e fechando as portas. A única que ainda se mantinha, porém com público reduzido, era a da Cidade do Fogo, onde a missionária fazia seus cultos. Até fechar as portas de vez, em 2021.

Por conta do mandato parlamentar, Flordelis tinha a prerrogativa de poder escolher o dia de seu depoimento como testemunha de defesa de Flávio, mas ela adiava. A audiência teve que ser marcada pela própria Justiça quase quatro meses depois do homicídio, por carta precatória no fórum do Distrito Federal. Apesar da procrastinação intencional — conforme a atitude de Flordelis era interpretada pela acusação —, o processo não ficava parado. Havia o inquérito que buscava descobrir o mandante da morte do pastor, que corria na DHNSG; e havia a investigação em torno dos dois executores (já transformados em réus), que corria na Justiça. Quando chegava algum resultado, como prova pericial ou outro documento relevante envolvendo Flávio e Lucas, o material era anexado aos autos do processo.

*　*　*

As investigações estavam a pleno vapor quando policiais descobriram, por meio de um relatório de chamadas do celular de Anderson apresentado pela operadora telefônica, por ordem da Justiça, que o aparelho havia sido usado às 10h56 do dia 16 de junho de 2019, quando o pastor já estava morto havia pelo menos sete horas. De acordo com o relatório, o sinal do telefone teria sido ativado naquela manhã com um chip em nome da empresária Yvelise Oliveira, esposa do então senador Arolde de Oliveira, e conectado ao wi-fi da casa do casal, na Barra da Tijuca. Em resumo: os investigadores teriam descoberto que o aparelho estaria na casa de Yvelise na manhã do crime. A informação foi vazada para o *RJ-TV*, que a noticiou em 21 de janeiro de 2020, em meio a uma reportagem que informava, ainda, que o sinal do celular também fora detectado em Brasília logo após o homicídio, até desaparecer de vez.

Indignado, Arolde declararia no mesmo dia em reportagem publicada no site de *O Globo*: "Isso não existe. Estou perplexo. Cabe o ônus da prova a quem acusa. Nunca imaginei um ataque desta natureza. Deus é maior que isso tudo. Yvelise está tão perplexa quanto eu estou, e estamos achando que pode ter sido uma clonagem. Vou ver o que eu faço. Quem não deve, não teme." A história gerou mal-estar na Polícia Civil, por se tratar da casa de um senador. E, coincidência ou não, no dia seguinte a delegada Bárbara Lomba foi substituída pelo delegado Allan Duarte Lacerda no comando da DHNSG. Duarte fora um de seus braços direitos na unidade, mas vinha atuando na 127ª DP, no balneário fluminense de Búzios. Bárbara foi transferida para a 11ª DP, na comunidade da Rocinha, para, em seguida, ser nomeada titular da 54ª DP, em Belford Roxo, na Baixada Fluminense, o que significava desprestígio aos olhos de seus pares.

Mais tarde se concluiria que a leitura do relatório da companhia telefônica pela equipe de Bárbara restara incompleta. Mas, até que se deslindasse o caso, a notícia que insinuava o envolvimento da esposa de um senador com o assassinato de um pastor já causara péssima impressão em vários escalões da República. A troca de delegados causou polêmica também no meio policial. Não à toa a Secretaria de Polícia Civil do estado se viu obrigada a publicar uma nota na qual informava que "mudanças de titularidades são uma rotina administrativa e que, ao todo, dez delegados trocaram de unidade" no período. Durante a cerimônia de passagem de comando, Bárbara Lomba enviou recados subliminares ao discursar para os colegas:

— Vocês não trabalham para delegados ou superiores. Vocês trabalham para a população e para o interesse público. Vocês devem à população. Não deixem ninguém limitar o trabalho de vocês. No dia que fizerem isso, saiam de cabeça erguida, igual estou fazendo.

Em nenhum momento Bárbara mencionou a real motivação de sua transferência, mas declarou que saía da DHNSG com a consciência tranquila e que havia muito tempo não dormia tão bem como na noite do dia anterior. Diria, ainda, que fizera com que se cumprissem mandados de busca e apreensão em todos os lugares necessários, "desde a casa de um favelado ao apartamento funcional em Brasília", referindo-se ao endereço de Flordelis na Capital Federal. Frisava que não via limites a seu trabalho, mesmo que tivesse de fazer buscas na casa de um senador:

— Não pode haver alvo inalcançável para a polícia. É assim que vamos nos fortalecer.

Yvelise foi depor no dia 11 de fevereiro diante do novo delegado. Contou que não tinha intimidade com Flordelis, tampouco o hábito de frequentar a casa dela, e que nenhum membro da família da pastora estivera em sua casa. Afirmou que jamais deixaria alguém mexer em seu aparelho, que não houvera troca de chip e que, portanto, tudo não passara de "um grande mal-entendido". Lembrou que o marido, ao tomar conhecimento da morte de Anderson, foi se encontrar com a pastora no mesmo dia, pela manhã. Segundo Yvelise, em sua agenda o número do celular de Anderson estava cadastrado como se fosse o da deputada, e era esse número que ela acionava todas as vezes que precisava falar com a pastora, cantora contratada da MK Music.

No dia da morte do pastor, a fim de prestar condolências, Yvelise ligara de sua casa, pelo WhatsApp, para o celular de Anderson achando que era o número de Flordelis, mas ninguém atendera. Deixara então uma mensagem para ela às 10h27. Às 10h56, a pastora retornara a ligação usando o celular de Anderson, momento em que Yvelise, enfim, pôde prestar solidariedade à família. Era essa a explicação que ela dava para a confusão da ligação envolvendo o aparelho do pastor na casa dela. A polícia confirmaria que, no momento dessa ligação, o celular de Anderson estava com o sinal ativo na região de Pendotiba.

Perguntada sobre o perfil que traçaria da pastora, Yvelise disse que a considerava "enigmática e nebulosa", além de "dissimulada e perigosa", e contou que, ao voltar do enterro de Anderson, o marido contara que Flordelis lhe dissera que o pastor fora vítima de um latrocínio. Depois, no entanto, Yvelise ficaria sabendo que a deputada mudara a versão por meio da imprensa. Por conta disso, a rádio 93FM, de propriedade do casal, parara de tocar os CDs da cantora. Com as canções de Flordelis bloqueadas na rádio, vários familiares seus retomaram uma prática antiga: montaram uma força-tarefa para pedir insistentemente à 93FM a transmissão das músicas como se fossem meros ouvintes fãs do gospel. A manobra, ao longo dos anos, mantivera Flordelis na lista das mais tocadas, mas, dessa vez, a direção da rádio ignorou os pedidos.

De acordo com o delegado Duarte, um estudo feito por sua equipe a partir do relatório de chamadas do celular da vítima provaria que tudo não passara "de um mal-entendido", conforme a própria Yvelise já declarara. O estudo ainda jogaria por terra a versão de Flordelis de que não entregara à polícia o telefone de Anderson por não saber onde ele estava. Isso porque, em maio, com autorização da Justiça favorável às quebras telemáticas de Google, Apple e aplicativos como WhatsApp, Facebook, Instagram e Twitter, abrangendo o período entre 10 e 20 de junho de 2019 (seis dias antes do crime e quatro dias depois), mais informações foram detectadas. Também ficaram prontas as análises dos telefones de moradores da casa de Flordelis, sem contar os indícios de que integrantes da família, inclusive a deputada, criaram obstáculos ao trabalho policial. Esse material seria suficiente para que o Ministério Público pedisse a prisão preventiva de dez pessoas.

* * *

Com tantas evidências fechando o cerco sobre Flordelis, a acusação pediu à Justiça o afastamento da deputada, de imediato, de suas atividades parlamentares, já que o pedido de prisão preventiva não poderia ser emitido por causa de seu direito a imunidade. A magistrada entendeu que não seria o caso de afastar Flordelis das funções no Parlamento, mas aplicou-lhe diversas medidas, como a proibição de deixar o Brasil, salvo com autorização judicial, a entrega à polícia de seu passaporte diplomático, o comparecimento mensal ao Fórum de Niterói para justificar suas atividades, a proibição de se aproximar de testemunhas e réus. E, mais de um ano depois do crime, terminou de quebrar o moral da deputada pedindo a prisão preventiva de outros moradores da casa.

Assim, em 24 de agosto de 2020, a pastora sofreria um duro golpe, com o pedido de prisão de seus três filhos biológicos (Simone, Adriano e Flávio), de três filhos afetivos (André, Carlos Ubiraci e Marzy), do filho adotivo Lucas e de uma neta (Rayane, filha de Simone e André). Nesse mesmo dia, embora Lucas e Flávio já estivessem presos pelo homicídio de Anderson, foi pedida também a prisão dos dois, agora por associação criminosa. Todos os presos, à exceção de Lucas, integravam o círculo mais íntimo de Flordelis.

Foram decretadas ainda a prisão de Andrea e do ex-PM Siqueira, que também já estava preso e foi imediatamente punido com a transferência para Bangu 1. Todos os pedidos de prisão sustentavam-se nas investigações da Polícia Civil, que havia indiciado os onze acusados. Nesse contexto, Flordelis foi apontada como mandante do assassinato do marido por motivo torpe, cruel e sem chances de defesa por parte da vítima. Entretanto, não pôde ser presa por estar amparada pela imunidade parlamentar. Todos foram denunciados por homicídio consumado, à exceção de Adriano, Siqueira e Andrea, que se envolveram apenas com a questão da carta, mas teriam de responder também por associação criminosa, como os demais. Flordelis e Flávio ainda responderiam pelos crimes de uso de documento falso e falsidade ideológica.

Rayane foi detida no apartamento funcional, em Brasília. Quanto aos outros — à exceção de Flávio, Lucas e Siqueira, que já se encontravam em penitenciárias —, a maioria encontrava-se na casa de Flordelis, em Pendotiba, no momento da prisão. Policiais da DHNSG e promotores do Gaeco chegaram minutos antes das seis da manhã e tocaram a campainha. Ao perceberem a fragilidade do portão da garagem, empurraram-no, forçando a abertura, e entraram. Enquanto isso, a casa era cercada. Com os mandados de prisão nas mãos, a promotora Simone Sibílio, coordenadora do Gaeco, subiu com alguns agentes para o quarto da deputada acessando o closet que ficava na garagem. Flordelis dormia na cama de casal ao lado de Marzy, enquanto Simone dormia na cama de solteiro.

Nas imagens feitas pela polícia, é possível perceber a expressão de assombro da pastora após ser acordada e ver a filha biológica e a filha afetiva receberem ordem de prisão, ainda sonolentas e atônitas. A deputada pergunta apenas: "O que é isso?" Todos os presos saíram da casa algemados, a maioria vestindo casacos de capuz com o intuito de ocultar o rosto, ao menos parcialmente. Foram levados para a DHNSG e, em seguida, para a Divisão de Capturas e Polícia Interestadual (DC-Polinter), na chamada Cidade da Polícia, complexo da Polícia Civil no Jacaré, que abriga quinze delegacias especializadas, além de vários órgãos policiais. No fim do dia, os detidos passaram por exame de corpo de delito no Instituto Médico-Legal e seguiram para a Cadeia Pública Frederico Marques, onde foram distribuídos pelas unidades do sistema penitenciário.

* * *

A Polícia Civil indiciou onze pessoas pelo assassinato de Anderson e por associação criminosa: Flordelis; os filhos biológicos Simone, Flávio e Adriano; os filhos afetivos Marzy, Carlos Ubiraci e André; o filho adotivo Lucas; e a neta Rayane (filha de Simone e André); além de Andrea e o marido, o ex-PM Siqueira. O Ministério Público então os denunciou à Justiça, que acatou as justificativas e os tornou réus num segundo processo.

No pedido do Ministério Público à Justiça, os promotores esclareceram que, como a maioria dos acusados vivia na mesma casa e sob "forte influência" econômica de Flordelis, a alocação deles em celas separadas impunha-se necessária. A prisão de Carlos Ubiraci e André surpreendeu quem acompanhava as investigações via noticiário porque, até então, o nome deles não aparecera na mídia. Mas ambos já haviam sido citados no inquérito iniciado por Bárbara Lomba e concluído por Allan Duarte sete meses depois que ele assumiu o comando da DHNSG. O Relatório Final de Inquérito sobre a morte de Anderson, de 23 páginas, detalhava até mesmo quem sabia dos preparativos do crime e nada fez para evitá-lo. Era o caso de Carlos Ubiraci.

Segundo o relatório, Carlos Ubiraci mentira em seu depoimento ao dizer que desconhecia qualquer plano para assassinar Anderson, uma vez que o pastor lhe enviara uma mensagem, no dia 18 de fevereiro de 2019, contando que soubera da emboscada preparada para ser consumada à porta de uma concessionária. A polícia descobriu essa mensagem graças à extração dos dados do "celular" do pastor — o aparelho contendo o chip comprado pelos investigadores com o mesmo número de Anderson. Carlos Ubiraci também omitira o fato de saber que sua mulher, Cristiana, fora internada por beber um suco com veneno destinado a Anderson.

Já a prisão de André ocorreu porque a polícia encontrou nos celulares dele e de Marzy conversas que indicariam o propósito de Flordelis de se livrar de Anderson. Um trecho do relatório final assinado por Duarte traz um diálogo de outubro de 2018 entre a pastora e André, no qual ela reclama que o marido, tratado por *Niel*, não teria dado carona a dois filhos e um amigo deles para Niterói porque iria à Barra da Tijuca comprar um terno. André responde: "Powwww mãe, ele é um merda mesmo. A senhora vai ter a chance de mudar isso." Mais adiante, em outra parte extraída da conversa, Flordelis suplica pela ajuda do filho afetivo: "André pelo amor de Deus vamos por um fim nisso. Me ajuda. Cara to te pedindo te implorando até quando vamos ter que suportar esse traste no nosso meio independência financeira é pouco [sic]." André, por sua vez, responde: "Mãe, eu tô com a senhora."

Para a polícia, a relevância da conversa reside em mostrar que o relacionamento do casal na intimidade era bastante diferente do apresentado publicamente. E que a dita "independência financeira" era considerada um grande benefício pelo grupo mais próximo de Flordelis, sendo considerada a possível motivação para o crime. Por serem transcrições de conversas resultantes da quebra de sigilo telefônico e de dados, o material estava em segredo de justiça. Aliás, ao longo das investigações o processo passou a maior parte do tempo em sigilo.

A denúncia da promotoria também enfatizava existirem "indícios de que a deputada seria a mentora intelectual dos crimes e comandante da associação criminosa". Uma confirmação dessa hipótese estaria em outra conversa, ocorrida ainda em 10 de dezembro de 2018, quando o pastor ainda vivia, em que Flordelis volta a se queixar de Anderson e pede ajuda a André, dessa vez usando o celular de Marzy. Antes, porém, ela se identifica para ele: "Sou eu a mãe." O promotor Sergio Luis Lopes Pereira, do Gaeco, afirmaria durante uma coletiva dada à imprensa logo após o cumprimento das prisões:

— Quando ela [*Flordelis*] convence e fala com um outro filho que está aqui denunciado, o André, sobre esse plano de matar Anderson, ela fala da seguinte maneira: "Fazer o quê? Separar dele não posso, porque senão ia escandalizar o nome de Deus." Então resolve matar, ou seja, nessa lógica torta, o assassinato escandalizaria menos.

* * *

A juíza Nearis Arce determinaria buscas e apreensões também nos endereços de mais quatro pessoas suspeitas de participação no homicídio: a neta biológica Lorrane (filha de Simone e André); o motorista da deputada, Marcio Buba; a cozinheira da casa em Pendotiba, Gilcinéa Teixeira do Nascimento, a "Neinha"; e o filho adotivo e pastor Gérson Teixeira do Nascimento. Começava aí a terceira fase das investigações promovidas pela DHNSG. Esses novos alvos eram suspeitos de ações como tentativa de envenenamento e sumiço nos aparelhos de Anderson e Flávio. Pelas redes sociais, Flordelis se manifestava jurando inocência. Logo após as prisões em sua residência, ela gravara um áudio em que dizia: "Já, já, tudo vai ser esclarecido. Vocês vão acompanhar aí. Tá bom? Todos os esclarecimentos. É mais uma covardia, mais um teatro desse povo."

Embora Flordelis estivesse proibida de entrar em contato tanto com os réus quanto com os investigados e as testemunhas do caso, uma neta afetiva da parlamentar, Raquel (filha biológica de Carlos Ubiraci e Cristiana), denunciou na DHNSG que a deputada vinha trocando informações com a neta Lorrane, uma das investigadas, que ainda morava na casa de Pendotiba. Raquel e Lorrane chegaram a trocar tapas por conta do assunto, o que culminou na expulsão de Raquel da residência por parte da pastora. O Código de Processo Penal prevê que o magistrado prenda a pessoa que descumprir medidas cautelares, mas, como isso não seria possível com uma parlamentar, Nearis Arce determinou que a pastora passasse a usar tornozeleira eletrônica, o que se cumpriu em 8 de outubro de 2020. Mais tarde, a Central Integrada de Monitoração Eletrônica da Seap (Secretaria de Estado de Administração Penitenciária) enviaria um relatório à Justiça dando conta de que Flordelis por várias vezes mantivera o aparelho desligado, o que configura violação do regulamento.

Pouco depois, o assistente de acusação, Angelo Máximo, denunciaria que, mais uma vez, a deputada descumpria uma ordem judicial. Agora, a pastora teria enviado a psicóloga que lhe prestava atendimento, Paula Neves Magalhães Barros, ex-jogadora da seleção brasileira feminina de vôlei, conhecida como Paula do Vôlei, para conversar com os filhos presos. Até então, Paula trabalhava como assessora no gabinete de Flordelis. Evangélica e pessoa de confiança da deputada, Paula se filiaria também ao PSD e Flordelis a ajudaria a lançar-se candidata a vereadora da capital nas eleições de novembro daquele ano — mas Paula do Vôlei não se elegeu. Aliás, a juíza Nearis Arce determinou a cassação da carteira que permitia a Paula a visitação em unidades carcerárias.

Finalmente, em 18 de dezembro daquele ano, a juíza decidiu que Lucas e Flávio responderiam diante de um tribunal do júri popular pelo homicídio de Anderson. Pelo Código de Processo Penal, todo crime doloso contra a vida, ou seja, quando há intenção de matar, é julgado por um júri popular. No jargão jurídico, ambos foram "pronunciados", situação em que o magistrado entende haver provas suficientes contra o réu para que ele seja julgado desse modo. Quando não há indícios da prática de homicídio doloso contra a vida, o réu é "impronunciado", o que não quer dizer que seja absolvido, e sim que o Ministério Público buscará novas evidências contra ele. Se mais adiante o Ministério Público descobrir tais evidências, o promotor pode apresentar uma nova denúncia à Justiça, desde que dentro do prazo da lei.

9. COM A PALAVRA, AS TESTEMUNHAS

Seriam bastante concorridas as audiências da segunda fase do processo, que tinha onze réus, entre os quais destacava-se a pastora e deputada federal Flordelis. Estavam lá, na 3ª Vara Criminal de Niterói, jornalistas da imprensa nacional e estrangeira. As sessões ocorriam no 12º andar do prédio, fechado exclusivamente para o caso nos dias pré-agendados, e eram presididas pela juíza Nearis Arce, que também ficara à frente do processo de Lucas e Flávio, já próximo da data de julgamento. Abertas ao público, as audiências desconstruiriam de vez a imagem romanceada de Flordelis como "mãe de 55 filhos" veiculada em reportagens que se baseavam nas poucas informações divulgadas nas raras coletivas convocadas pela polícia desde a morte de Anderson. Assim, para acompanhar os dois processos, que ficaram sob segredo de justiça por mais de um ano, a mídia recorria também a eventuais vazamentos sobre a investigação. Todas as informações sempre deram conta de que a deputada negava, não apenas ser a mandante do assassinato, como também saber da existência de qualquer plano para matá-lo.

Na ampla sala, uma espécie de divisória de madeira envernizada de meio metro de altura separava os dois espaços principais: o do plenário e o da plateia. Quem estava na plateia, reservada a familiares, curiosos e repórteres, via à sua frente o plenário, em cujo centro sentavam-se a juíza, o assistente de acusação, o promotor e a escrivã, atrás de um balcão. Devido às restrições sanitárias impostas pela pandemia de Covid-19, houve o cuidado de se intercalarem cadeiras vazias às ocupadas. Ainda no plenário, à esquerda, enfileiravam-se os réus, todos algemados, exceto a deputada. Entre eles, postava-se o defensor público Jorge Mesquita, responsável pelo que dizia respeito a Lucas. À direita, de frente para seus clientes, posicionavam-se oito advogados particulares — entre os quais só uma era mulher, Daniela Grégio, que acumulava as defesas de Simone e Rayane. À frente da magistrada, ainda nos limites do plenário, ficava a cadeira em que se sentaria quem estivesse depondo, caso dos réus, ou dando esclarecimentos, caso das testemunhas, que aguardavam ser chamadas em outra sala — algumas foram convocadas tanto pelo Ministério Público quanto por advogados de defesa. Atrás da juíza, no alto da parede, a imagem de Cristo crucificado.

A magistrada reservara aquela sala para as seis audiências previstas, sempre às sextas-feiras, com os turnos da manhã e da tarde incluídos e sem hora para acabar. À exceção das duas primeiras, iniciadas à tarde, as outras começariam por volta das nove da manhã. Em novembro de 2020, haveria sessão nos dias 13 e 27. Em dezembro, elas se dariam nos dias 4, 11 e 18. Em 22 de janeiro de 2021, a juíza faria a última audiência. Além do interrogatório dos onze réus, seriam ouvidos os depoimentos de 25 pessoas, entre testemunhas de acusação e defesa. Inicialmente, seriam 35, mas a juíza acatara o pedido de redução, feito pelos advogados de defesa e pelo promotor, talvez porque alguns depoimentos se sobrepusessem. As duas audiências de instrução e julgamento de Flávio e Lucas já haviam sido realizadas duas semanas antes: em 31 de outubro e 1º de novembro de 2020. Mas ambos participavam dessa etapa do inquérito por serem importantes peças no quebra cabeça em que se transformara a busca do mandante da morte de Anderson. Flávio ainda responderia nessa segunda fase por falsidade ideológica, uso de documento falso e associação criminosa.

Nas seis audiências com a presença de Flordelis, alguns temas que ainda não haviam chegado à mídia, mas que foram levados ao plenário por testemunhas de acusação, fizeram a festa da imprensa sensacionalista. Assim, em meio a denúncias e acusações graves, surgiram também outras sem argumentação convincente que acabariam por abalar a reputação da pastora evangélica. As declarações iam desde as reveladas tentativas de incriminar filhos, a práticas de rituais em um quartinho no fundo do quintal, passando ainda por situações que envolviam relações sexuais e orgias entre integrantes do clã e até adoção do esquema de "rachadinhas" no gabinete de Flordelis na Câmara.

Em certos momentos das audiências prevaleceram intrigas, disse-me-disse e mágoas, tensionando fortemente o ambiente. Sempre pronta a conter arroubos e frear tentativas de tumulto em sua Vara, Nearis Arce não permitia filmagens no plenário, mas costumava liberar a captação de imagens na entrada e na saída dos acusados da sala, quando então dezenas de profissionais da imprensa se acotovelavam para conseguir o melhor ângulo. Nesses momentos, Flordelis parecia se sentir muito à vontade e não tinha jeito, o tribunal virava um palco.

* * *

Na primeira audiência, Flordelis já portava a tornozeleira eletrônica que passara a usar havia um mês, por desrespeitar a ordem judicial de se manter longe dos filhos suspeitos de envolvimento com o crime. Era a primeira vez que ela aparecia com o equipamento fora do ambiente da igreja, mas, certamente para driblar a expectativa de cinegrafistas e fotógrafos, a deputada compareceu com um vestido estampado que ia até os pés. Uma peruca castanho-escura de fios longos, dando-lhe uma aparência mais recatada, semelhante ao estilo com que se apresentava em cultos, e uma máscara tapando boca e nariz, por conta da pandemia, compunham o visual. Seguida por vários repórteres, ela entrou no fórum com uma hora de atraso ao lado do advogado, Anderson Rollemberg, que balbuciava coisas para ela a todo instante. Caminhando em direção à sala de audiências, Flordelis declarou a todos:

— Eu não mandei matar meu marido. Jamais faria isso!

Já nesse dia a pastora seria advertida pela juíza Nearis Arce:

— Olha só: eu vou pedir para, na próxima audiência, não ter atraso. A gente está aqui há muito tempo esperando. São 13h45. A audiência era às 13h.

Flordelis sinalizou afirmativamente com a cabeça. Em seguida, escoltados por policiais militares, os demais réus adentraram a sala e se sentaram nos lugares designados pela magistrada. Todos vestiam camisetas brancas, bermuda ou calça azul, menos Simone, cuja blusa era verde, cor destinada aos detentos que cuidavam da faxina das celas, embora o jeans também fosse azul. Levados da Seap até a 3ª Vara Criminal, todos foram proibidos de se comunicar tanto no veículo quanto no plenário. Mas era possível flagrar constantes trocas de olhares entre eles, principalmente com Flordelis.

À deputada foi indicado um assento na primeira fileira, a mais próxima de Nearis Arce e do promotor, Carlos Gustavo Coelho de Andrade. Separada da deputada por uma cadeira vazia, estava Marzy, que tentara acomodar-se colada à mãe de criação, mas fora alertada pela juíza. Atrás da pastora ficara

Simone, e logo ambas começaram a se comunicar por sussurros. A juíza advertiu:

— Assim como está proibido no processo, com mais razão não pode [*conversar*] aqui.

Em questão de minutos, Simone já se curvava novamente para falar com a mãe, assim como Marzy, o que levou a magistrada a repetir:

— Eu vou falar mais uma vez: não pode haver comunicação entre os réus!

Como os cochichos persistissem e o assistente de acusação, Angelo Máximo, já tivesse interrompido a sessão algumas vezes pedindo "pela ordem" justamente por conta das conversas paralelas, a juíza mandou Simone trocar de lugar com André. Flordelis ora chorava, ora orava, ou fazia as duas coisas ao mesmo tempo. Simone parecia a mais calma de todos e raramente chorava. Sem o controle emocional de Simone, sua filha, Rayane, com frequência era vista em lágrimas. Já Marzy não revelava emoções, apenas observava tudo. Carlos Ubiraci fitava o chão e, em certos momentos, orava. Adriano parecia aéreo e chegou a comer um pacote de amendoins mesmo usando algemas. Já André, Lucas, Flávio, Andrea e o ex-PM Siqueira permaneciam praticamente estáticos, de tão tensos.

Depois de orientar os réus sobre os procedimentos de praxe, a juíza leu as acusações, pediu a identificação de testemunhas e réus e deu início às perguntas, cuja ordem obedeceria ao seguinte ritual: só a magistrada poderia intervir ou dar a palavra e, após as considerações iniciais, o depoente passaria a responder aos questionamentos do promotor, do assistente de acusação e das defesas. Naquele 13 de novembro de 2020, seriam ouvidas cinco testemunhas, todas ligadas às investigações: os delegados Bárbara Lomba e Allan Duarte; o perito criminal Luiz Carlos Leal Prestes Júnior; e os policiais civis Mário Augusto Bernardo Júnior e Tiago Vaz de Souza. Transferidos para outras delegacias, Bárbara e Duarte já não estavam atuando no caso, mas conheciam o processo em minúcias.

***

Primeiro a depor, o delegado Allan Duarte foi bombardeado pelo advogado de Flordelis com perguntas referentes à primeira fase das investigações, ainda sob o comando de Bárbara. A intenção parecia ser atrapalhar o andamento da sessão — aliás, Rollemberg tentaria tumultuar todas as audiências, ora demorando-se para se sentar, ora levantando-se em meio aos depoimentos, ora fazendo comentários que suscitavam polêmicas. Faria até mesmo pilhérias quando as sessões se prolongavam, perguntando, por exemplo, se a magistrada não poderia providenciar uma pizza para todos os presentes. A juíza várias vezes o repreendeu, assim como aos réus, que teimavam em trocar impressões. Parecia uma ação orquestrada para colocar à prova a autoridade da juíza.

O delegado Duarte, que em entrevistas já usara o termo "organização criminosa" para se referir ao clã Flordelis, ressaltou que a pastora e Anderson se apresentavam como um casal amoroso para a sociedade, mas que, na intimidade, eles eram bem diferentes disso. Após depor, ele diria à imprensa, à porta da sala de audiência:

— Na verdade, esse assassinato não teria ocorrido sem ela [*Flordelis*]. De todos os sentados ali respondendo por esse crime, ela é a mais perigosa. Esperamos que a Câmara casse o mandato dela para que ela responda por isso.

Primeira a entrar no caso, Bárbara Lomba apresentou um depoimento mais detalhado, em especial sobre o processo de formação da família. Conforme observou, como Flávio ficou quase dois meses na DHNSG, ele teve a oportunidade de conversar informalmente com os investigadores e com ela própria, revelando-se inconformado com o estilo de vida que a mãe escolhera, o que incluía levar estranhos para dentro de casa.

— Flávio se disse revoltado com as relações que viu [*na casa*]. As relações eram baseadas na mentira. Estabeleceu-se uma lógica familiar baseada em estratégias, e fachadas tinham que ser montadas. Muitas coisas que aconteciam lá não poderiam aparecer.

Segundo a delegada, ficaria evidente durante as investigações que os réus não gostavam do pastor, mas tentavam aceitá-lo porque ele havia sido "eleito" por Flordelis como "marido" e chefe da família desde o Jacarezinho. Para Bárbara, o poder foi aumentando e subindo à cabeça do grupo mais íntimo de Flordelis: a igreja cresceu, os CDs estouraram no meio gospel e a política deslanchou quando Flordelis se tornou deputada.

— O mandato foi um divisor de águas para determinar que ele [*Anderson*] tinha que morrer. A autoconfiança dele era tão grande que ele não acreditava [*no plano para matá-lo*]. Ele se achava inatingível — avaliou a delegada, mencionando o fato de Anderson ter visto em seu iPhone que havia uma emboscada sendo preparada para ele, mas ter preferido acreditar que tinha a família sob seu domínio e que nada lhe aconteceria.

Enquanto a delegada falava, Flávio balançava a cabeça de um lado para outro em sinal de negação. Mas Bárbara prosseguia e, por cerca de quatro horas, relatou tudo o que sua equipe apurara sobre o caso.

— Havia relações [*amorosas*] entre todos ali. Flordelis não se relacionava só com Anderson e Anderson não se relacionava só com ela — afirmou a delegada, ressalvando não estar fazendo juízo de valor e, sim, querendo constatar que tal comportamento feria os dogmas tradicionais de uma família evangélica.

Em dado momento, Flordelis retirou um caderno da sacola prateada que mantinha no colo e passou a fazer anotações enquanto Bárbara falava, o que gerou surpresa e curiosidade na plateia.

— Essa influência psicológica ela [Flordelis] tinha. Ela perdeu o poder [em decorrência da ascensão de Anderson na casa], e esse foi o motivo determinante. Anderson começou a comandar tudo: como ela devia falar, se comportar. Ele determinava. Ele começou como menino e foi para a função de marido. A partir do poder aumentado, transformou a pastora em cantora, criou igrejas. Em 2018, ela se tornou deputada. E Simone teve uma fala que foi muito expressiva: "A deputada é você, você é Flordelis, não é ele" — disse Bárbara, referindo-se a uma frase dita por Simone à mãe e revelada em uma das conversas por WhatsApp a que a polícia teve acesso.

Citou ainda a tentativa de Flordelis de, usando a imprensa, fazer com que alguns filhos e a polícia acreditassem que Anderson fora vítima de assalto.

— A deputada falou para a imprensa que ele "morreu defendendo a família". Outra coisa foi a demora no socorro ao pastor — destacou, lembrando que ele só foi levado a um hospital quase trinta minutos depois de ter sido encontrado no chão.

O desaparecimento de três celulares fundamentais para a apuração do caso — de Anderson, Flordelis e Flávio — também foi citado, assim como a descoberta de adoções feitas à margem da legalidade. Bárbara discorreu ainda sobre as iniciativas de Flordelis para incriminar Lucas, em especial com a farsa de obrigá-lo a copiar uma carta escrita, na verdade, por ela.

— Eram coisas do arco da velha... — opinou a delegada, para quem não havia dúvidas sobre a motivação do crime nem sobre a atuação de Flordelis como mandante.

O advogado Rollemberg buscou constranger a delegada citando a falta de luvas por parte da Polícia Civil para manipular a arma usada no crime. Sem se alterar, Bárbara rebateu:

— Infelizmente é assim. Isso já foi falado por peritos. Não prejudicou em nada [a investigação]. Na maioria das vezes, não há digitais na arma.

Quanto à possibilidade de Marzy ter articulado o assassinato, já que houvera relatos de que ela tentara contratar Lucas para esse fim, a delegada lembrou que só a deputada teria como pagar por uma arma e concluiu:

— Marzy não tem condições psicológicas de orquestrar ou tomar decisão desse nível. Todos eles [os filhos] eram subalternos. Ninguém mataria sem a ordem dela [Flordelis].

***

Depois de Bárbara, a juíza chamou o perito-legista Prestes Júnior, da Polícia Civil, cedido ao Ministério Público para ajudar nos trabalhos. Com 28 anos de experiência na área de medicina legal, foi ele quem analisou os vários prontuários de Anderson existentes no hospital de Niterói que registravam praticamente as mesmas queixas todas as vezes que ele dava entrada na Emergência. O delegado Duarte já afirmara, baseado em quebras de sigilo dos telefones de filhos biológicos, adotivos e afetivos do casal de pastores, que Simone e Marzy dissolviam veneno na bebida e na comida do pastor de forma gradual e oculta. Coube então a Prestes Júnior concluir que os sintomas relatados por Anderson a médicos que o atendiam decorriam de intoxicação crônica por arsênico.

— Pequenas doses [de arsênico] provocam esses sinais e sintomas com que ele chegava ao hospital. O arsênico pode ser apresentado de forma solúvel, podendo ser misturado à comida e aos líquidos. Pó branco facilita: não tem cheiro ou gosto. São sintomas: vômito, desidratação [...]. Havia fortes indícios de que poderia ser intoxicação crônica — explanou Prestes Júnior, especificando que uma dose maior de veneno poderia causar a morte imediata da vítima, daí a dosagem ter de ser precisa.

Prestes Júnior informou que se aprofundou no estudo sobre esse tipo de veneno motivado pelas buscas no Google feitas por Simone e Marzy às vésperas do crime. E disse ter concluído que a hipótese de troca de veneno pode até ter sido aventada pelos acusados, mas que isso não poderia ser confirmado porque não se fizera exame toxicológico no corpo de Anderson. A defesa de Flordelis perguntou então ao perito por que não se apurara a possibilidade de Anderson ter sido envenenado. Prestes Júnior esclareceu que cada substância a ser pesquisada exige uma tecnologia diferente e que, na época do crime, a perícia fluminense não contava com os reagentes necessários em decorrência da carência de investimentos aplicados nesse setor pela Polícia Civil do Rio de Janeiro. Além disso, seria necessário realizar uma exumação do corpo, o que não se cogitou. Outro assunto abordado em seu depoimento foram as trinta perfurações encontradas no corpo da vítima.

— Na medicina legal, um dos cuidados é diferençar os orifícios de entrada e saída. Os de saída podem ser atípicos, tendo em vista o tipo da arma. O laudo pericial teria que ser mais discriminado: o que é entrada e saída, mas apenas enumerou as perfurações — criticou. — Um laudo é para elucidar e não deixar dúvidas.

No banco dos acusados, era possível ver a atenção com que Flávio acompanhava a fala de Prestes Júnior, que, como professor que é, detinha-se em cada ponto:

— Houve disparo a curta distância, quando os grânulos ficam então impregnados na face, por isso a "tatuagem".

Terminadas as explanações do perito, o assistente de Bárbara, inspetor Mario Augusto Bernardo Júnior, pormenorizou a dinâmica das investigações salientando a descoberta da pistola em cima do armário de Flávio. Para ele, a arma estava na casa porque certamente todos os envolvidos no crime consideravam o local seguro por pertencer a uma deputada federal. Último a depor no primeiro dia de audiência, o policial Tiago Vaz, da equipe de Allan Duarte, apresentou-se dizendo que, nessa segunda fase das investigações, ficara encarregado de analisar o material extraído dos celulares e passou a listar suas conclusões.

De acordo com Tiago, Marzy, por exemplo, sempre tentava agradar à mãe, mas era usada pela pastora para atingir seus fins pessoais. Já a neta Rayane, que trabalhava com Flordelis em Brasília, em seus diálogos frequentemente se mostrava insatisfeita por não receber na íntegra o salário de R$ 15 mil (o mais alto entre os assessores), já que Anderson lhe confiscava a maior parte. Aliás, revelou o policial, quem oficialmente estava nomeado no gabinete (recebendo R$ 5 mil) era o marido da neta, Luiz Felipe, e não a própria Rayane, a fim de que o vínculo não fosse caracterizado como nepotismo. Daí outra questão vir à tona: a adoção do esquema de "rachadinha" tanto no mandato de Flordelis, em Brasília, quanto no do vereador *Misael*, em São Gonçalo. Mas o assunto não iria adiante, já que ali não era o foro adequado para esmiuçar tal questão.

***

Na segunda audiência, no dia 27 de novembro, Nearis Arce avisou que as sessões seguintes teriam início às nove da manhã, visto que a primeira se encerrara muito tarde, perto da meia-noite. Rollemberg retrucou dizendo que o almoço oferecido pela 3ª Vara Criminal não estaria à altura de sua cliente, uma deputada federal. A juíza respondeu que ela e todos os funcionários do cartório almoçavam aquela mesma comida, encerrando ali a primeira tentativa de polêmica do dia. Possivelmente em apoio ao esforço de Rollemberg para gerar discórdia por motivos fúteis, Daniela Grégio, advogada de Simone e Rayane, convocou representantes da Ordem dos Advogados do Brasil ao local para intimidar a juíza. Não conseguiu.

Naquele dia seriam chamadas testemunhas de acusação e defesa porque quase todas eram as mesmas nas duas situações. Além de *Misael* e de sua mulher, Luana, que falaram por cerca de duas horas cada um, foram convocados quatro "filhos" de Flordelis: Daniel, *Luan*, Daiane Freires e Roberta Santos. As duas últimas, no entanto, não puderam ser ouvidas, e os respectivos depoimentos foram remarcados para o dia 11 de dezembro: Daiane, por estar com Covid-19; Roberta, por estar de quarentena. A ex-patroa de Lucas, Regiane, também depôs.

Primeiro a ser chamado, *Misael* pediu autorização para que seu depoimento fosse proferido sem a presença dos réus. Diante disso, Rollemberg tachou-o de "informante", já que havia sido o primeiro a levar à polícia a suspeita de que Flordelis teria motivos para matar o pastor. Virando-se para a juíza, o advogado provocou:

— Eu queria só indagar a Vossa Excelência... Me parece que o informante, quer dizer, a testemunha não compromissada, já que filho é, informou não desejar prestar depoimento na presença dos réus. Eu queria só saber de Vossa Excelência se [a juíza] pode indagá-lo, porque é direito dos réus estarem presentes.

Nearis Arce então perguntou à testemunha:

— Por qual motivo o senhor não quer prestar depoimento na presença dos réus?

— Não me sinto bem — respondeu *Misael*.

— Mas se sente intimidado, se sente ameaçado? Se sente o quê? — insistiu a magistrada.

— Um pouco intimidado, sim. E, querendo ou não, foram trinta anos, né? Uma família que, para mim, com o sentimento que eu tenho, ainda me afeta muito — respondeu o vereador com a voz embargada.

Ao ouvi-lo, a juíza aquiesceu e todos os réus foram encaminhados para outra sala. Isso feito, o promotor Carlos Gustavo pediu a *Misael* que descrevesse a formação do "núcleo original", ainda no Jacarezinho, e perguntou se Simone e Anderson namoraram na adolescência.

— Ali, antes da gente se mudar do Jacarezinho para Irajá, ele já não namorava mais a Simone, não. Ali ele era denominado [...] pela Flordelis como "o guardião" dela [*de Flordelis*]. Não era esposo, não. Era "o guardião". Aí eles foram se casar lá em 1998 porque precisava de uma figura paterna na família, porque tinha mudado, né? Muitos meninos e só ela responsável pela gente, né? E não tinha um "pai", vamos colocar assim. Aí, da noite para o dia, quando eu fui ver, ele já estava se casando [*com ela*] no cartório.

O promotor deu um salto no tempo, dos idos de 1990 para 2019, e solicitou que *Misael* discorresse sobre o relacionamento do casal às vésperas do crime. Ele então disse ter presenciado uma cena no Congresso que o incomodara, quando Anderson orientou Flordelis a não assinar listas pelos corredores da Câmara sem ler o conteúdo e mostrar a ele. Ela não gostou de ter sido advertida e ficou muito irritada.

Gabriel Borges D'Ávila, advogado de Marzy, inquiriu *Misael* sobre a possibilidade de o pastor abusar sexualmente de algum filho. O vereador foi categórico ao negar a hipótese, acrescentando que Flordelis é que espalhava essa calúnia para jogar os "filhos" contra Anderson.

— A minha mãe vinha para tentar implantar isso na minha mente para eu, particularmente, ficar chateado com o meu pai, pastor Anderson. Aí eu falava com ela: "Se for verdade, por que a senhora não vai para a mídia e denuncia isso?" Aí ela falava: "Não, eu vou escandalizar o nome de Deus. Eu vou atrapalhar o crescimento da igreja." Então não era verdade — afirmou.

Misael citou também que na casa praticavam-se rituais que ele desconhecia serem provenientes de práticas pentecostais. Aproveitando-se dessa informação incompleta, Rollemberg passou a considerar que *Misael* havia se referido, nas entrelinhas, a rituais de adoração ao diabo. *Misael* negou qualquer relação com satanismo, mesmo assim o advogado de Flordelis insistiu:

— Esse ritual que o senhor diz que não é satânico, ele aconteceu quando o senhor tinha 13 anos. E parou?

— Não, continuou. Até quando eu não morava mais na casa. Tinha [*ritual*] lá no "quarto de oração" — respondeu o depoente, esclarecendo que ele também frequentara o tal "quarto" da mãe, chamado por ela de "lugar de orações".

O advogado pediu detalhes sobre o suposto "ritual" e o filho afetivo esclareceu:

— Ela ensinou, passava para a gente. A minha mãe era líder espiritual. Pegava o nome de pessoas que ela queria que se aproximassem dela, vamos colocar assim, e fazia a preparação para aquele nome ali.

Rollemberg interrompeu:

— Essa preparação tinha oração?

— Tinha. [*Usava*] produtos tipo mel, açúcar, alguidar, essas coisas. Tinha as orações, mas não as do tipo da igreja. Ela pedia a Deus e usava dessa forma, que não é normal no meio evangélico.

* * *

Depois foi a vez de Daniel sentar-se à frente da juíza. Ele mencionou uma ocasião em que a mãe o chamara à sala reservada aos pastores na Cidade do Fogo com o único objetivo de tentar macular a imagem de Anderson perante o filho.

— Ela ficou tentando justificar, né? Falou que o meu pai não era nenhum santo, que o meu pai [a] tinha traído, não sei o quê, não sei o que lá, falou um monte de coisa, só que eu não acreditei — disse o jovem, mencionando em seguida ter sido repreendido por Flordelis porque dera declarações na DHNSG que não seriam favoráveis a ela.

Contou ainda que, seis meses após a morte do pai, a mãe lhe ofereceu, às vésperas do Natal, a quantia de R$ 2 mil sugerindo que ele comprasse um celular novo ou consertasse o Honda, que estava no nome do pai, mas que ele usava. Daniel recusou o presente, mas Flordelis enfiou o dinheiro no bolso dele. Algum tempo depois, ela lhe pediu que voltasse atrás em seu primeiro depoimento na DHNSG, em que dissera suspeitar ser ela a mandante do homicídio. E ela ainda lhe enviou, por WhatsApp, áudios de advogados com instruções sobre como ele deveria "se comportar" dali para a frente na Justiça — áudios que ele imediatamente repassou à polícia.

Depois de Daniel, *Luan* disse em juízo que a vítima "venerava" Flordelis:

— Anderson era cego por ela: era Deus no céu e ela na terra.

O filho afetivo revelou que certas atitudes da deputada após o crime o intrigaram, como o fato de ela ter manicure agendada para o enterro do marido, ocorrido no dia seguinte ao assassinato, e por ter se preocupado tanto com a aparência no dia do velório:

— Cadê a Flordelis, cadê a minha mãe? Aí viraram para mim e falaram assim: "Ela trocou de roupa três vezes." Três vezes trocar de roupa? Excelência, me desculpe, mas se alguém da minha família morre, principalmente dessa forma brutal, eu não teria nem força para tomar banho. Eu nem faria nada.

Emocionado, *Luan* deu um depoimento minucioso e citou uma frase da mãe dita para ele quando entraram em casa, depois do enterro:

— Quando eu me sentei na cama dela mesmo, do lado da cabeceirazinha, assim, no vãozinho da cama, eu olhei para ela e falei assim: "Eu estou a mil por hora, eu não sei o que eu vou fazer." Ela virou para mim, baixou a cabeça, olhou para mim dentro dos olhos e falou assim: "Vida nova!"

***

Chamada a dar seu depoimento, Luana disse que só depois da execução do pastor certos diálogos que costumava ouvir entre Simone e Flordelis fizeram sentido para ela. Deu como exemplo uma conversa ocorrida numa manhã em que as três estavam juntas no apartamento funcional de Brasília.

— Estavam só as meninas tomando café e teve uma hora em que a Simone falou na mesa assim: "Nós não precisamos mais dele." E eu senti que houve uma concordância [*por parte de Flordelis*]. Eu não estava entendendo o que que era e hoje eu entendo que não precisavam mais do pastor.

O promotor perguntou à esposa de *Misael* sobre a reação de Flordelis ao ouvir Simone à mesa do café. Luana respondeu que a sogra não dissera nada, o que lhe pareceu claramente um sinal de concordância. Luana reforçou a suspeita já apresentada pelo marido, segundo a qual a motivação do crime teria a ver com questões financeiras:

— O que eu sei é que eles [*Anderson e Flordelis*] tinham um acordo. Uma percentagem [*sobre o dinheiro que entrava na casa*, uma parte do salário [*da deputada*] e de oferta de igreja [*dinheiro ofertado por fiéis*] era para o pastor, uma parte maior. E era disso que ela [*Flordelis*] reclamava. A parte menor era dela.

Luana revelou que o pastor comprava vestidos caros para a esposa e arcava com os tratamentos estéticos dela, mas que Flordelis se ressentia por receber pouco, uma vez que quase todo o dinheiro que entrava na casa advinha de sua fama. De acordo com a nora, a deputada almejava ter independência financeira para passear no shopping com as crianças sem precisar prestar contas ao marido, ou comprar algo que desejasse, em particular, sem necessitar de autorização. A depoente recordou-se de que, no início de março de 2019, Anderson, deitado no sofá da sala VIP da Cidade do Fogo, comentou com naturalidade que descobrira um plano de Marzy para matá-lo. Luana tomou um susto e notou que ele não percebia a gravidade do que falava. Ela então chamou Marzy para uma conversa.

— E aí teve um dia que eu falei: "Marzy, quero conversar com você [...]. Que história é essa de matar o pastor?! Que que é isso?!" Aí ela começou a chorar: "Luana, se a gente matar ele, a gente vai resolver os nossos problemas. Ele é o grande causador disso tudo." Eu falei: "Marzy, é matar? Marzy, que é isso?" Aí ela: "Não, você não sabe. A gente sofre muito com ele dentro de casa." A mente da Marzy já estava muito virada para isso, entendeu?

Na conversa, Marzy também diria que a própria Flordelis escrevera o texto no iPad de Anderson sobre a cilada na concessionária. Horrorizada, a mulher de *Misael* teria tentado tirar essa ideia da cabeça de Marzy mencionando preceitos cristãos:

— Fiz ela aceitar Jesus de novo e pedir perdão pelos pecados. Só que ela começou a chorar e me disse assim: "Ela [*Flordelis*] só quer me usar, Luana, porque me ofereceu R$ 30 mil para eu assumir para o pastor que fui eu que escrevi isso [*o plano no iPad dele*], e eu iria sair de casa com esses R$ 30 mil. Depois eu poderia voltar, ou não. A minha mãe não me ama, ela só me usa."

Pelo depoimento da nora de Flordelis era possível ter noção de quão esgarçadas estavam as relações na família.

— A Simone tinha nojo do pastor — continuou Luana. — Tinha raiva dele. Uma vez eu estava bebendo uma Coca-Cola no canudinho. O pastor pediu [um gole] e eu dei. Depois, fui beber de novo. Simone comentou: "Ai, que nojo! Você bebe as coisas que ele bebe? Eu tenho muito nojo dele. Eu tenho muita raiva dele."

Ao ser inquirida por Angelo Máximo sobre o que ela achava da sogra, Luana foi contundente:

— Eu acho que ela é a grande mandante.

***

Outras testemunhas de acusação que depuseram naquele dia mencionaram que havia diferença de tratamento entre os "filhos": alguns ganhavam roupas e celulares novos, enquanto a maioria recebia o que era descartado pelos protegidos. Mas três informações inesperadas causariam impacto na audiência, não necessariamente por se referirem às investigações, e sim por soarem surpreendentes.

Uma delas referia-se ao fato de Cristiana e Carlos Ubiraci, preso como suspeito, romperem com Flordelis. Após a briga entre Raquel (filha biológica de Cristiana e Carlos Ubiraci) e Lorrane (filha biológica de Simone e André), que resultara na expulsão de Raquel de casa por Flordelis, Cristiana também deixara a residência, levando com ela Rebeca (filha de Michele, irmã de Anderson, mas acolhida e criada por Cristiana e Carlos Ubiraci). Cristiana e as filhas decidiram contratar um advogado para Carlos Ubiraci independentemente da defesa bancada por Flordelis. Ao visitar o marido no Presídio Evaristo de Moraes, em São Cristóvão, Cristiana conhecera o advogado Luiz Carlos Gregório Júnior, que se interessou pela causa. Ela sentiu confiança nele e ofereceu o carro do casal, um modelo antigo da SUV Tucson, como honorário. O acordo foi selado, mas Cristiana acabou sofrendo um acidente com o veículo, que ficou bastante avariado. Gregório, contudo, continuou com o caso.

Na mesma audiência, Regiane, ex-patroa de Lucas, levaria ao plenário outra notícia impactante. Conforme contou, uma frequentadora de sua igreja, de nome Vivian Oliveira, teria lhe revelado que Cristiana afirmara que Simone também teria alvejado o pastor — André segurara Anderson, enquanto Flávio e Simone atiravam, sendo que a filha biológica da pastora acertara a genitália da vítima. Vivian ainda teria dito que, de acordo com o relato de Cristiana, Flordelis sabia de tudo. A informação remetia ao que Daniel declarara, ainda na DHNSG, sobre ter visto três vultos passando por sua janela segundos após ouvir os tiros na garagem.

Convocada para uma acareação com Vivian, Cristiana negou a existência de tal conversa entre ela e Vivian. A juíza perguntou se ela temia confirmar a história por conta da "lei do silêncio sobre o crime" imposta por Flordelis aos moradores da casa e denunciada por algumas testemunhas. Cristiana admitiu a imposição da "lei", mas declarou que não viu o que aconteceu na hora do crime:

— Não quero me manifestar porque eu não vi. Como é que eu vou falar alguma coisa que eu não vi?

Nearis Arce lembrou à depoente que ela era obrigada a dizer a verdade por estar sob juramento num tribunal. E que a pergunta não se referia a ter ou não presenciado o crime, e sim a ter contado ou não a Vivian algo sobre o crime.

— Eu nego. Eu não falei isso com ela — devolveu Cristiana, nervosa.

— E qual motivo ela teria para mentir? — questionou a magistrada.

— Eu não falei com ninguém — reafirmou Cristiana.

Mesmo assim, Vivian reiterou seu relato. E como cada qual manteve a própria versão, nada foi elucidado.

Uma segunda informação prestada por Regiane causaria assombro no fórum: uma filha adotiva de Flordelis, de apenas 14 anos, havia se automutilado com um estilete escrevendo no braço esquerdo "Eu s lixo", em que o "s" foi interpretado como abreviação de "sou". De acordo com Regiane, a menina fizera isso porque Flordelis a chamara de "lixo". A magistrada encaminhou o caso à Vara da Infância, da Juventude e do Idoso de Niterói, onde a jovem foi ouvida e acolhida. Constaria no laudo psicológico, realizado por determinação judicial, que a adolescente já havia tentado suicídio ao menos três vezes. A avaliação era de que se tratava de um caso grave, inclusive com agitação psicomotora. Ainda assim, a filha adotiva quis voltar para casa por recear estar prejudicando a mãe. Posteriormente, a pastora negaria diante de repórteres ter chamado a menina de "lixo":

— Isso é mentira e será provado. Vá até a minha casa ver como estão as minhas crianças!

***

Na audiência seguinte, em 4 de dezembro de 2020, tanto a empresária Yvelise de Oliveira quanto Rogério dos Santos Silva, ex-amante de Simone, reiteraram as declarações já dadas na DHNSG. Nesse dia, entre outros, depuseram também o pastor e professor de *muay thai* Alexander Vigna e o fiel Fábio Lopes da Silva, cujas falas causaram estupor na sala do fórum. Vigna disse ter frequentado a igreja e a casa de Flordelis e Anderson por quatro anos, época em que conheceu Fábio, que posteriormente seria seu afilhado de casamento. Em novembro de 2019, quando as investigações ainda estavam sob sigilo, Vigna informou à DHNSG ter sido apresentado ao casal na congregação do Rocha, na qual foi obreiro e pregador, participando ainda de retiros espirituais com a família dos pastores. Agora, após afirmar diante da juíza que não considerava Flordelis uma pastora, o promotor pediu a ele que se explicasse.

— Eu não a chamo de pastora, não a considero uma pastora, tá? Tem coisa que ela faz que, para mim, não é atitude de pastora — respondeu Vigna, dizendo que ela fazia, por exemplo, "trabalhos com frutas" para "tirar a memória das pessoas", e que ele, por ter estudado Teologia, percebeu que havia algo errado na família e se afastou.

O professor de *muay thai* acusaria Flordelis de praticar "satanismo", acrescentando que ela criara para si uma seita na qual todos os envolvidos lhe deviam obediência. Gregório, advogado de Carlos Ubiraci, quis saber como Flordelis exercia influência sobre o seu cliente e a testemunha respondeu que o jovem era "adestrado". O advogado insistiu:

— E como era a dependência desses "filhos" em relação à parte psicológica e à parte financeira de Flordelis?

— Total. Eles dependiam dela — resumiu Vigna.

Por sua vez, o fiel Fábio, que morou com a família da pastora por cinco anos, até 2000, afirmou que Flordelis realizava "rituais de purificação" e era preciso fazer pacto de sangue para ser aceito na casa. Conforme já declarara na DHNSG, aproximara-se da família em 1995, quando o casal frequentava cultos no bairro Lote Quinze, entre os municípios de Duque de Caxias e Belford Roxo. Por ter tido uma infância traumática — a mãe foi assassinada e ele não se dava bem com o pai —, Fábio buscara conforto na religião. Com o convívio, Flordelis convidou-o a integrar o grupo de orações coordenado por ela, pois tivera uma revelação na qual Deus lhe dissera "ter um plano maior de vida" para ele. Assim, Fábio foi morar na casa dos pastores no Rio Comprido.

Fábio declarou na audiência que participava de rituais simples, porque só "os iniciados" — e, ao usar a expressão, deixou subentendido referir-se aos que moravam há mais tempo na casa — poderiam presenciar os cultos secretos. Tal qual Vigna, Fábio disse que o "grupo de oração" de Flordelis era uma espécie de seita. Mencionou, por exemplo, uma cena em que os participantes se posicionavam em círculo, enquanto Anderson se colocava ao centro, completamente despido. Por ser visto pelo grupo como um ser superior, foi permitido a Fábio manter relações sexuais com Flordelis. Embora esse relato pareça surpreendente, ninguém perguntou ao depoente a finalidade do ritual secreto, do qual, aliás, ele afirmara não poder participar por não ser um "iniciado". Nem tampouco foi perguntado por que Anderson ficava nu nesses momentos e muito menos em nome do quê ele permitiria que praticassem sexo com a mulher dele.

Em seu depoimento anterior, na delegacia, Fábio relatara que, após sair da casa de Flordelis, procurara uma psicóloga, tendo então recebido o diagnóstico de transtorno de personalidade esquizotípica, doença em que o portador apresenta distanciamento da realidade em virtude de ideias paranoicas. E que se afastou do clã Flordelis quando começou a considerar que havia ali um desvirtuamento da doutrina evangélica.

Quanto a Vigna, ele contaria perante a juíza que, durante uma viagem a São Paulo com o casal de pastores, foi mantido num quarto com Flordelis trancado por fora por Anderson. Incrédulo, o promotor, para confirmar se havia entendido corretamente a narrativa, perguntou à testemunha se a vítima o trancara sozinho com Flordelis dentro de um quarto. Vigna respondeu afirmativamente e prosseguiu:

— Ela se insinuou todo o tempo para mim. Eu me tranquei no banheiro. Ou eu tinha relacionamento [*relações sexuais*] com ela ou eu arrombava a porta e saía fora [*do quarto*], né? — disse Vigna, explicando que lhe ocorrera uma terceira opção: trancou-se no banheiro e não teve nada com Flordelis.

Não era a primeira vez que o tema "sexo" aparecia no processo. Ainda na DHNSG, a empresária Karla Evelyn de Oliveira, obreira no Ministério Flordelis, afirmara que Flordelis, Anderson, Simone e André frequentavam uma casa de swing na Barra da Tijuca. Karla contou que, em 2007, ao levar a supervisora de sua empresa para conhecer o Ministério, a mulher reconheceu Flordelis e Anderson como clientes de um estabelecimento, frequentado por ela própria, que promovia troca de casais. A obreira levou a história ao pastor e ele teria respondido:

— O diabo se materializa nas pessoas e então ele está fazendo isso para confundir você.

A partir daí, Karla passou a ser hostilizada na congregação e não voltou mais lá. Bárbara Lomba iniciara investigações sobre a hipótese de Flordelis e Anderson frequentarem casas de swing. Mas, com a sua saída da delegacia, o caso não foi adiante, talvez porque o delegado Duarte não tenha visto relevância nessa denúncia para a elucidação do crime. Quando o vazamento das declarações da obreira chegou à mídia, Flordelis negou veementemente, em suas redes sociais, frequentar esse tipo de lugar: "Tudo que você falar você tem que provar, lindona. Que eu e o meu marido frequentávamos casa de swing? Ha... Misericórdia senhor! E se fosse verdade? Infelizmente não é." A pastora disse que processaria Karla, mas não chegou a fazê-lo.

* * *

Na quarta audiência, no dia 11 de dezembro, foram chamados a depor: as filhas adotivas Roberta (criada por Carlos e Cristiana), Erica dos Santos de Souza e Gabriella dos Santos de Souza (irmã de Lucas); as filhas afetivas Daiane e Érica Dias; Jorge de Souza, pai de Anderson, ainda vivo na época: as irmãs Raquel e Rebeca; além dos fiéis Débora de Abreu, Eduardo da Silva e Cláudia Barboza. Érica Dias e Jorge foram arrolados como testemunhas de defesa do clã Flordelis. A jovem, de fato, defendeu a mãe o tempo todo — desmentiu que houvesse tratamento diferenciado entre os "filhos" e negou que eles fossem impedidos por Flordelis de cursar faculdade, acusação feita por Daiane e Roberta. Estudante do oitavo período de Direito, Érica Dias, que assumira a administração da casa após o rompimento de *Misael* com Flordelis e a prisão de Carlos Ubiraci e André, seria incisiva:

— Eu nunca, nunca vi ninguém estudando [*escondido*] no banheiro da minha casa. Eu sou uma das pessoas que incentivam as crianças a estudar. Lá na nossa casa atual tem um espaço bem grande, que é a sala de jantar [*usada para estudos*].

A presença de Jorge no fórum, representando o filho na assistência de acusação por intermédio de Angelo Máximo, fora solicitada por Rollemberg. O advogado perguntou ao pai da vítima se ele sabia de brigas entre Anderson e a pastora e se Maria Edna e Michele, já falecidas, haviam lhe falado algo sobre isso. Jorge disse que em mais de vinte anos só estivera com o filho três vezes e que nunca soubera de nada a respeito. Rollemberg perguntou se ele constituíra um advogado por vontade própria para acompanhar o trabalho de acusação do Ministério Público.

— Não. Quem estava tratando desse assunto era minha filha e a minha ex-esposa, né? Depois que faleceram, sou obrigado — declarou Jorge, cujo depoimento não durou nem dez minutos, já que ele mal sabia da vida do filho.

Roberta, Erica de Souza e Daiane dariam depoimentos semelhantes, distinguindo os grupos existentes na casa. Estavam ali como testemunhas de acusação em nome do Ministério Público. Daiane foi entregue pela mãe a Flordelis, junto com dois irmãozinhos, quando tinha 3 ou 4 anos de idade. Ela morou por mais de 25 anos com Mãe Flor, só saindo de casa para se casar. Contou no fórum que, inicialmente, a comida era dividida entre todos.

— Como a gente era muito pobre, então tudo o que um comia o outro comia. Isso no início da nossa caminhada, da nossa trajetória [*no Jacarezinho*]. Quando a minha mãe entrou pro mundo gospel [...], aí as coisas começaram a mudar na nossa vida, né? Porque aí o dinheiro tá entrando, mas também as pessoas vão mostrando quem elas realmente são.

Mais adiante, com a voz falhando e deixando transparecer mágoa profunda, ela explicaria como se sentia dentro da casa:

— E eu falava: "Por que é que minha mãe [*biológica*] me deixou aqui?" "Por que que eu passo por tudo isso?" E eu não tinha o carinho da Flor. E a Simone era a pre... preferida dela.

Em favor de Carlos Ubiraci, depuseram as filhas Raquel e Rebeca, além de Débora, Eduardo e Cláudia. Alegando medo de depor diante de Flordelis, Raquel pediu que a plateia e os réus deixassem a sala, à exceção do pai, Carlos Ubiraci, no que foi atendida. Raquel seguiria a linha dos depoimentos de Roberta, Erica de Souza e Daiane sobre as divisões dentro de casa, mas destacou a indiferença de Flordelis após a morte de Anderson, na volta do hospital. Naquele dia, Lucas chegara em casa de manhã e, logo depois de alguns familiares o apontarem como suspeito na frente da polícia, ele seguiu para o quarto de Flordelis.

— Ela [*Flordelis*] estava sentada na cama. Lucas chegou e se deitou no colo dela e falou: "Mãe, não fui eu, mãe! Não fui eu [*quem matou Anderson*]" — lembrou Raquel, dizendo que, naquele momento, Flordelis estava ocupada ligando para algumas pessoas, uma delas o empresário Pedro Werneck. — Ela ligava e fingia choro.

O advogado de Carlos Ubiraci perguntou a Raquel se o pai dela era muito dependente de Flordelis e a resposta foi afirmativa:

— Ele não podia sair da casa, porque se saísse ele iria acabar perdendo o salário. Acho que a maior preocupação dele era não poder dar essas coisas para a gente. Minha faculdade, por exemplo, é mais importante para ele do que para mim.

Rebeca revelou no processo que, após o crime, Flordelis orientou todos a "mentir até a morte". Contou ainda que a psicóloga de Flordelis, a Paula do Vôlei, teria ensinado a cada um como proceder no tribunal a fim de não comprometer Flordelis. Paula nega o fato. O advogado Gregório perguntou quem pagava a escola de Rebeca, e a jovem, que era adotada, respondeu que Carlos Ubiraci arcava com todas as despesas dela, mencionando o carinho com que era tratada por ele. Rebeca confirmou, assim como Roberta, Daiane, Erica de Souza e Raquel, a existência de grupos diferenciados na família, assunto que não saía da pauta por ser de relevância para todos os moradores da casa de Pendotiba e origem de disputas e ressentimentos.

Também testemunha de defesa de Carlos Ubiraci, a obreira Débora de Abreu, que se referia a ele como "pastor" por ser ele o responsável pelo Ministério Flordelis de Piratininga, afirmou conhecê-lo havia doze anos e confiar nele totalmente. Tendo morado por seis meses na casa de Flordelis, ajudando nas tarefas da cozinha, ela disse que ele era a única pessoa ali dentro a conversar com ela e dar conselhos. Em seguida, depuseram Eduardo e Cláudia, também do Ministério Flordelis de Piratininga. Ambos falariam de maneira positiva sobre Carlos Ubiraci.

— O pastor Carlos era um [...] é um pastor amigo, orientador. [...] Ele luta pelas pessoas, ele abraça a causa das pessoas. Ele sempre foi [um] amigo e um pastor para todos na igreja.

Cláudia, secretária da igreja, confirmou:

Ele gostava de fazer a obra de Deus assim, com muito amor. Ele sempre falou que uma das prioridades da vida dele é a igreja.

O advogado de Adriano, Evandil Correia de Souza, ao escolher Gabriella como testemunha de defesa, teria problemas, já que a irmã de Lucas parecia estar dopada e ter grande dificuldade de articular as palavras. O promotor perguntou se ela fazia uso de algum remédio naquele momento e ela afirmou que tomava um para dormir, mas não sabia o nome. A juíza interveio:

— A senhora está se sentindo bem? A senhora parece que está dopada. Eu perguntei, o doutor está perguntando também, porque a senhora não está parecendo no seu estado normal.

Após pesado silêncio, o promotor perguntou à jovem se ela se medicava por conta própria ou se alguém oferecia a ela o remédio, no que Gabriella respondeu que era Flordelis quem ministrava o medicamento. Além de monossilábica, ela falava em tom quase inaudível. Parecendo frustrada, a magistrada encerrou a audiência, lembrando que a sessão seguinte seria no dia 18 de dezembro, quando se iniciariam os interrogatórios. A primeira a ser ouvida seria Flordelis.

10. A PASTORA NO BANCO DOS RÉUS

A penúltima audiência sobre a morte do pastor Anderson do Carmo, realizada em 18 de dezembro de 2020 na 3ª Vara Criminal de Niterói, deu início aos interrogatórios dos réus. Finalmente, agora, a juíza Nearis Arce poderia ouvir a versão de Flordelis sobre os fatos. Primeira a ser chamada, Flordelis entrou na sala vestida com um longo de estampa de onça, sentou-se na mesma cadeira que ocupara nas sessões anteriores, uniu as palmas das mãos junto ao peito e, com os olhos fechados, ergueu o rosto para o teto, como se suplicasse. Nessa fase do processo, era dado aos réus o direito de se defender em face das evidências reunidas pela DHNSG e pelo Ministério Público, e Flordelis tinha sua defesa amarrada por Rollemberg.

Com o término da etapa de audiências, caberia à Justiça decidir, posteriormente, se as provas contra Flordelis, sete de seus "filhos", a neta Rayane, além de Andrea e o ex-PM Siqueira, eram suficientes para levá-los a júri popular pelo assassinato do pastor. A estratégia adotada pelos advogados de Flordelis, Simone e Marzy era proteger a deputada, que pagava seus honorários com o salário do mandato. Para isso, seria crucial que ela continuasse a negar qualquer tipo de participação no crime. Por seu lado, Simone e Marzy tentariam encarnar o papel de mentoras intelectuais do homicídio. O temor da defesa era que, sob a pressão das arguições, alguém caísse em contradição. Mas era essa justamente a expectativa do promotor e do assistente de acusação, e parecia ser a da juíza.

Nearis Arce pediu a Flordelis que se sentasse na cadeira diante dela e, em seguida, procedeu ao ritual de identificação. Assim como é permitido ao réu permanecer em silêncio, também lhe é permitido escolher quem o interrogará. Com base nessa segunda opção, Rollemberg informou que sua cliente só responderia às perguntas da magistrada e dos demais advogados, deixando à margem do interrogatório, portanto, o Ministério Público e o assistente de acusação. A juíza abriu os trabalhos com uma longa série de perguntas, às quais Flordelis passou a responder de forma inconsistente e com tantos pormenores supérfluos que Nearis Arce, por várias vezes, chamou-lhe a atenção, pedindo mais objetividade.

Uma das primeiras perguntas referiu-se ao suposto namoro entre Anderson e Simone na adolescência. Sem hesitação, a pastora negou ter tido conhecimento do assunto. Manteve a versão apresentada no livro e no filme autobiográficos, segundo a qual Anderson, ainda adolescente, procurou-a, revelando interesse em integrar o grupo do seu "evangelismo da madrugada". Conhecendo a fundo o processo que estava julgando, a juíza elaborara questões que levariam Flordelis a se contradizer em diversos pontos, a começar pela idade de Anderson quando se conheceram. Quando Flordelis disse que o jovem tinha 17 anos e só após ele ter completado 18 eles teriam iniciado o namoro, a magistrada lembrou que a mãe da vítima, Maria Edna, declarara à DHNSG que ele tinha entre 14 e 15 anos quando Flordelis o chamou, sem o seu consentimento, para morar na casa dela.

— O meu Nem [*Anderson*], ele, nessa idade, não morou comigo. Não morou na minha casa.

— A senhora o conhecia nessa época?
— Não.
— Então é mentira da mãe dele?
— Nós nos conhecíamos de vista. Eu conhecia a mãe dele, mas eu não tinha nenhum contato. Nem com a irmã dele, Michele. Só de vista. E com o Anderson também, porque na favela a gente vê as pessoas na rua, se conhece de ver na rua, mas não com proximidade.

A juíza então voltou a abordar o possível namoro entre Anderson e Simone:

— A Simone e ele namoraram quando ele era menor de idade?

— Que tenha chegado ao meu conhecimento, não, senhora — insistiu a pastora.

— Nunca soube?
— Não, senhora.
— Nem depois do crime a senhora ficou sabendo disso?
— Fiquei sabendo depois do crime.

— A senhora que tem que dizer [*se algum dia soube que eles namoraram*], senhora! Nós estamos num interrogatório — impacientou-se a magistrada.

— Não, a senhora perguntou se eu sabia, eu estou dizendo que eu não sabia.

— Não perguntei se a senhora sabia em mil novecentos e antigamente, perguntei se a senhora sabia em qualquer época.

— Eu fiquei sabendo pela mídia, mas isso não quer dizer que eu sabia antes. A mídia falou que eu sabia. Eu estou dizendo para a senhora, afirmando para a senhora, Excelência, que eu não sabia.

Naqueles primeiros minutos de sabatina já ficava evidente que respostas confusas seriam uma verdadeira arma para Flordelis.

— A sua filha Simone é biológica, correto?

— Correto.

— E a senhora não sabia dos relacionamentos que ela mantinha quando menor?

— Ah, a adolescente, ela, às vezes, arruma namoradinhos na escola, em alguns lugares. Nem sempre a mãe fica sabendo.

— Sem o conhecimento da senhora?

— Nem sempre nós ficamos sabendo.

— E quando a senhora ficou sabendo, então? A senhora está nos dizendo que só soube depois do crime que a Simone tinha mantido esse relacionamento com o pastor Anderson. A senhora chegou a perguntar para ela? Confirmou com ela? Conversou com ela sobre esse assunto? Perguntou se ela tinha ficado chateada com a mãe dela por ter tido um relacionamento com o ex-namorado dela?

— Olha, depois que eu vi isso na mídia, eu cheguei a perguntar, lógico, e ela disse que não tinha passado de um flerte.

— Não passou de um flerte?

— Ela não afirmou para mim "namoro", não, em momento algum. Porque eu fui perguntar e disse para ela: "Por que que isso não veio ao meu conhecimento?" Porque, realmente, antes de ver na mídia, eu não tinha nenhum conhecimento desse fato.

— Nem o pastor contou nesses anos todos isso para a senhora, que teve algum flerte?

— Não, meu esposo, não.

— Nunca contou isso para a senhora?

— Não, senhora.

— Entendi. E a Simone tinha algum tipo de comportamento negativo em relação ao pastor?

— Não.

— Tinha algum tipo de aversão, digamos assim, em relação a ele?

— Não. No nosso casamento?

— Sim, na relação.

— Não, no início do nosso casamento, não.

— Não no início, durante, depois... Em geral, senhora! Não estou falando de uma época específica, não, qualquer época. Havia problemas de relacionamento entre a Simone e o pastor Anderson?

— Depois de um tempo, sim.

Como não dava mais para seguir com evasivas quanto a essa questão, Flordelis contou que, desde a separação de Simone e André (dez anos antes da morte de Anderson), eram frequentes as desavenças entre o pastor e Simone por causa dos relacionamentos amorosos dela.

— Ela... é... ela arrumava namorados porque ela era... teve vários outros relacionamentos e meu esposo não concordava com isso de forma alguma. Então havia discussões, havia briga entre eles por causa dos relacionamentos dela — gaguejou Flordelis.

— E a senhora nunca desconfiou de nada, desse relacionamento entre eles, né? E com relação ao pastor ter ido morar com a senhora [apesar da] objeção da mãe dele? O que a senhora tem a dizer?

— Olha só, Excelência, ele não foi morar comigo como está no depoimento. Isso não é verdade. Isso é uma inverdade! Ele não foi, ele não morava comigo na minha casa. Isso é uma inverdade, isso não é real — declarou a pastora com irritação e a voz alterada.

— A mãe dele já faleceu, não está aqui para prestar depoimento novamente, mas o depoimento dela está gravado. Ela fala isso mais de uma vez.

A magistrada perguntou por que a mãe do pastor teria se manifestado contra o casamento dele com Flordelis. Na delegacia, Maria Edna revelara que o filho chegara a reclamar que a ascensão da esposa na política, como deputada federal, fizera com que o casamento deles "desandasse". Mas Flordelis continuou negando atritos com a sogra e afirmando que Maria Edna nunca lhe passara tal contrariedade. Negou também que o casal tivesse entrado em crise após a eleição dela como parlamentar e reiterou que Anderson era mais que um marido:

— O meu relacionamento com o meu marido era *muito bom*, não era bom. Nós tínhamos um relacionamento que ia além de marido e mulher. Nós éramos amigos e tínhamos uma complexidade maravilhosa [entre] nós dois.

***

Outro momento tenso foi quando a juíza arguiu a deputada sobre as relações íntimas que o casal teria com outras pessoas:

— E vocês mantinham relações, inclusive íntimas, com terceiras pessoas com conhecimento mútuo? A senhora com outros homens e ele com outras mulheres?

— De jeito nenhum! Para quem nos conhece, as pessoas próximas sabem o quanto o meu marido tinha ciúme e zelo por mim, proteção. Ele jamais permitiria me ver sendo tocada por outro homem. Isso ele jamais permitiria! — exaltou-se a ré.

— As testemunhas que narraram isso aqui em juízo, então, mentiram?

— Com certeza, porque o meu marido...

— Inclusive teve um pastor que veio aqui e disse que o pastor Anderson trancou o quarto com a senhora lá com ele dentro.

— O meu marido jamais faria isso! [...] porque o meu marido, o meu marido...

— São dois pastores, na verdade, que falaram isso. Um teve relações com a senhora e o outro disse que se trancou no banheiro para não ter relações — provocou Nearis Arce.

— Se a senhora indagar a meus filhos e a pessoas da igreja [*todos dirão que*] o meu marido jamais permitiria que outro homem se aproximasse de mim. O meu marido, jamais!

A pastora contestava as estocadas, mas Nearis Arce não arredava pé do assunto. Perguntou se Flordelis e Anderson haviam estado em uma casa de swing na noite do crime e aludiu ao passeio que o casal teria feito a Copacabana.

— Nós saímos para passear, não para a casa de swing — respondeu a pastora, mantendo a versão de que os dois andaram de madrugada no calçadão e na areia da praia de Copacabana.

Com sarcasmo, a magistrada devolveu:

— Então, de madrugada, estavam passeando na praia de Copacabana... Tinha algum segurança com a senhora?

— Não, senhora, nós não andávamos com segurança. Nós andávamos sozinhos.

— Só os dois?

— Só nós dois.

— Sem preocupação nenhuma, de madrugada, na praia de Copacabana, passeando...

— Nós saíamos sempre sozinhos, nunca tivemos esse receio. Nós fomos passear em Copacabana. É um lugar superagitado à noite, frequentadíssimo em finais de semana. Não vimos perigo algum. Passeamos. Nós comemos petiscos em um bar — especificou Flordelis, mas sem fornecer endereços ou dados mais precisos que pudessem corroborar o relato, apesar da insistência da magistrada.

Pressionada, a deputada, para justificar a ausência de rigor em suas manifestações, declarou ter sofrido uma isquemia havia algum tempo, daí sentir dificuldade de memorizar certas informações. No entanto, ao relatar o passeio em Copacabana, a pastora descreveu-o exatamente como já narrado em programas de TV, sem esquecer-se de nenhum detalhe. Prosseguindo, a magistrada pediu que a deputada se concentrasse na volta para casa após o passeio em Copacabana, poucos minutos antes do crime, e Flordelis contou que viu o marido pela última vez na garagem, pegando a mochila dele no carro, no banco traseiro, quando ela então entrou no closet. Inquirida se, pouco antes de retornarem a Pendotiba, ela havia comunicado a alguém da casa sobre a iminente chegada de ambos, a deputada respondeu que não.

O fato de Anderson demorar para subir para o quarto, tendo ficado na garagem mexendo no celular, conforme afirmou a ré, foi outro ponto explorado pela juíza:

— Mas ainda tinha alguma coisa a mais para [ele] fazer para não ter entrado então com a senhora?

— Ele tinha o hábito de ficar mandando mensagem sobre as coisas que ele ia fazer, para as pessoas [com as quais] ele ia falar no dia seguinte.

— Na garagem?

— Ficava — afirmou a pastora.

— Fora do carro, em pé? — insistiu a magistrada.

— Ficava, ficava. Isso era um hábito dele, era costume dele ficar escrevendo no celular.

— Entendi, e era hábito dele também ficar escrevendo no celular de cueca?

— Não senhora, não senhora — respondeu Flordelis, deixando escapar uma certa aflição em sua gesticulação.

Flordelis continuou fornecendo minudências, como o fato de ter jogado os sapatos em cima da cama de solteiro ao entrar em seu quarto. Para justificar a existência de uma arma em casa, alegou que Flávio, além de sonhar ser policial, vinha recebendo ameaças. E, contrariando praticamente todos os que mencionaram que ela colocava remédio às escondidas nos alimentos da vítima, Flordelis disse que só lhe dava Rivotril — ansiolítico de tarja preta amplamente utilizado — quando o marido lhe pedia. Ainda segundo Flordelis, Carlos

Ubiraci e a cozinheira, Neinha, que trabalhava para a família havia mais de dez anos, eram autorizados por Anderson a colocar o remédio na alimentação dele. Conforme ainda diria à juíza, o marido odiava o medicamento, daí a ordem dele para que fosse adicionado aos alimentos sem que ele percebesse. No entanto, tal versão se apresentava contraditória com os depoimentos dados por *Misael* e Daniel. Segundo eles, Flordelis lhes dissera que colocava remédios às escondidas na comida do marido a fim de aplacar seu nível de ansiedade.

Quanto ao tema da mensagem que surgiu no iPhone do pastor com o plano para matá-lo à saída de uma concessionária, a deputada tentou se esquivar. A magistrada pediu foco e prosseguiu:

— E qual era o conteúdo dessa mensagem?

— Eu não sei de cor toda a mensagem, mas no início era Lucas, Marzy... Tinha o nome da Marzy na mensagem, tramando a morte do... ela estava oferecendo dinheiro — disse a pastora, encontrando dificuldade para completar as frases.

— Para o Lucas matar o pastor, é isso? — quis saber a juíza.

— Pro Lucas conseguir, junto com alguns amigos, tramar um assalto e matar o meu marido — contou ela, pausadamente, como se quisesse chorar. — Eu limpei a mensagem. Apaguei do celular do Lucas. Conversei muito com o Lucas naquele dia. Eu disse: "Filho, não faz isso."

— Ele foi mostrar para a senhora e falou o quê?

— Quando ele foi me mostrar, disse: "Tá vendo aí que não sou só eu que tô com raiva, né?" Ele não tratava mais o meu marido como... como... "pai". Ele falava: "O cara aí."

Era a primeira vez que a deputada admitia saber do plano para matar Anderson.

— E essa mensagem foi enviada do seu celular? — continuou Nearis Arce.

— Foi, sim, senhora — respondeu a acusada.

— E as pessoas tinham o hábito de mandar mensagem do celular da senhora sem o seu conhecimento?

— Costumavam, sim, senhora.

— Quem tinha acesso ao seu celular para mandar mensagem?

— Todos da casa tinham acesso, inclusive os meus netos pequenos.

— Inclusive a Marzy?

— Todos!

Como Luana, mulher de *Misael*, contara no tribunal que Marzy, durante uma conversa reservada entre ambas, havia lhe revelado que fora Flordelis quem digitara a proposta feita a Lucas para assassinar Anderson, a juíza perguntou à deputada se Marzy mentira. Flordelis saiu pela tangente, afirmando ter sido ela quem mostrara ao marido a mensagem no iPad. Contudo, de acordo com testemunhas, foi o próprio pastor quem encontrou o texto em seu iPhone, sincronizado no tablet, e procurou os filhos para falar sobre o assunto.

— Eu mostrei essa mensagem para o meu marido [...], inclusive pedindo para ele ir a uma delegacia porque era uma coisa gravíssima. Eu disse para ele: "Amor, isso aqui não é brincadeira. Isso aqui é uma coisa muito séria! Nós precisamos, você precisa ir à delegacia prestar uma queixa." Ele sentou comigo e disse: "Amor, eu sou um pastor renomado. Você acabou de se tornar deputada federal. Se nós formos à delegacia, imagine amanhã a imprensa, como é que vai estar vendo isso? Deixa que eu resolvo."

A juíza quis saber se ela havia ficado surpresa com o resultado do exame de DNA no pelo achado na pistola, que dera positivo para Flávio. Decerto seguindo a orientação do advogado, Flordelis contra-atacou mencionando o episódio de o policial ter pegado a arma sem luvas.

— Olha, eu fiquei surpresa de como a arma foi mexida na casa, né? Eu vi imagens da arma sendo mexida com as mãos...

— Não foi [*exame*] papiloscópico, não — devolveu a magistrada, com ironia, referindo-se ao fato de o exame feito na arma não ter sido o de análise de digitais. — Foi feito exame de confronto balístico. Eu entendo que você não deve saber nada [*disso*], né? Que o DNA era compatível justamente com o do Flávio.

A deputada continuou, tentando virar o jogo:

— É, eu fui informada pelo meu advogado. Perguntei a ele sobre a possibilidade de como isso é feito [...] e ele me falou, de forma técnica, da impossibilidade da forma como foi feita essa perícia, da forma como foi feito esse exame de DNA sem a autorização do Flávio. Eu achei...

Nearis Arce interrompeu-a e indagou se ela estaria questionando a legalidade da prova para não ter de responder à questão. Sem saída, Flordelis reconheceu ter ficado espantada com o resultado do exame. Mais de duas horas depois do início do interrogatório, a juíza fez a pergunta que todos esperavam:

— A senhora nunca participou de nenhuma dessas tramas para matar o pastor?

— Não, porque matar o meu marido seria destruir a minha própria vida. — Foi a resposta.

— Foi dito aqui que a senhora teria falado que não precisava mais dele, agora que já era deputada.

— Pelo contrário, senhora. Nesse meu primeiro mandato, a pessoa [*de*] que eu mais preciso é ele, é ele — afirmou Flordelis, falando no tempo presente e com voz embargada. — Ele tem me feito muita falta, a pessoa que eu mais... depois de Deus, né? Da minha mãe. A pessoa mais importante da minha vida era o meu marido, e tirar o meu marido, para mim, era uma perda muito grande. Foi quebrar as minhas pernas, os meus braços, porque todos os projetos que eu tinha de vida eram junto com ele.

— A mãe da vítima e algumas outras testemunhas, acho que o *Misael*, inclusive, disseram que a senhora, na igreja, depois do falecimento do pastor, chegou a falar "estou livre!", abrindo os braços, referindo-se ao pastor. Isso procede?

— Mentira! Eu, jamais! Sem ele eu jamais me sinto desse jeito.

— O *Luan* também falou isso. Tudo mentira?

— Mentira!

Flordelis também negou que tivesse escrito a carta que atribuía a *Misael* e *Luan* o mando da execução do pastor. Sobre o dinheiro depositado na conta de Andrea, a deputada argumentou que estava sem condições psicológicas de dar assistência aos filhos Lucas e Flávio na cadeia, então, pediu que a mulher do ex-PM Siqueira comprasse comida e levasse dinheiro para eles, já que Andrea tinha acesso ao prédio da Penitenciária Bandeira Stampa. Ao concluir sua lista de perguntas, a magistrada passou a palavra ao advogado da pastora.

* * *

Tão logo Rollemberg começou a inquirir Flordelis, ficaria evidente que sua intenção era mostrar o quanto ela dependia de Anderson, inclusive para exercer o trabalho de parlamentar, de onde se poderia inferir que ela não teria nada a ganhar caso viesse a perder o marido. A tese, porém, soava enfraquecida quando se evidenciava o perfil impositivo do pastor, que sujeitava a deputada federal a receber, por exemplo, uma mesada estabelecida por ele extraída do salário dela na Câmara, afora alguma pequena quantia advinda de sua atuação como pastora renomada e cantora famosa no meio gospel.

— Eu pedi ao presidente da Câmara, o Rodrigo Maia, que autorizasse a entrada do meu marido em plenário para ficar comigo me acompanhando por causa das minhas limitações. Eu precisava dele no plenário comigo [...]. Enquanto eu ficava no plenário votando, em reuniões de bancada, era o meu marido que fazia as articulações junto aos outros deputados.

Sobre as internações de Anderson, ela afirmou decorrerem de crises de ansiedade e de ele ter alojado no estômago a bactéria *H. pylori*, que estimula a inflamação na região e pode provocar dor e queimação. Ela não explicou, contudo, a origem dos sintomas bem mais graves apontados em boletins médicos. O advogado mencionou também o suposto envolvimento de alguns filhos e de uma neta dela no crime, ao que Flordelis respondeu negando ter conhecimento da participação de qualquer um deles. Quanto ao relacionamento dela com Lucas, contou:

— Ah, na chegada do Lucas... O Lucas era um menino muito difícil. Ele era muito fechado e eu consegui me aproximar dele, conquistar o carinho dele, o coração dele. E, aonde eu ia na casa, o Lucas me acompanhava para ficar comigo.

— A senhora dispensava o mesmo tratamento? Digo, em termos de vestimenta, vestuário e alimentação do Lucas. [*O tratamento*] era igual ao dado a outros filhos adotivos? — indagou Rollemberg.

— Doutor, a nossa cozinha era uma só. A comida era uma só, com exceção da minha, porque eu sou muito enjoada para comer, eu como pouquíssimas coisas. Com exceção da minha comida, o restante das comidas é tudo igual.

Rollemberg quis saber se a deputada gostaria que o Ministério Público extraísse as conversas de seu celular. Tratava-se de pergunta protocolar, porque o celular que Flordelis usava na época do crime continuava desaparecido, e o adquirido após o crime já havia sido apreendido. A pergunta do advogado servia apenas para Flordelis aproveitar o tema e pedir ao Ministério Público que analisasse no celular da vítima as conversas mantidas por Anderson com *Misael*. Flordelis sabia que, embora o aparelho original de Anderson tivesse sumido, a polícia havia conseguido recuperar diálogos e mensagens da "nuvem" usando o artifício de inserir um chip num aparelho qualquer, mas com o número dele. Nesse momento, ela também deixaria evidente sua mágoa para com *Misael*, que, com suas declarações à DHNSG, contribuíra fortemente para ela estar ali, no banco dos réus.

Sempre que podia, ela tentava dar o troco no filho de criação, argumentando, por exemplo, que ele administrava o dinheiro da igreja e da casa junto com Anderson e não prestava contas a ela desde a morte do marido. Em outro momento, informou que *Misael* e Anderson tinham tido um embate político em torno de uma possível candidatura à prefeitura de São Gonçalo nas eleições de 2020, almejada por ambos. Perguntada por Rollemberg sobre a quem cabia decidir quem disputaria o cargo de prefeito naquele pleito, a pastora respondeu ser Anderson, ficando então subentendido que *Misael* não concorreria. Era um assunto bastante conveniente para a defesa de Flordelis trazer à baila, a fim de deixar no ar a possibilidade de haver pelo menos uma razão para *Misael* querer a morte do pastor.

Flordelis também tentaria atingir *Luan*, dizendo que ele nunca a perdoara por ela não apoiar a pretensão dele de se candidatar a vereador por São Gonçalo. Ao falar dos dois, Flordelis sempre mencionava a questão financeira, reclamando, por exemplo, que, após fechar os templos, nem mesmo o financiamento da casa de Pendotiba estaria sendo quitado por falta de dinheiro. O que era uma inverdade, pois quem pagava as prestações era o empresário Carlos Werneck — ele continuava cumprindo o trato com a família de bancar as prestações do financiamento, que, aliás, estava em seu nome. Além disso, as investigações mostraram que as dívidas eram anteriores ao assassinato e que por diversas vezes Anderson comentara com Luciano, chefe de gabinete da deputada, sobre as péssimas condições financeiras das igrejas, chegando a assegurar que as dívidas nos templos estavam "abaixo do vermelho".

Depois de Rollemberg, os advogados dos demais réus tiveram a oportunidade de interrogar Flordelis. Ao final, a juíza concluiu a sabatina perguntando à deputada se ela gostaria de acrescentar algum ponto que considerasse relevante.

— É, eu quero, sim — respondeu ela com expressão raivosa. — Eu quero mencionar que fui acusada de ter mandado matar o meu marido por poder e dinheiro. Eu queria saber que poder e que dinheiro é esse. Meu marido era bom para mim, era meu amigo. Enquanto eu cuidava das pessoas, ele cuidava de mim...

* * *

Já passava das duas da tarde quando Lucas ocupou o banco dos réus e passou a responder à pergunta da juíza relativa ao período em que morara na casa da pastora, da qual saíra, explicou, por receber um tratamento menos favorável do que os irmãos pertencentes ao "grupo privilegiado". Sempre se referindo aos pais adotivos de forma respeitosa, com um "minha mãe" e "o pai", ele contou que sua função na residência da família era limpar o quintal. Perguntado se teria recebido proposta de Marzy para matar o pastor, admitiu de pronto:

— Aí ela [Marzy] foi direta e reta, não teve muito rodeio. Ela perguntou se eu não mataria o pai, porque ele estava insuportável. Estava dando muito trabalho! Minha mãe não estava suportando mais ele, não estava mais aguentando ele. Estava perturbando. Ele estava dando em cima de todo mundo e [ela] queria pôr um fim nisso. Falei que essas coisas eu não fazia, não.

— O que que seria "botar um fim nisso"? — indagou Nearis Arce.

— Matar ele — devolveu Lucas, com simplicidade.

O jovem resumiu as propostas de Marzy e de Rayane e lembrou que Flordelis apagara tais conversas do celular dele. A própria pastora justificara em seu depoimento ter deletado todas as mensagens do aparelho por haver ali conversas de Lucas com traficantes, uma justificativa que não soara convincente para os investigadores. Recuperadas graças ao trabalho da polícia e do Ministério Público, algumas dessas mensagens de Marzy e Rayane foram exibidas num telão durante a audiência. Nelas havia, de fato, menção ao plano de execução de Anderson — uma prova material que consta do processo. Numa das mensagens, Rayane reclamava, via Instagram, que Lucas não aceitara matar o pai, mensagem de grande importância que ajudaria a defesa do rapaz a provar sua inocência.

A juíza perguntou a Lucas como havia sido o tratamento recebido por ele e Flávio na DHNSG. O réu disse que havia sido "normal" e negou falta de acesso a banheiro, como os advogados de Flávio e de Flordelis denunciaram. Sobre a carta incriminando *Misael*, Lucas confirmou o que já dissera: que o documento entrara na prisão por intermédio de Andrea; que ela o entregara ao marido, o ex-PM Siqueira; que ele o repassara a Flávio; e que Flávio o obrigara a copiá-lo a mando de Flordelis. Lucas afirmou, categoricamente, que o texto trazia a letra da mãe.

***

Ao chegar sua vez de questionar Lucas, o advogado Rollemberg instigou-o a afirmar que a carta endereçada a Flordelis havia sido escrita por livre e espontânea vontade. Lucas não titubeou:

— Copiei da carta que veio da minha mãe. Fui e copiei — disse Lucas, reiterando ter sido constrangido por Flávio a redigir uma cópia de próprio punho.

A magistrada interveio:

— E o conteúdo, ou seja, o que você escreveu, que você praticou o crime, isso era verdade?

— Não — declarou o jovem.

O advogado do ex-PM Siqueira, George Farias, perguntou a Lucas como o cliente dele poderia ter acesso a Flávio na penitenciária.

— O Marcos [Siqueira] era o "faxina" na cadeia — explicou Lucas. — A cadeia [em] que a gente morava ficava aberta, então era só chegar pela grade e ele [Siqueira] conversava com ele [Flávio].

Ficava claro que, ao ter trânsito livre pela galeria, o ex--PM, com a ajuda da mulher, Andrea, que o visitava regularmente, podia servir de intermediário entre a pastora e os filhos presos. Ao chegar a vez de Gregório, advogado de Carlos Ubiraci, aproximar-se de Lucas, ele solicitou que o rapaz falasse um pouco sobre sua relação com o cliente dele. Lucas o descreveu:

— Ele [Carlos Ubiraci] é uma pessoa tranquila, de ajudar, de ver a necessidade do próximo, via as crianças, levava para o colégio, alinhou [cuidou da educação] a escola das crianças, essas coisas.

Gregório explorou mais esse ponto:

— Ele chegou a cobrar de você para você estudar? Tentou te colocar em um caminho correto?

— Já — confirmou o réu.

Naquele dia, Andrea também foi ouvida. Negou ter recebido dinheiro de Flordelis pela intermediação da carta e disse que o depósito de R$ 2 mil feito em seu benefício destinava-se à compra de alimentos para Lucas e Flávio na época em que estavam na Bandeira Stampa. Mas admitiu ter entregado a carta de Lucas a Adriano, para que ele a levasse a Flordelis. No entanto, Andrea disse que recebeu a carta das mãos da mulher de um outro preso, já do lado de fora do presídio. Chamado a depor, Flávio alegou o direito constitucional de permanecer em silêncio.

* * *

Os interrogatórios foram retomados em 22 de janeiro de 2021, após o recesso de fim de ano no Judiciário. Seria a última audiência do caso. A sessão anterior ocorrera cerca de um mês antes, quando foram inquiridos Flordelis, Lucas e Andrea, enquanto Flávio não quis se pronunciar. Agora seria a vez de Marzy, Simone, Carlos Ubiraci, Adriano, o ex-PM Siqueira, André e Rayane. A defesa dos dois últimos, porém, comunicou que ambos permaneceriam calados. A primeira a sentar-se no banco dos réus foi Marzy, que decidiu responder tão somente às perguntas da magistrada e das defesas. Mesma estratégia adotada pelo advogado de Flordelis, a fim de deixar o promotor e o assistente de acusação fora das arguições.

Diante de Nearis Arce, Marzy admitiu ter oferecido dinheiro a Lucas para matar Anderson, mas a filha de criação negou que a mãe soubesse. Segundo a ré, Lucas lhe perguntou se Flordelis estava a par do plano e, ao receber resposta negativa de Marzy, ele declarou que não faria nada sem o consentimento da mãe. Sendo assim, Marzy teve a ideia de simular uma mensagem de Flordelis, a fim de tentar convencê-lo a aceitar a proposta de executar o pastor. Ela pegou o celular da pastora e, passando-se por Flordelis, escreveu ali um texto com a tal proposta. Em seguida, Marzy enviou a mensagem para seu próprio aparelho, que lá entrou, naturalmente, como se fosse uma mensagem endereçada a ela por Flordelis. Fez ainda uma foto do texto e encaminhou-a a Lucas, a fim de provar a ele que agora a deputada estava ciente da trama. A juíza prosseguiu no interrogatório:

— Não tinha nenhum envolvimento da Flordelis nessa contratação da morte do pastor?

— Nenhum. Era uma combinação minha com o Lucas, via WhatsApp — assegurou Marzy, com voz firme.

— Só a senhora? Não tinha envolvimento da Simone, de ninguém, só da senhora?

— Não.

Nearis Arce insistia, aproveitando-se do fato de que só estavam presentes os réus que já haviam prestado depoimento. Simone, por exemplo, ainda aguardava a vez dela em outra sala. O assunto se estenderia até a magistrada perguntar a Marzy se, posteriormente, ela teria contado a Flordelis sobre o plano. Marzy disse que sim.

— E ela tomou alguma providência? O que ela fez, quando soube que essa mensagem planejando a morte do Anderson tinha sido enviada [...] do celular dela?

— Ficou doida, quase eu apanhei, mas [...] eu cheguei pra ela e confessei o que eu queria fazer, assim ela ficou sabendo da mensagem — disse a depoente, parecendo sempre escolher as palavras com muito cuidado.

Marzy disse que foi ela quem revelou o plano a Anderson, embora a deputada, na audiência anterior, tivesse afirmado que a iniciativa partira dela própria, que até aconselhara ao marido procurar uma delegacia. Havia ali uma contradição. Segundo Marzy, depois de o pastor saber que queriam matá-lo, ele lhe dissera que iria "ficar mais esperto" e "grampear" os telefones da casa. No entanto, Marzy admitira em juízo que já teria comprado um chip para falar exclusivamente com Flordelis antes da providência de Anderson. A juíza perguntou por que motivo ela precisava conversar em segredo com a pastora e a ré respondeu que queria justamente falar sobre o plano. Marzy revelaria ainda que Anderson pensou em expulsá-la de casa, mas desistira, e que Flordelis tinha dois telefones.

Nearis Arce indagou a Marzy se ela confirmaria um depoimento prestado na DHNSG em que declarara ter ódio de Anderson porque Flordelis lhe confidenciara que ele teria tentado abusar sexualmente da filha adotiva Annabel. O tema fez com que, por alguns instantes, o tribunal ficasse no mais completo silêncio, interrompido apenas pela tentativa de Marzy de fugir do assunto. Mas a juíza exigiu resposta e a ré então não apenas confessou ter ódio do pastor, como acrescentou que a mãe lhe contara que o marido tentara agarrar Annabel dentro do carro, quando voltavam de um culto. Marzy disse ainda que, após o crime, todos os moradores da casa receberam ordens de Flordelis para apagar as mensagens de seus celulares. A juíza quis saber se seriam apenas as relacionadas ao pastor, e Marzy explicou que a ordem incluía todas as mensagens, sem distinção. Inquirida sobre a suposta tentativa de matar o pastor por envenenamento, Marzy declarou jamais ter colocado veneno na comida dele. Encerrado o depoimento, que durou quase uma hora, Simone, a primogênita da pastora, foi convocada a entrar no plenário.

* * *

Entrando no plenário, Simone sentou-se à frente da juíza e pediu para falar sem a presença da mãe. Atendida, negou ter se envolvido com o pastor na adolescência, embora várias testemunhas tenham afirmado o contrário. Mas declarou que Anderson a assediava com frequência e que, certa vez, ela acordou e o viu de pé, masturbando-se, ao lado da cama dela.

Visivelmente, a história gerou certo mal-estar na sala de audiência, tamanha a violência da narrativa.

O assédio, prosseguiu Simone, teria começado quando ela passou a depender da ajuda do pastor para tratar um câncer de pele no Hospital Albert Einstein, em São Paulo. Segundo Simone, ela teve 35 melanomas e os custos referiam-se apenas a transporte e alimentação, já que o tratamento era gratuito por ela ter se oferecido como voluntária para uma pesquisa na instituição entre janeiro de 2017 e fevereiro de 2018. Embora Flordelis tenha dito em suas redes sociais que a filha estava curada por milagre, um laudo médico anexado posteriormente ao processo informaria que Simone apresentara "bom controle" da doença, mas que o melanoma era agressivo e incurável, "com risco de progressão e óbito se mantido sem tratamento". O documento seria usado pela advogada da ré para pleitear o acompanhamento de uma médica particular na prisão.

— Ele sempre teve segundas, terceiras, quartas e quintas intenções comigo — disse Simone para a juíza.

— Ele sempre teve primeiras, segundas, terceiras intenções — repetiu a magistrada. — [Com isso], a senhora quis dizer o quê? Relação?

— Relação — respondeu Simone.

— Ele dava em cima da senhora? — resumiu Nearis.

— Dava.

— E a sua mãe tinha ciência disso?

— Não, ela nunca teve ciência. Eu nunca tive coragem de contar para a minha mãe, com medo do que ela iria pensar. De repente nem iria acreditar. Porque a minha mãe era cega, é cega até hoje de amor por ele. E ele era uma pessoa muito convincente. Era uma pessoa que conseguia convencer todo mundo. Ele tinha uma lábia fenomenal, era um orador incrível. Então eu não tinha coragem de contar para a minha mãe. Ia empurrando com a barriga. A ponto de ficar doente, psiquiatricamente falando.

— Com relação à parte artística e à parte do salário de deputada da ré, a senhora tinha algum descontentamento?

— Não, só não achava justo porque ele administrava o montante, né?

— A senhora não achava justo ele ficar com o percentual maior?

— Minha mãe era uma marionete na mão dele. Ele controlava a minha mãe de todas as formas. Até mesmo nas reuniões políticas ele tomava a frente, não deixava a minha mãe falar, tirava ela de cena. Então [eu] não achava justo. A deputada era ela. Ela que tinha que fazer as coisas como deputada.

— A senhora acha que sem o apoio dele ela se tornaria deputada?

— Ele ajudou muito, mas acredito que sim.

— A senhora chegou a planejar a morte dele em algum momento?

— Sim — respondeu Simone, friamente.

— A senhora chegou a tentar contratar alguém para matá-lo?

— Não, eu dei R$ 5 mil para a Marzy. Falei para ela que não aguentava mais e pedi para ela me ajudar. Minha mãe não estava ciente. Falei para ela: "Me ajuda. Eu estou passando por maus momentos com ele e estou querendo a sua ajuda."

— Ela contou uma história diferente aqui. Então, foi a senhora que pediu?

— Eu que dei os R$ 5 mil para ela — afirmou Simone, negando, porém, ter tentado envenenar o pastor.

Comparando-se os interrogatórios de Flordelis, Marzy e Simone, era possível detectar incongruências. Embora a deputada já tivesse admitido no tribunal ter conhecimento de um plano para executar Anderson, as filhas, biológica e de criação, decerto com a intenção de protegê-la, continuavam a negar que ela soubesse. Simone, ao dizer que oferecera dinheiro a Marzy para matar o pastor, inadvertidamente desmentira a própria Marzy, que dissera minutos antes que Simone não estava a par do combinado. Ainda que os advogados das três estivessem alinhados, os depoimentos delas deixaram pontas soltas. Simone prosseguiu dizendo que, apesar de ter dado o dinheiro a Marzy, não havia um plano específico para matar o marido de Flordelis.

— Aí a senhora, em vez de falar com a sua mãe [sobre o *assédio*] para [*ela*] tomar uma providência, achou por bem matá-lo? É isso? — interpelou a magistrada.

— Eu não aguentava mais. Foi num momento de desespero. Eu nem acreditava que a Marzy iria chegar a fazer [*isso*], de fato. Eu não acreditava, não acreditava — repetiu Simone, jogando para cima de Marzy a responsabilidade sobre o plano de matar o pastor à saída de uma concessionária.

Simone declarou também não saber se Lucas, afinal, tinha aceitado fazer o serviço e negou ter procurado na internet por matadores e tipos de veneno. Nearis Arce quis saber se ela estava na cena do crime e se atirara em Anderson. Simone reagiu alegando que naquela noite estava num motel da Barra da Tijuca com o então namorado, e a polícia não checaria essa informação até a conclusão do inquérito sobre o mandante.

— Teve um depoimento [*aqui*] em que disseram que a senhora foi autora dos disparos na genitália da vítima — provocou a magistrada. — A senhora nega isso?

— Nego, com certeza.

— A senhora visitou Flávio [*na cadeia*], mas nunca teve a curiosidade de saber se foi ele quem atirou?

— Nunca perguntei.

Quanto ao sumiço dos celulares de Anderson, Flávio e Flordelis, Simone declarou ter lançado os três na praia de Piratininga. Até então as investigações apontavam que uma filha dela, Lorrane, é que teria dado fim aos aparelhos, ao sair num mototáxi em direção à praia no dia em que foram realizadas as buscas na casa, em 18 de junho de 2019. Além de indagar o motivo de Simone ter se desfeito dos aparelhos, a juíza quis saber se havia neles algo comprometedor e, tecendo um raciocínio lógico, questionou:

— Já que a sua mãe não sabia de nada, por que a senhora jogou o telefone dela fora também?

— Não sei. Peguei [os celulares] de todo mundo e joguei fora. Foi um ato de desespero — defendeu-se a ré.

A estratégia traçada pela advogada de Simone incluía que sua cliente tomasse para si a autoria do homicídio a fim de, mais adiante, poder dizer que agira movida pela emoção para defender a própria honra. Contudo, cerca de dois meses depois, essa estratégia perderia completamente o efeito. Em um julgamento no Supremo Tribunal Federal ocorrido em 13 de março sobre outro caso em que se alegava legítima defesa da honra, os ministros julgariam, por unanimidade, que a tese é inconstitucional por contrariar os princípios da dignidade da pessoa humana, da proteção à vida e da igualdade de gênero. A legítima defesa da honra vinha sendo utilizada historicamente pelas defesas de acusados de feminicídio ou agressões contra mulheres, com o objetivo de, no fim, responsabilizar as vítimas pelos ataques. Assim, a legítima defesa da honra foi excluída do rol dos episódios de legítima defesa.

***

Ao ser interrogado, ainda sem a presença de Flordelis, retirada da sala a pedido de Simone, Carlos Ubiraci confirmou o relacionamento amoroso entre Anderson e a irmã afetiva na adolescência, quando ainda moravam no Jacarezinho, o que fora negado momentos antes por Simone. Mencionou a insatisfação de Flordelis e de alguns "filhos" para com o pastor, por conta do modo centralizador como ele conduzia as finanças domésticas, e explicou existirem três grupos na casa de Pendotiba: o dos que trabalhavam; o dos protegidos que não trabalhavam; e o dos menos favorecidos. Afirmou, ainda, que desde o dia do crime Flordelis tentara convencê-lo de que Anderson fora vítima de assalto.

Diferentemente do que ocorrera ao longo dos depoimentos de Flordelis, Marzy e Simone, o promotor e o assistente de acusação foram autorizados por Gregório, advogado de Carlos Ubiraci, a lhe dirigir perguntas. O promotor começou:

— Como era a relação do senhor e dos filhos com a deputada?

— Todos a respeitavam.

— O que ela fizesse vocês obedeciam, é isso? Ela mandava?

— Ela mandava. Tudo vinha dela.

— Até para sair de casa o senhor tinha que avisar?

— Tinha que comunicar.

— A quem?

— A Flordelis.

Segundo o filho de criação, também a aplicação dos "corretivos", que podiam ser chineladas ou a retirada de algum privilégio, era decidida pela deputada. Se os filhos não "corrigissem" os irmãos, eles é que sofriam a punição. Ao dirigir perguntas a seu cliente, Gregório buscou mostrar que Carlos Ubiraci era um mero cumpridor de ordens de Flordelis, de quem dependia financeira e psicologicamente.

— Tudo ali só acontecia por ordem da Flordelis ou do Anderson?

— Sempre foi assim. Os dois. Na verdade, é ela. Tudo que ele fazia também tinha que consultar ela. A última palavra era dela — respondeu o marido de Cristiana, deixando claro que rompera com a deputada.

Carlos Ubiraci não usou o termo "rachadinha", mas relatou que lhe exigiam até R$ 6 mil dos R$ 11 mil que recebia no gabinete como contrapartida por morar no quintal da casa. E contou que seu sonho era deixar de depender da deputada. Nearis Arce lhe perguntou se ele queria dizer algo mais e ele respondeu, chorando:

— Só queria dizer que, diante de todas essas coisas, eu sou inocente.

Preso por ter negado saber do suposto plano de envenenamento do pastor, o Ministério Público chegou a pedir que Carlos Ubiraci respondesse em liberdade, mas a solicitação foi negada pela juíza.

* * *

Ao começar o interrogatório de Adriano, Flordelis foi admitida novamente na sala. O caçula da deputada, que respondeu à boa parte das perguntas com subterfúgios, citou uma reunião convocada por Anderson, a quem chamou de "pai", na qual o pastor teria dito saber do plano para matá-lo e garantido já estar resolvendo a questão. A juíza perguntou-lhe de supetão:

— Por que o seu celular estava numa caixa de pizza [*durante as buscas da polícia*]? O senhor costuma guardar o celular numa caixa de pizza?

— Primeiro: o celular foi municiado e não foi achado nada nele — retorquiu Adriano, um tanto ríspido.

— A pergunta não foi essa. A pergunta a que o senhor tem que responder é a que estou fazendo. Se o senhor quiser acrescentar depois qualquer coisa o senhor terá a oportunidade — rebateu a juíza.

— É porque já tinha perdido dois celulares [*para a polícia*] e eu não queria perder o terceiro.
— O senhor botou na caixa de pizza?
— Botei.
— Para não perder o celular?
— Para não perder o celular.

Como Adriano tinha trabalhado no gabinete do vereador *Misael*, Nearis Arce perguntou-lhe se lá também havia "rachadinha", conforme se cogitava haver no de Flordelis. Adriano declarou não saber o que se passava no mandato da mãe porque não trabalhara lá. Quanto ao mandato do irmão de criação, ele disse que *Misael* o consultara sobre se ele poderia doar parte do salário "para ajudar em outras coisas" com o que ele concordou. Mas frisou não ter interpretado o mecanismo como "rachadinha". Reconheceu ter recebido de Andrea a carta escrita por Lucas a mando de Flordelis mesmo desconhecendo seu conteúdo. Sobre o tratamento diferenciado entre os filhos, informou que Anderson mantinha alimentos separados para consumo próprio porque as pessoas da casa comiam tudo o que estivesse na geladeira comum. Simone e Daniel também tinham geladeira particular, destacou.

Último a depor, o ex-PM Siqueira negou à juíza ter entregado a carta que Lucas copiara. Disse que, por ser preso de confiança, responsável pela faxina, ele podia circular pelas galerias para levar aos detentos bolsas de custódia com alimentos e roupas. Ao fim do interrogatório, chorou, dizendo que já não podia ver a mulher e a filha de 4 anos. Após seu depoimento, a juíza encerrou a fase de audiências para instruir o processo e decidir, posteriormente, se os nove réus seriam ou não julgados por júri popular — no caso de Flávio e Lucas, a juíza já havia decidido que iriam a júri. Mas outra batalha viria logo em seguida para Flordelis: o julgamento que decidiria se ela poderia ou não manter o mandato de deputada federal.

***

As seis audiências revelaram, entre outras coisas, o nível de autoconfiança de Anderson, que, mesmo sabendo de um plano para acabar com sua vida, continuava a acreditar que tinha o controle da situação e era inatingível. Enquanto o pastor criava uma rede de informações com os "filhos" mais próximos e anunciava que grampearia telefones, o grupo ligado a Flordelis já estava à frente nessa troca de dados, inclusive usando chips exclusivos para se comunicar a fim de evitar o rastreio. Anderson subestimara a capacidade de seus adversários. Os depoimentos expuseram ainda que Flordelis, a esposa que ele julgava estar do seu lado, não só sabia de um plano para matá-lo, o que foi admitido por ela, como também, de acordo com mensagens extraídas dos celulares de Marzy e André, manipulara os filhos para que dessem cabo do marido. Aliás, havia indícios de que Flordelis continuava a manipulá-los. Os advogados dos filhos e da neta presos eram pagos pela ex-deputada e, durante os depoimentos, os réus continuavam a protegê-la, à exceção de Lucas e Carlos Ubiraci.

11. QUEBRA DE DECORO

Flordelis viveu momentos conturbados no fim de 2020. Ao mesmo tempo que precisava se preparar para o interrogatório nas sessões da 3ª Vara Criminal de Niterói, que só se encerrariam em 22 de janeiro de 2021, a deputada tinha de pensar numa estratégia para enfrentar o processo que corria contra ela na Câmara dos Deputados por quebra de decoro parlamentar — o que poderia lhe custar a cassação do mandato. Acusada pelo Ministério Público de ser a mandante da execução de Anderson, o processo fora aberto na Casa sob a acusação de que ela teria abusado das prerrogativas de deputada para postergar investigações policiais, coagir testemunhas e ocultar provas, por exemplo, o próprio celular, o de Anderson e o de Flávio. Caso Flordelis perdesse o mandato, ficaria não apenas sem salário, mas também sem imunidade parlamentar, abrindo caminho para o Ministério Público pedir sua prisão à Justiça. Ela, contudo, continuava alegando inocência.

Foi o deputado federal Léo Motta, então no PSL, que entrou com o pedido de representação contra Flordelis, no qual afirmava que, "diante da avalanche de provas" contra a deputada, ela não teria condições de permanecer no cargo. A Corregedoria da Câmara avaliou a petição e, ao chegar à conclusão de que havia fundamento na denúncia, o corregedor, deputado Paulo Bengtson, do PTB (Partido Trabalhista Brasileiro), notificou Flordelis em 9 de setembro de 2020. Em menos de um mês, Bengtson já encaminhou o documento à Mesa Diretora para uma confirmação da admissibilidade do pedido.

Pedido confirmado, a Mesa enviou o material ao Conselho de Ética e Decoro Parlamentar da Câmara, ao qual caberia recomendar ou não a cassação do mandato de Flordelis à CCJC (Comissão de Constituição e Justiça e de Cidadania), com julgamento em plenário. O processo, que normalmente levaria dois meses para chegar ao Conselho — formado por 21 deputados e igual número de suplentes —, foi entregue por Bengtson na metade desse tempo, devido à forte pressão da opinião pública para que se iniciasse o ritual de cassação.

— Eu creio que a Casa nunca vivenciou uma trama desta magnitude — declarou à época o parlamentar à rádio CBN. — É um caso complicado. Porém, nós temos que nos ater aos autos do processo. Nós não julgamos de acordo com aquilo que se fala, e sim [*de acordo*] com aquilo que está escrito.

Enquanto os trâmites da representação corriam na Câmara, Flordelis reforçava sua banca de advogados com a entrada de Janira Rocha na equipe. Ex-deputada estadual pelo PSOL (Partido Socialismo e Liberdade), eleita em 2010 e com experiência nos meandros da política, Janira ofereceu seus serviços a Flordelis no fim de 2020. A empatia entre as duas foi imediata. Com longa trajetória também na militância da esquerda, sua passagem pela Alerj (Assembleia Legislativa do Estado do Rio de Janeiro) fora tumultuada. Após sofrer denúncia de que mantinha funcionários-fantasma no gabinete, Janira foi acusada de praticar "cotização" no mandato, expressão que hoje equivale às chamadas "rachadinhas".

Um pedido de expulsão de Janira do PSOL chegou à executiva do partido enquanto um processo contra ela era aberto na Casa. O PSOL abriu sindicância, mas arquivou o caso porque a prática de contribuição financeira consta do estatuto partidário. Já no Conselho de Ética da Alerj, o processo empacou nos escaninhos da Comissão de Constituição e Justiça, a pretexto de conter erros jurídicos. Janira então concluiu seu mandato normalmente, em 2014. No entanto, o Ministério Público a denunciou pelo crime de concussão, que é quando alguém, por ocupar cargo público, exige para si vantagem indevida. Em setembro de 2021, a 29ª Vara Criminal a condenou a três anos e quatro meses de prisão, mas ela recorreu da decisão em liberdade.

***

O Conselho de Ética da Câmara estava sem funcionar desde março de 2020 por causa da pandemia de Covid-19, e o caso de Flordelis, de repercussão nacional, foi um dos que forçaram sua reativação. Assim, após o recebimento da representação contra Flordelis, no dia 23 de fevereiro de 2021 foi instaurado o Processo nº 22/21. A partir de uma lista tríplice, foi sorteado relator o deputado federal, empresário e bacharel Alexandre Leite, então no DEM. Os fatos referentes ao caso em si, ou seja, o homicídio, não seriam julgados no Conselho, cujo objetivo era apenas analisar se houvera ou não quebra de decoro por parte da deputada. Ao longo de dez audiências, o Conselho ouviria a representada e mais oito testemunhas, além de proceder à leitura do voto do relator e à votação para aprovar — ou não — o encaminhamento do caso à CCJC.

Sob a presidência do deputado Paulo Azi, à época no DEM, o Conselho realizou dez sessões. Em 30 de março; 13, 15, 19, 22 e 26 de abril; 6 e 13 de maio; 1º e 8 de junho de 2021. A exemplo do que ocorrera na Justiça, os policiais da DHNSG abriram os trabalhos, que transcorreram de forma híbrida, com alguns parlamentares presentes no plenário e outros participando de modo on-line. As testemunhas foram ouvidas por videoconferência. O depoimento dado pela delegada Bárbara Lomba, iniciado no dia 30 de março, só foi concluído no dia 13 de abril, totalizando cinco horas. Nesse dia, o perito Prestes Júnior forneceu explicações técnicas em torno da suspeita de tentativa de envenenamento do pastor. O delegado Allan Duarte foi chamado para dar esclarecimentos no dia 15.

À delegada, o relator Alexandre Leite fez diversas perguntas:

— A deputada tinha alguma ascendência espiritual, ela conseguia influenciar todos os filhos de alguma forma, manipular? Isso ficou comprovado [...] em conversas periciadas? O [*pastor*] Anderson só tinha ascendência financeira, só pagava as contas e era rigoroso com isso? Já o restante seria tudo influência da própria deputada?

— A evolução da vida dela [*Flordelis*], a mudança da imagem [...], começou com o trabalho social, a igreja, a música — explicou Bárbara, acrescentando que, do ponto de vista dos "filhos" apegados à deputada, Anderson havia abusado do poder que ela lhe concedera. — [*Flordelis*] conseguiu o mandato eletivo e essa influência toda foi iniciada por ela própria. Flordelis era uma pessoa famosa, com uma história interessante. Ela é a responsável pela criação de toda essa estrutura que eu descrevi.

Ao delegado Duarte, Leite perguntou se existiam mensagens entre Flordelis e os "filhos" que provassem a participação dela no plano para emboscar Anderson. O relator queria descobrir o grau de envolvimento da deputada como possível mandante, o que, embora tivesse mais relação com o crime em si, maculava a credibilidade da Casa. Duarte respondeu que havia várias mensagens desse tipo enviadas por WhatsApp. E mencionou que uma, em particular, se destacava — aquela em que a pastora se queixava com o filho afetivo

André do comportamento de Anderson, chamando o marido de "traste".

O delegado frisou não ter dúvida de que a autora das mensagens fora a deputada, que havia negado a autoria em juízo sob o argumento de que qualquer um poderia ter escrito aquilo, já que na casa todos tinham acesso ao celular dela, mesmo as crianças. Duarte calçou sua afirmação lembrando que ela estava sozinha com Anderson naquele momento, voltando de um jogo no Maracanã, e que, irritada, contava a André que o pastor não dera carona para Niterói a familiares e amigos que estavam com eles no estádio, alegando que o casal teria de ir à Barra da Tijuca comprar um terno.

— Não havia mais nenhuma outra pessoa no carro para digitar no celular dela. Só ela. Ela chama o pastor [...] de "traste". Pede a ajuda do André Bigode para acabar logo com isso porque não aguenta mais. [...] e diz: "Fazer o quê? Eu não posso me separar para não desonrar a minha imagem perante Deus" — relatou o delegado, reproduzindo também a resposta de André: "Nem fala, mãe, só a senhora mesmo. Em nome de Jesus! Cara miserável! Se cuida, mãe!"

Segundo Duarte, outro trecho confirmaria a sua tese:

— E tem mais um detalhe. Ela fala de independência financeira: "Me ajuda a acabar logo com isso. Vai ser a nossa independência financeira." E, quando ela fala em separação, é lógico que não havia nenhuma outra pessoa que poderia se separar dele, a não ser ela porque ela era a única pessoa casada com ele. Então, essa mensagem deixa muito clara a intenção dela.

Na mesma linha de raciocínio, Duarte disse acreditar que, quando o casal voltava para casa após o suposto passeio em Copacabana, na madrugada do crime, a deputada, pré-combinada com Marzy, a teria alertado sobre a iminente chegada deles a Pendotiba.

— A Flordelis volta da cidade do Rio de Janeiro, avisa a Marzy que está chegando em casa, e a Marzy manda uma mensagem para o Flávio, para que o Flávio desça e execute o pastor. [*Em juízo, porém, Marzy*] afirmou que estava dormindo [*nessa hora*]. Só que a gente conseguiu, através da quebra do sigilo de dados telemáticos [*do celular de Marzy*], perceber que ela recebeu uma mensagem de Flordelis, que foi apagada, às 3h03 da manhã, e que ela [*Marzy*] estava acordada e em movimento. Existe um aplicativo chamado Saúde no celular [*dela*] que tem um contador de passos. Ela estava caminhando naquele momento [*e não dormindo*]. Então ela mentiu. Ela mentiu!

A mensagem enviada às 3h03 por Flordelis a Marzy era: "Oito e quinze me chama." Ao ser questionada, Flordelis explicaria que enviara a mensagem para que a filha afetiva a acordasse de manhã para ir à igreja. No entanto, Marzy sequer estava em casa na madrugada do crime. Ela dormira no apartamento de *Misael*, que já morava com a família em São Gonçalo. O delegado ainda aventou a hipótese de Flordelis, segundos antes da morte de Anderson, ter pedido ao marido que buscasse algo no carro, o que justificaria o fato de ele estar apenas de cueca na garagem ao ser alvejado:

— Alguma coisa fez com que ele retornasse de roupa íntima para esse veículo. E tudo leva a crer que foi ela que o convenceu a voltar lá para, provavelmente, pegar algo e ser emboscado.

Duarte reforçaria a tese do uso do cargo por Flordelis para influenciar e coagir pessoas. Conforme sua argumentação, a deputada pedira a Lucas que assumisse a autoria do crime para proteger Flávio, prometendo ajudar o filho adotivo posteriormente no embate com a Justiça por conhecer ministros no Supremo Tribunal Federal e no Superior Tribunal de Justiça, além da primeira-dama, Michelle Bolsonaro. Duarte contou aos membros do Conselho de Ética que tal informação consta do depoimento de Lucas na DHNSG.

— Então ela ia usar a influência dela para facilitar a defesa dele — concluiu.

O relator perguntou se Duarte, eventualmente, teria pedido a prisão se Flordelis não tivesse imunidade parlamentar.

— O que a gente percebe no final das investigações — afirmou o delegado — é que essa versão idílica dela, de pessoa generosa, afetuosa, religiosa, altruísta, foi descortinada para dar lugar a uma personalidade desvirtuada, perigosa, manipuladora. Na minha opinião, depois de investigar o fato, de entrevistar pessoas, de ter acesso às provas e aos elementos de prova técnicos, ela é, certamente, a figura central e mais perigosa de toda essa organização criminosa intrafamiliar. Se ela não estivesse coberta pelo manto da imunidade parlamentar, certamente seria decretada a sua prisão.

Após o relator encerrar os questionamentos, a defesa de Flordelis passou a inquirir o depoente. Ainda que Rollemberg estivesse há mais tempo debruçado sobre o processo, coube a Janira fazer as perguntas mais elaboradas, por exemplo, quando perguntou a Duarte:

— Existem mensagens da deputada dizendo "eu quero matar", "eu quero mandar matar", "fulano, mate", "sicrano, contrate um pistoleiro"?

— Não, não há nenhum tipo de ordem direta dela nesse sentido [...] — explicou o delegado. — Esses dados foram objetivamente carreados para os autos e são inteligíveis. Eles se ligam a outras questões, com depoimentos de testemunhas, informantes, outros dados técnicos que foram juntados a essas falas dela, para que a gente pudesse chegar a essa conclusão.

— Mas não são mensagens diretas? — insistiu Janira.

— Ordens diretas, efetivamente, não — afirmou Duarte.

— Obrigada — agradeceu Janira, satisfeita.

— [*Não há mensagens diretas*] até mesmo porque o perfil dela é um perfil de quem age de forma sorrateira — rebateu o delegado —, utilizando intermediários para poder alcançar o desiderato. Isso foi relatado no meu relatório final.

Flordelis também fez perguntas ao delegado, questionando-o, por exemplo, por não terem quebrado o sigilo bancário de Flávio. Duarte explicou que, como a arma teria sido comprada por Flávio com dinheiro em espécie, os policiais deduziram que certamente o valor não teria sido depositado em conta. Duarte lembrou que só duas pessoas na casa poderiam comprar a pistola: a vítima e a deputada. E inferiu:

— Obviamente que esse dinheiro não chegou às mãos do Flávio por via da vítima, até porque a vítima e o Flávio não tinham um relacionamento bom.

No finalzinho da sessão, foram chamados os membros do Conselho que haviam se inscrito para opinar. Ao chegar a sua vez, o deputado Ivan Valente (PSOL) ressaltou que a imunidade parlamentar não pode ser sinônimo de impunidade, sob o risco de desgastar a imagem do Parlamento:

— O impacto desse fato é enorme para o Congresso Nacional. [...] porque um membro do Parlamento está sendo acusado de ser o mandante de um crime que teve uma brutal repercussão.

***

Nas sessões que se sucederam, foram ouvidos Lucas, Andrea, Roberta, Simone e Érica Dias na condição de testemunhas. Flordelis participou de todas as audiências, em geral usando, ao término dos depoimentos, os 25 minutos reservados à sua defesa. No dia 19 de abril, minutos antes de Lucas iniciar sua fala, Janira entrou com uma representação contra Alexandre Leite, acusando o relator de estar sendo parcial ao fazer perguntas tendenciosas às testemunhas. O Conselho rejeitou a petição.

No interrogatório virtual a que foi submetido, Lucas demonstrou segurança nas respostas. O relator quis saber se alguém lhe pedira que assumisse a autoria do crime e ele contou que os advogados de Flávio e os da deputada lhe pediram isso, além dela própria, por meio de carta entregue a ele na Bandeira Stampa.

— Ela me mandou assumir a autoria do crime, [...] porque queriam prender ela. [E o crime] podia prejudicar o Flávio. E disse que ela não ia me abandonar, ia me dar assistência.

— Mas você reconheceu [a letra] e sabia que a carta era da sua mãe? — insistiu o relator.

— Sim, sim, inclusive tinha a assinatura dela — respondeu o jovem, afirmando que seria impossível existir um plano para matar Anderson sem que Flordelis tivesse conhecimento.

Em outro momento, quando Rollemberg perguntou a Lucas o que a defesa dele o orientara a dizer, ouviu uma resposta tão simples que o surpreendeu:

— Fui orientado a passar a verdade, doutor Rollemberg.

A afirmação de que o crime não teria ocorrido sem a anuência de Flordelis seria corroborada no dia 22 de abril por Roberta, filha afetiva de Carlos Ubiraci:

— Nada acontecia se ela não permitisse. Se ela quisesse, ele [Anderson] estaria vivo até hoje. E não é nem se ela não tivesse intervindo, era se ela não tivesse manipulado, pensado e agido, porque isso não vem da Simone nem da Marzy. A cabeça número um é a dela [Flordelis], com certeza.

***

O depoimento mais aguardado era o de Simone. Em 26 de abril, ao lado de sua advogada, a filha biológica de Flordelis respondeu ao interrogatório na sala do presídio reservada às videoconferências. Quando mãe e filha se viram pela tela, ambas choraram. Flordelis não quis assistir à fala da filha, segundo Janira porque a pastora sabia que seriam fornecidos detalhes do suposto assédio de Anderson para com a enteada. Simone manteria a versão de que a sua motivação para matar Anderson decorria das investidas dele sobre ela. E ainda acusaria o pastor de violentá-la sexualmente.

— Todos os dias, pela manhã, ele entrava no meu quarto para tentar me agarrar. Ele tentou me violentar [...]. Conseguiu algumas vezes com força, na marra [...]. E eu não aguentava.

— Você dormia sozinha? — perguntou o relator.

— Eu dormia com meus filhos e eles saíam para estudar de manhã. Eu ficava com o meu pequenininho, que, na época, tinha 4, 3 anos. Muitas das vezes ele [Anderson] entrou no banheiro, eu tomando banho. Ele abria a porta do banheiro. Eu falei com ele que iria gritar [...]. Na lavanderia da minha casa ele já me agarrou [...].

Anderson também a teria assediado por meio de mensagens, o que ela jamais revelara a alguém. Alexandre Leite perguntou se ela guardara algumas dessas mensagens, mas Simone disse que as apagava porque o telefone dela tinha pouco espaço para armazenamento. Os investigadores, no entanto, ao analisarem o aparelho, não encontraram nenhuma mensagem de assédio feita pelo pastor, mesmo a polícia tendo usado um sofisticado programa de computador israelense, o Cellebrite, com capacidade para desbloquear celulares e recuperar informações apagadas. O relator prosseguiu:

— Referente a essas investidas, ele só fazia isso com você ou com mais alguém da casa? Mais alguém tinha queixa nesse sentido?

— Então, tem uma menor envolvida, mas isso eu vou falar em júri. Minha advogada me instruiu. Existem coisas que são para eu falar somente em júri.

Se, diante da juíza Nearis Arce, Simone negara qualquer relacionamento íntimo com Anderson, já na Câmara ela não se incomodava de falar de si própria, ao que tudo indicava, para tirar o foco da possível quebra de decoro.

— Então, Simone, [você] nunca teve nenhum tipo de relação com o pastor Anderson? — interpelou o relator.

— A única relação que teve foi na minha adolescência, uma brincadeira de escola. [...] foi o único relacionamento que eu tive com ele, o que não foi nada muito sério, foi coisa de adolescente. [Eu] devia ter uns 12, 13 anos, por aí — respondeu a testemunha.

Mais uma vez negando que a mãe soubesse de algum plano para matar o marido, Simone repetiria diante dos congressistas que dera dinheiro a Marzy para que ela mandasse executá-lo. E que esse valor fora tirado da quantia que o próprio Anderson lhe dera para ajudar nas despesas de seu tratamento contra um câncer. Simone, porém, não revelou quem atirou no pastor, talvez para proteger Flávio, que, ao que tudo indicava, teria sido o executor do crime. Prosseguindo no relato, a primogênita de Flordelis continuou a depreciar a imagem de Anderson:

— Ele era uma pessoa que fazia muito bem para a minha mãe, mas para todos da casa ele não era uma pessoa boa. [...] Ele era uma pessoa muito ruim de atitudes, um egocentrismo gigante. Peguei o dinheiro no desespero e pedi à minha irmã, Marzy: "Me ajuda, pelo amor de Deus, porque eu não aguento mais."

Simone disse ainda desconfiar que o padrasto pagava seu tratamento de saúde apenas para chantageá-la.

— Toda hora ele jogava [isso] na minha cara. "Olha como eu sou legal com você! Eu sou bom com você! Eu estou te ajudando! Você poderia me olhar com um olhar diferente, me ajudar... Se você contribuir comigo, dançar conforme a música, vai ser muito bom para nós dois." [...] Mas eu precisava do meu tratamento e não tinha coragem de contar à minha mãe. Primeiro, por amor, respeito e... minha mãe era e é ainda, tenho certeza, [...] pois conheço minha mãe, apaixonadíssima por ele.

A filha de Flordelis defendeu veementemente a mãe, o que levou Alexandre Leite a perguntar se ela, por acaso, chegaria ao ponto de assumir o papel de mandante do crime para livrar a deputada.

— Eu jamais tomaria as dores (*dela*). Tenho a minha vida. Quero viver, ver meus filhos crescerem. Se estou dizendo que fui eu, assumo a minha responsabilidade. Eu sei que errei. Minha mãe não tem nada a ver com isso. Jamais.

Janira disse ao Conselho que Flordelis não tinha condições de fazer perguntas à filha por causa do tema em questão e que caberia a ela, advogada, dar prosseguimento ao interrogatório em nome da cliente. Era o primeiro sinal de que Rollemberg estava saindo do caso, o que aconteceria dias depois. Janira perguntou a Simone se Anderson controlava os namorados dela. Ouvindo uma resposta afirmativa, Janira foi adiante:

— Você já foi fisicamente agredida pelo pastor? Quando e por quê?

— Já — respondeu Simone com um sorriso irônico. — Ele entrou no meu banheiro, eu estava me secando, ele me agarrou com força. Me jogou contra a pia, me segurou pelo braço, tentando penetrar em mim. Isso não deixa de ser uma agressão.

O relator lhe perguntou por que outros filhos de Flordelis seriam favoráveis a Anderson. Simone respondeu que os favoráveis à vítima eram ingratos. Disse ainda que "o sangue conta muito", referindo-se, provavelmente, ao fato de os principais apoiadores de Flordelis serem seus filhos e netos biológicos.

Andrea, mulher do ex-PM Siqueira, também depôs, repetindo o que já dissera em juízo e encerrando os depoimentos naquele dia. Em 6 de maio, Érica Dias, filha afetiva da pastora, também repetiria aos deputados o que já dissera em juízo. A expectativa agora recaía sobre o que Flordelis alegaria em sua defesa.

***

Ao longo do processo no Conselho de Ética, surgiria outra preocupação para a deputada: a preparação de sua defesa na ação penal pelo assassinato de Anderson. Isso porque, em 4 de maio de 2021, a juíza Nearis Arce decidiu que Flordelis e os nove réus (a pastora; cinco filhos; uma neta; Andrea e Siqueira) seriam julgados por júri popular. Flordelis precisaria se dividir para dar conta dessas duas demandas, mas a prioridade para ela, naquele momento, seria tentar salvar o mandato. Dias depois, ao dispor de seus 25 minutos para se defender, ela explicou por quê:

— O meu mandato é a chave que eu tenho para abrir portas, para ajudar pessoas das comunidades do meu estado. O meu mandato é para que eu continue lutando para tirar meninos e meninas do paredão da morte, como eu já tirei vários.

Em seu discurso, ela se disse vítima, principalmente da mídia:

— A minha história foi contada em um livro, [...] é a incrível história da mulher que venceu a pobreza e o preconceito para ser mãe de mais de cinquenta filhos. Essa mulher, da favela, negra, tem nome: Flordelis. Sou eu. Por que o rótulo de assassina, mesmo com réus confessos [*referindo-se a Marzy e Simone*], continua sobre as minhas costas? Porque a minha desgraça vende anúncios nos horários nobres.

Dirigindo-se à deputada, Alexandre Leite disse que a mensagem extraída do telefone de André, na qual ela mencionava que, apesar do desejo de se separar de Anderson, não poderia fazer isso, era incoerente com a afirmação dela, diante do Conselho, de que o relacionamento do casal era saudável. Flordelis rechaçou:

— Nunca falei em separação. Não havia motivos para isso.

— Quem falava em separação eram os seus filhos, as pessoas próximas. Vossa Excelência alegava que não poderia escandalizar o nome de Deus e a igreja. Ou seja, cogitou a questão da separação?

— Eu jamais cogitei me separar do meu marido. Separação não traz nenhum escândalo. Isso é uma inverdade.

— E quem escreveu a mensagem [*sobre a separação no celular de Flordelis*]?

— Eu jamais cogitei essa possibilidade de me separar do meu marido, porque ele me faz muita falta, inclusive até hoje — queixou-se, sem responder à pergunta.

Janira quis saber se o fato de o marido impor a ela uma mesada extraída do salário dela não caracterizaria uma relação abusiva:

— Deputada, no programa do [*Pedro*] Bial, [...] a senhora disse que os psicólogos e psiquiatras que a estavam atendendo estavam ajudando a senhora a enxergar os abusos que aconteciam no seu relacionamento, embora a senhora sempre tenha achado que era uma pessoa [...] protegida. [...] O que a senhora quis dizer?

— Se a senhora pegar, doutora, vídeos de cultos na nossa igreja-sede em que meu marido está pregando... Ele parava a mensagem e dizia: "Vou parar a mensagem, porque a pessoa mais importante da minha vida estará entrando no templo." Ele me fazia sentir a pessoa mais especial do mundo para ele.

— Mas não foi essa a pergunta que lhe fiz.

— Eu vou chegar ao ponto da resposta — redarguiu Flordelis, com a voz embargada. — E, de forma dura, mas para me tratar, e eu entendo que era para poder me curar, esses profissionais da saúde foram falando para mim que, depois do relato, principalmente da minha filha, esses tratamentos [de Anderson] que faziam eu me achar especial nada mais eram [do que uma tentativa] de abafar o que ele estava fazendo dentro de casa.

Em seu depoimento, Flordelis manteria a versão de que Simone mandara matar o pastor por ter sofrido "abuso". E, ao encerrar, apelou para que não cassassem seu mandato, porque seu objetivo agora seria voltado para o público feminino:

— Quero alertar as mulheres deste país para se amarem mais e tomarem cuidado ao amar alguém cegamente como eu amei. Como a Flordelis, com certeza existem outras mulheres que precisam ser acordadas, alertadas para isso, para que não sofram como eu estou sofrendo agora. E, também como mãe, quero alertar as mães a não amarem demais um homem e esquecerem de prestar atenção no que está acontecendo com seus filhos dentro de casa. Essa é uma bandeira que quero levantar.

* * *

Em 1º de junho, seria lida a conclusão do relator. Antes, porém, Janira passou a palavra ao advogado Jader da Silva Marques, contratado por Flordelis junto com outro criminalista, Rodrigo Faucz, para ajudá-las nessa fase. Marques fez uma defesa apaixonada da cliente. Ressaltou o fato de *Misael* não ter tido os sigilos fiscal e bancário quebrados, apontando que isso teria sido crucial, já que ele cuidava dos negócios com o pastor. O argumento visava derrubar a tese de que o crime fora motivado pela ambição da pastora e dos filhos de seu círculo de proteção, que buscavam poder e dinheiro.

— Matou para ficar com o dinheiro, Flordelis? Onde está esse dinheiro? Por que esse dinheiro não está contigo? — questionou, olhando Flordelis de frente.

O criminalista também abordou o fato de o crime ter ocorrido em casa:

— Ela organizou toda a morte do Anderson para derramar o sangue dele na casa onde ela vivia com 35 filhos?! [...] Esse é o plano maquiavélico e diabólico de uma mente perversa? Isso é ridículo para quem advoga na advocacia criminal, para quem investiga. Admira-me muito que dois profissionais da polícia [*Bárbara e Duarte*] tenham embarcado nessa.

Para Marques, se Flordelis quisesse matar o marido bastaria contratar dois motoqueiros na rua, tirando o foco da família. E, de modo dramático, pediu que o Conselho esperasse o término do julgamento de Flordelis na Justiça.

— Deixem o júri julgar. Este é o pedido: deixem o júri julgar!

Em seguida, Alexandre Leite leu seu voto, resultado de mais de quinze horas de depoimentos prestados ao Conselho e da leitura de 8 mil páginas de documentos extraídos do processo da 3ª Vara Criminal de Niterói, que, à época, já contava com cerca de 20 mil páginas. E concluiu que Flordelis ferira o Código de Ética da Câmara ao manipular provas (não entregando os celulares à polícia) e ao tentar transferir a responsabilidade do crime a Lucas (por meio da carta copiada na prisão). Nesse último caso, sustentou que Flordelis usara o mandato na tentativa de cooptar o filho, prometendo-lhe usar sua influência entre autoridades públicas para facilitar a defesa do jovem, caso ele viesse a assumir a autoria do crime. Por fim, o relator pediu a cassação de seu mandato:

— Diante disso, é de se concluir que o conjunto probatório reunido é apto a demonstrar a prática de irregularidades graves no desempenho do mandato, ou de encargos dele decorrentes que afetam a dignidade da representação popular.

Nesse momento, Flordelis pareceu chorar, embora não se vissem lágrimas em seu rosto. Negou o crime e suplicou que não fizessem com ela essa injustiça.

***

No dia 8 de junho, Flordelis entrou no plenário da Câmara, em Brasília, acompanhada de Janira. Elas haviam declinado da comodidade de se apresentar por videoconferência para que a defesa fosse feita *in loco*. Naquele dia, o Conselho de Ética decidiria se aceitaria ou não a indicação ao CCJC de cassação do mandato da deputada, proposta pelo relator. A advogada acusou o Conselho de julgar sua cliente pelo homicídio, o que seria atribuição do tribunal do júri. E informou que, conforme pesquisa do site G1, publicada em fevereiro de 2019, cinquenta dos 513 deputados federais — 10% da Casa — respondiam a processos criminais. Ela não mencionou, mas na lista de crimes constavam calúnia, injúria, difamação, corrupção, falsidade ideológica, furto, estelionato, lesão corporal, tortura — e, agora, homicídio.

Ainda conforme Janira, o julgamento do processo contra a deputada teria se antecipado a processos de vários congressistas já denunciados, o que — frisou — não era justo. E, eloquente, afirmou que havia parlamentares ali que se beneficiariam da cassação do mandato de Flordelis, por interesse no espólio de votos e até de igrejas da deputada.

— A cassação da deputada colocaria uma corda no pescoço de vocês, porque vai abrir um precedente. A mesma injustiça que está sendo cometida contra a deputada pode acontecer com outros parlamentares — gritou Janira, em tom de vaticínio.

O relator defendeu a isenção de seu trabalho também com veemência:

— Não fez parte da minha plataforma política ser inquisidor [...]. Esse Conselho não pode passar a sensação de impunidade. Esta [cassação do mandato] é a única bala de prata contra o manto da impunidade parlamentar [...]. O histórico de conduta de Vossa Excelência [Flordelis] vem sendo desconstruído dessa imagem altruísta pregada durante a sua eleição. Eu diria que, se existisse o crime de estelionato eleitoral, o conceito dele estaria embasado no seu caso.

Antes de a presidência do Conselho liberar para a votação, alguns deputados se pronunciaram sobre a importância da ética no Parlamento.

— São provas mais do que suficientes de que o seu agir [de Flordelis] não se coaduna com o comportamento que se espera de uma representante da população brasileira — disse Carlos Sampaio, do PSDB.

Na condição de suplente, Júlio Delgado, do mesmo partido, afirmou:

— A imagem do Parlamento se faz pela postura das pessoas que aqui estão. [...] Eu, infelizmente, digo para a senhora isto: o relatório do deputado Alexandre Leite foi perfeito, irretocável, profundo, contundente. E sei que ele não o fez com satisfação. Sei que ele o fez com parte do coração doído, mas ele tinha que fazer. Não pelo seu mandato, mas pela Casa.

Dos 21 titulares do Conselho de Ética, dezoito estavam presentes, entre eles o presidente, que só vota em caso de empate. Dezesseis parlamentares foram favoráveis a recomendar à CCJC a cassação; o único voto contra foi dado por um deputado fluminense, Márcio Labre, então no PSL. Flordelis recorreu da decisão, reafirmando inocência. A CCJC rejeitou suas alegações e o processo seguiu para o plenário da Câmara. Janira ainda tentou impedir a votação entrando com um mandado de segurança no Supremo Tribunal Federal, mas o recurso foi negado.

* * *

Dois meses depois, em 11 de agosto de 2021, a sessão que analisaria em plenário o pedido de perda do mandato de Flordelis por quebra de decoro seria aberta por seu presidente, Arthur Lira, do PP. Dos 513 deputados, 456 estavam na Casa (57 faltaram por motivos variados), e a sessão iniciou-se com a leitura do resumo do relatório de Alexandre Leite. Pouco depois, Flordelis subiu à tribuna:

— Vou continuar lutando para garantir a minha liberdade, a liberdade dos meus filhos e da minha família, que está sendo injustiçada. Desconstruíram minha imagem me chamando de frequentadora de casa de swing, mas não encontraram provas contra mim, porque não existem. Eu sou inocente. Desconstruíram minha imagem me chamando de feiticeira, coisa que não sou. Eu sigo a Deus.

Enquanto o discurso da deputada era transmitido pelo YouTube, no chat da Casa Legislativa a maioria dos internautas pedia sua cassação e sua prisão com mensagens como: "O povo pede justiça e a cassação de Flordelis" e "Eu votei nela, me arrependo muitíssimo e revogo o meu voto". No plenário, os criminalistas Faucz e Marques sustentavam que sua cliente estava sendo alvo de perseguição moral, política e religiosa, por ser oriunda de favela. Faucz acrescentou que a deputada era vítima de misoginia, machismo e racismo estrutural. Arthur Lira contra-atacou, afirmando que sempre agira em defesa de todos os parlamentares:

— Nós não somos juízes de direito. Nós, aqui, vamos fazer a penosa missão de discutir se [o parlamentar] cometeu falta de decoro ou não cometeu falta de decoro.

Mais cinco deputados puderam falar. Autor do requerimento pela quebra de decoro, Léo Motta ressaltou ser negro, evangélico e policial. E salientou não haver no julgamento nenhum cunho misógino, discriminatório ou machista.

— Foi um caso que trouxe constrangimento à Casa, e é nisso que quero me ater, onde houve, sim, quebra de decoro parlamentar — resumiu Motta, apontando que a deputada não apresentou provas que a tirassem da trama do assassinato de Anderson.

Amigo do pastor assassinado e integrante do grupo evangélico da Casa, Otoni de Paula, do PSC, contou que cogitara apresentar uma emenda para que a pena fosse convertida em suspensão do mandato, mas desistira ao ler o relatório de Leite.

— Conheço Flor, deputada Flordelis, e conhecia Anderson. São do meu estado. Eram membros da nossa igreja. Nada mais estarrecedor do que o que acabou acontecendo. E a pergunta para a qual talvez nunca tenhamos resposta é: por que isso aconteceu? O Anderson era meu "irmão". Subir nesta tribuna para falar contra a honra de um morto? Subir nesta tribuna para acusar Anderson de pedofilia? De violência sexual? Ora, se a deputada Flordelis sabia que convivia com um pedófilo, um abusador... Flor, por que não denunciou isso antes? — questionou ele, fixando o olhar na pastora. — Flor, eu liguei para o celular do Anderson no dia da morte dele e um de seus filhos me atendeu, Flor! Onde foi parar o celular, Flor?

A derrota de Flordelis no plenário seria acachapante. Dos 456 deputados presentes, 437 votaram a favor da cassação; sete votaram contra; e 12 se abstiveram. Além de perder o mandato, assumido por seu suplente, o deputado Jones Moura, a já ex-deputada ficaria inelegível até 2030, como previsto na Lei da Ficha Limpa. No dia seguinte, Flordelis saiu de Brasília e voltou para casa, em Pendotiba. Agora, sem a imunidade parlamentar, o Ministério Público poderia pedir sua prisão. Foi o que aconteceu.

Em 13 de agosto, 48 horas depois da votação final, a juíza Nearis Arce já acatava o pedido de prisão de Flordelis e policiais da DHNSG batiam em sua residência, no início da noite, para buscar a ex-deputada. Vestida de jeans e casaco preto, ela usava uma faixa marrom para prender a peruca castanho-escura. Nas mãos, uma Bíblia. Ao entrar no carro da Polícia Civil, ao lado de Janira, berrou para os repórteres que cercavam o veículo:

— Amo vocês, amo vocês! Fé em Deus!

Horas antes, ela fizera uma *live* nas redes sociais. Vestida de branco, com olheiras profundas e sem maquiagem, afirmara: "Orem pela minha vida e façam uma corrente de oração. Eu estou indo presa, mas estou indo de cabeça erguida. Porque eu não fiz nada. Não cometi nenhum crime. Não mandei matar o pastor Anderson do Carmo. Eu não fiz isso. Eu não sou nenhuma assassina. Eu não sou mandante de nenhum crime."

Flordelis foi levada ao Instituto Médico-Legal do Rio de Janeiro para o exame de praxe. Depois, seguiu para o Presídio José Frederico Marques, unidade de triagem localizada em Benfica, na Zona Central da capital, onde aguardou a audiência de custódia. Transferida para o Instituto Penal Santo Expedito, em Bangu, onde já estavam a neta Rayane e Andrea, a pastora acabou sendo encaminhada para a Penitenciária Talavera Bruce, visto que Nearis Arce determinara seu isolamento em relação aos demais réus. Sendo assim, Marzy, que estava encarcerada na Talavera Bruce, também em Bangu, foi designada para o Instituto Penal Santo Expedito. Como o sistema penitenciário na cidade tem apenas três unidades femininas, a juíza precisou fazer esse remanejamento.

No dia 16 de agosto, o diretório nacional do PSD expulsou Flordelis do partido, decisão oficializada alguns dias depois. A pastora já estava suspensa da legenda desde que fora indiciada na 3ª Vara Criminal de Niterói.

* * *

Ainda em junho, os advogados de Flordelis haviam pedido o afastamento de Nearis Arce do caso, alegando "suspeição", isto é, parcialidade por parte da juíza no Tribunal de Justiça. Segundo a defesa da pastora, a magistrada fora tomada por "uma emoção de raiva e antipatia incontestável" contra a ré. Já em setembro, porém, desembargadores da 2ª Câmara Criminal do Tribunal de Justiça fluminense rejeitaram o pedido. Janira, Faucz e Marques recorreram também da decisão de levar a ex-deputada a júri popular; o mesmo foi feito pelos defensores de Adriano, Simone, Carlos Ubiraci e Marzy, além da neta Rayane. Todos os recursos foram negados. A ex-parlamentar continuava tentando também livrar Flávio de uma possível condenação, uma vez que o julgamento dele e de Lucas, marcado para 23 de novembro, estava próximo.

Em outubro, a exemplo de Lucas, Flávio dispensou os advogados bancados pela mãe e passou a ser assistido pela Defensoria Pública, representada pela defensora pública da capital Renata Tavares da Costa, que teve somente um mês para se inteirar do complexo caso. A decisão de Flávio causou mais desgaste para a pastora, pois gerou enorme expectativa — a imprensa e a acusação acreditavam que, diante da juíza, ele confessaria ter sido o autor dos tiros que mataram Anderson, o que declarara inicialmente na DHNSG e depois negara, e que também apontaria a mãe como mandante do crime.

O dia 23 de novembro chegou e Flávio e Lucas tiveram de enfrentar o Conselho de Sentença, conforme o tribunal do júri é nomeado no jargão jurídico. Duas mulheres e cinco homens leigos, isto é, sem conhecimentos jurídicos, em sua maioria funcionários públicos, foram sorteados como jurados. Os sete ouviriam os depoimentos, as acusações e as defesas e decidiriam o destino dos dois réus no mesmo plenário onde haviam sido realizadas as audiências. Já nessa fase, a 3ª Vara Criminal era nomeada de 3º Tribunal do Júri.

A tese apresentada por Renata em prol do filho biológico de Flordelis soou inesperada para quem acompanhava o caso, pois fundamentava-se no fato de Flávio ter tido uma infância perdida, já que sua mãe dava mais atenção às crianças que recolhia nas ruas do que a ele. O argumento assemelhava-se àquele adotado por Jorge Mesquita, defensor público de Lucas, que visava provar que o filho adotivo de Flordelis era um dos mais desprestigiados na família.

Nessa etapa, o promotor Carlos Gustavo Coelho contaria com uma colega para auxiliá-lo na acusação, a promotora Fernanda Neves Lopes. Ao contrário de Renata, Fernanda tinha familiaridade com o caso, pois havia participado de algumas diligências em torno do homicídio, além de se sentir à vontade por já ter trabalhado naquela Vara Criminal de Niterói. As duas se destacariam, uma pelo lado da defesa e outra pelo lado da acusação. A juíza Nearis Arce assumiu a presidência dos trabalhos, com a presença do assistente de acusação Angelo Máximo.

O julgamento teve início às 13h50. Na plateia, nas primeiras filas do canto esquerdo, de frente para o plenário, estavam os advogados dos réus cujo julgamento ainda não havia sido marcado. A magistrada permitiu que eles acompanhassem os trabalhos junto com a imprensa, mas proibiu gravações e filmagens. A sessão entraria madrugada adentro, terminando às 5h45 do dia seguinte, após quase dezesseis horas interrompidas apenas para lanches rápidos e idas ao toalete.

Havia menos testemunhas do que nas audiências anteriores, mas praticamente todas já tinham sido ouvidas na primeira fase. Estavam lá: Bárbara Lomba e Allan Duarte; os "filhos" de Flordelis *Luan*, *Misael* e Roberta; Regiane, ex-patroa de Lucas; e o motorista Gordinho, convocado pelo Ministério Público. Como foi Gordinho quem indicou o ponto de venda da arma a Flávio e Lucas e transportou o segundo a Maria Paula na madrugada do crime, seu depoimento era crucial. Mesmo havendo imagens que provavam que Lucas saíra de Pendotiba antes do assassinato, Gordinho reiteraria esse ponto, ao testemunhar que o grupo deixou o local antes da confusão. Chamada a depor, Carmozina acabou dispensada pela defesa de Flávio para não alongar a sessão.

Apesar do clima carregado, houve momentos de descontração, em geral proporcionados pela defensora pública. Coordenadora de grupos de estudo na Baixada Fluminense na área de direito, Renata levou para o 3º Tribunal do Júri vários alunos, que se acomodaram no fundo do salão. O julgamento funcionaria como uma aula prática para eles — por diversas vezes Renata sairia do lugar destinado às defesas para sentar-se com os alunos, na plateia. Inquieta, uma característica de sua personalidade que chamava atenção, protagonizou um momento insólito em um tribunal diante da delegada Bárbara Lomba, primeira testemunha da acusação. Com espontaneidade e um carregado sotaque carioca, ela elogiou a delegada:

— Sou fanzoca do seu trabalho. Acho o máximo essas mulheres superpoderosas... Eu vim lá do Rio de Janeiro para te fazer essas perguntas — declarou, entusiasmada, referindo-se ao fato de o julgamento acontecer no município de Niterói e não na capital.

Em seguida, Renata deu início ao interrogatório representando Flávio. Bárbara relatou que quando o filho de Flordelis esteve preso na DHNSG percebeu que ele se incomodava com a transformação da família em uma "espécie de negócio":

— Percebi, pela expressão facial de Flávio, que ele não suportava aquele tipo de relação [*familiar*]. O pastor viu [*ali*] uma relação empresarial. [Mas] houve pessoas dentro da casa que fugiram porque viviam quase aprisionadas.

Aproveitando-se da fala da delegada, Renata emendou:

— Ele [*Flávio*] é o grande rejeitado. A grande candidata à política é a Flordelis e depois, quem é? É o filho biológico? Não, é o *Misael*. Então, senhoras e senhores, o privilegiado é o Flávio? Não! Consta, senhores jurados, que ele vivia com a família no Jacarezinho. Consta também que os pais resolveram se separar e ele ficou sozinho... Ele não queria dividir suas coisas com um monte de adolescentes que não tinham nada a ver com ele. Você quer a sua mãe dividida com um monte de filhos com os quais você não tem intimidade? Você se desilude. Isso traz revolta e ele vai viver com a avó. Com isso, ele se afasta dessa família que ela [*Flordelis*] resolveu criar com Anderson.

A partir daí, a defensora passou a criticar o teor das provas colhidas. Lembrou, por exemplo, que a confissão de Flávio na delegacia, quando admitiu ter atirado em Anderson, fora extraída sem a presença de um advogado. Rebatendo Renata, o promotor Carlos Gustavo disse que as provas contra Flávio eram robustas, no que foi apoiado pela promotora Fernanda.

— Não aceito que venha aqui se falar que a confissão foi forjada, que esse réu foi torturado, porque todos os direitos foram respeitados. Ele conta friamente detalhe por detalhe do crime. Em momento algum demonstra motivo para arrependimento — manifestou-se Fernanda, acrescentando que, pelo contrário, as testemunhas é que foram coagidas por parentes de Flordelis a não falar contra a família, e que elas mereciam respeito pela coragem de vir a público depor.

Apesar de toda a expectativa gerada em torno de um possível depoimento de Flávio, ele se manteve calado. Há informações de que teria sido orientado pela Defensoria a ficar em silêncio. Mas, calado, ele, implicitamente, reafirmava sua última declaração, na qual negava participação no crime. E, ao não se pronunciar, ele claramente também se isentava de incriminar a mãe sobre a questão da carta.

A tese de que Lucas era do grupo dos injustiçados na numerosa família também embasou a defesa tecida por Mesquita. Mencionando que se tratava de um menino negro, pobre, órfão, numa família de 55 filhos, ele considerou Lucas um "enjeitado":

— Ele [*Lucas*] se viu perturbado por todas essas questões sociais, envolvendo-se com o tráfico de drogas. Mesmo sendo cobiçado [*cooptado*] para a prática do crime [*morte do pastor*], ele tinha resquícios de moralidade. Era chamado para a prática de crimes na própria família. Será que o Lucas, jovem de 18 anos, saberia da responsabilização por ajudar na compra da arma?

Preso no bojo das investigações em torno do assassinato do pastor, Lucas responderia por tráfico de drogas em outro momento, em outra Vara. Essa questão, aliás, ainda corria na Vara da Infância e Juventude de Niterói, porque Lucas era menor de idade quando foi apreendido em flagrante.

***

A ansiedade era grande na plateia. Entretanto, à medida que o julgamento se estendia pela madrugada, o salão se esvaziava, tornando o ambiente cada vez mais gelado pela potência do ar-condicionado central. No fim da audiência, restavam apenas Janira e um pequeno grupo de jornalistas nas cadeiras. Após as réplicas e tréplicas da acusação e da defesa, encerraram-se as oportunidades para convencimento do júri e a juíza pediu que todos deixassem o recinto por certo tempo. Exaustos, os sete jurados foram para outra sala, a fim de decidir o veredito.

Em meia hora, todos foram chamados de volta. O momento era solene e tenso. A juíza anunciaria: Flávio fora condenado a 33 anos, dois meses e vinte dias de prisão por homicídio, porte ilegal de arma, uso de documento falso e associação criminosa. Já a pena de Lucas seria de sete anos e meio — se, por um lado, ele ajudara Flávio a comprar a arma, por outro, contribuíra com as investigações. Dias depois, porém, o Ministério Público recorreria da decisão da pena de Lucas, por não ter sido levado em conta que o rapaz era filho adotivo da vítima, daí a pena ser aumentada e fixada em nove anos. Como a Constituição prevê igualdade entre filhos adotivos e biológicos, todos estão sujeitos às consequências da lei penal.

Ao ler a sentença, Nearis Arce disse que o assassinato de Anderson destruíra a fachada de "família perfeita", pregada nas igrejas do clã. E prosseguiu:

— As consequências do delito foram desastrosas, diante dos inquestionáveis danos psicológicos causados a toda a numerosíssima família, integrada também por menores de idade, na qual ocorreu uma "quebra", restando esta totalmente desestruturada após a empreitada criminosa, afastando e gerando animosidade entre diversos de seus integrantes, inclusive com a mudança de residência de alguns deles.

A magistrada fez constar que Renata recorreria da decisão em relação a Flávio, que, ao ouvir a sentença, levou as mãos à cabeça em sinal de desespero. Já a reação de Lucas foi de relativa tranquilidade. Preso havia mais de dois anos, sua defesa poderia requerer uma abreviação da condenação a partir de benefícios previstos em lei.

EPÍLOGO: SALVANDO VIDAS

Os tiros que mataram o pastor Anderson do Carmo em 16 de junho de 2019 atingiriam, também de forma irreversível, o prestígio de Flordelis construído pelo casal nos meios evangélico, artístico e político em quase trinta anos de convivência. Além disso, a pastora veria a família desintegrar-se e o sonho da casa própria se esvair — o empresário Carlos Werneck aguardava o julgamento de Flordelis para decidir o que fazer com relação ao financiamento do imóvel de Pendotiba. Os diversos indícios de que o homicídio fora tramado por integrantes do grupo mais íntimo da pastora — quase todos pertencentes ao "núcleo original" — haviam deixado perplexos os seus milhares de fiéis. E todos aqueles que admiravam o seu trabalho assistencial. Apesar da brutalidade do crime, a favor de Flordelis disseminou-se o consenso em certos segmentos da sociedade de que ela havia proporcionado a dezenas de meninos e adolescentes uma vida mais digna, em um ambiente solidário e protegido, do que a maioria certamente teria, não tivesse sido amparada em sua casa.

Independentemente de Flordelis e Anderson usufruírem os benefícios sociais e financeiros advindos da condição de serem "pais de 55 filhos", conforme os dois alardeavam, fato é que salvaram vidas e ajudaram crianças órfãs ou abandonadas a seguir em frente. O próprio pastor Carlos Ubiraci, acolhido na juventude pela missionária em meio a um quadro agudo de dependência de drogas e compromisso com o tráfico, costumava repetir em seus testemunhos de fé que, com Flordelis, ganhara uma nova chance na vida. Apresentado nas igrejas como modelo de recuperação de ser humano "desviado dos propósitos de Deus", ele ficara encarcerado no Presídio Evaristo de Moraes por virar réu no processo do homicídio contra Anderson. Mas, segundo sempre fizera questão de afirmar, sem Flordelis já estaria morto há tempos. Outros jovens que passaram pela casa desenvolveram históricos semelhantes de superação.

Tendo descoberto a vocação para pastor no convívio com Flordelis, Carlos Ubiraci chegou a ministrar cultos para os companheiros de cela. Como a igreja que comandava fora fechada, ele pedira a Cristiana que organizasse a documentação para fundar a congregação Ministério Yeshua, Há Um Milagre À Sua Espera, a ser conduzida por ambos quando ele saísse da prisão. O nome, que gera estranheza entre evangélicos, buscava traduzir o sentimento da família de Carlos Ubiraci, que aguardava o seu julgamento e a sua liberdade como quem espera um milagre. Desde crianças, revela Cristiana, os dois nutriam a expectativa de seguir um caminho de fé lado a lado, mas Flordelis sempre lhes cobrava fidelidade. A fundação do templo, cuja papelada já tramita pelas instâncias burocráticas, poderá ser o primeiro passo nessa direção. Enquanto isso, Cristiana vive dos serviços ocasionais que presta como esteticista e trabalhadora doméstica e da ajuda ocasional de fiéis da antiga igreja de Piratininga.

Com os conflitos surgidos na casa de Pendotiba após a morte de Anderson, Cristiana foi embora, sem rumo definido, levando consigo a filha adolescente, Rebeca — Raquel e Roberta já estavam crescidas. Passou a cuidar também do marido enquanto ele estava na prisão, levando-lhe alimentos e produtos de higiene, tarefa comum entre os parentes de detentos porque o sistema só fornece as refeições básicas, nem sempre de qualidade. Nesse meio-tempo, a mulher de Carlos Ubiraci se reencontrou com a mãe, já doente. Cristiana apegara-se à família de Flordelis desde que, aos 9 anos, fora salva da enchente pelos vizinhos e sensibilizara Simone, da mesma idade, que se tornou sua amiga. Por ciúme do convívio da filha com a pastora, a mãe de Cristiana a abandonara e, entre as duas, as mágoas permaneceram vivas. Mas Cristiana diz sentir compaixão pela mãe e afirma que o respeito sempre existirá entre elas. Ela confessa:

— Não dá para morarmos juntas, mas os remédios dela eu tento ajudar, correndo atrás. Não vou abandoná-la.

***

Entre os detentos acusados de estarem envolvidos com a morte de Anderson, Flávio é um dos que menos recebem visitas. Condenado a 33 anos, dois meses e vinte dias de prisão em 23 de novembro de 2021 — ano em que completou 40 anos —, o filho biológico de Flordelis vem sendo acompanhado informalmente pela advogada Janira Rocha, a pedido da pastora. Mas quem tem buscado suprir as necessidades mais íntimas e imediatas de Flávio é mesmo a avó Carmozina, que jamais escondeu dos outros netos a predileção por ele. Volta e meia ela vai visitá-lo em Bangu 1, acompanhada da filha Eliane. O outro neto de Carmozina também preso, Adriano, tem na esposa, Marcelle, seu porto seguro. Marcelle e os dois filhos permaneceram morando em Camboinhas com os pais dela, Luciano e Gleice, ex-assessores de Flordelis. Quando a pastora perdeu o mandato, Luciano tornou-se secretário parlamentar do deputado federal Hugo Leal, do PSD.

Já Marzy, filha de criação do casal de pastores, recebe apoio da mãe biológica, Maria Lucia Teixeira da Silva, com quem intensificou a convivência desde o homicídio. O pai de Marzy, Maurício da Silva, tem cumprido os procedimentos de praxe para tirar a carteira de visitante e poder estar ao lado da mulher no amparo à filha, que também conta com o apreço de Douglas de Almeida Ribeiro, irmão afetivo criado na casa de Flordelis com quem desenvolveu forte afinidade. A presença deles é mais do que necessária.

— Marzy estava vendendo cigarros na prisão, cada um saía por R$ 10 — detalha a psicóloga Paula do Vôlei. — Isso era para tentar comprar as coisas que precisava no seu dia a dia lá dentro, mas ela foi ficando muito mal da cabeça...

Paula e Janira, que também dá assistência jurídica a Marzy, revelam que em março de 2022 a jovem não aguentou a dura vida na prisão e tentou atear fogo em si mesma. Acudida a tempo, agora conta com atendimento médico e psicológico.

***

Além de Marzy e Cristiana, outros "filhos" de Flordelis retomaram contato com as famílias biológicas. Foi o caso de *Misael*, que procurou a mãe no Jacarezinho, onde ambos viviam quando ele era criança, e lhe pediu perdão por ter se afastado após se mudar para a casa de Flordelis. Talvez para demonstrar publicamente que cortou relações com a pastora, o ex-vereador passou a postar fotos com a mãe em suas redes sociais. Numa das imagens exibidas no Instagram, em que aparece ao lado dela e do filhinho, ele escreveu: "Minha mãe e meu filho, minhas preciosidades." A aproximação teve início após o crime, em plena campanha para a reeleição como vereador de São Gonçalo, no pleito de 2020, no qual concorreu pelo Podemos e não mais pelo PMDB. "Infelizmente, faltaram apenas cinco votos para nossa reeleição. A missão continua", declarou a seus seguidores.

Impactado com tantas reviravoltas, *Misael* se deu conta de que precisava enfrentar uma questão particular — a dificuldade de assumir a identidade anterior adotando o próprio nome: Wagner Andrade Pimenta. Considerado "anjo" por Flordelis, tivera seu nome trocado para *Misael* aos 12 anos; quando Anderson foi assassinado, *Misael* tinha 40. Foi muito tempo. Anjo ou não, foi ele quem primeiro apontou a mãe afetiva como a "mentora intelectual" para os investigadores, auxiliado por Daniel. Foi ele também quem convenceu Daniel a sair da casa de Pendotiba depois do homicídio. O rapaz tinha 21 anos quando perdeu, de forma trágica, o pai que o criara. Assim, ficou mais afeiçoado ainda ao "irmão" e à cunhada, Luana, chegando a ir morar com eles. O casal se esforça para ajudá-lo a superar ao menos quatro traumas vividos quase simultaneamente: a morte de Anderson; a descoberta de que fora enganado quanto à sua origem; a suspeita de que sua mãe tramara a morte de seu pai; a prisão da mãe e de vários irmãos de criação. A ajuda tem funcionado e Daniel está conseguindo seguir adiante. Hoje, trabalha com o casal numa empresa de distribuição de produtos alimentícios e está noivo de Manuela.

O talentoso pastor *Luan*, filho afetivo que desempenhava a função de cantor nas apresentações da família e que, após o crime, juntara-se a *Misael* na acusação à mãe, revelando aos investigadores detalhes suspeitos no comportamento de Flordelis, comentaria com pessoas próximas sentir-se mal com a própria atitude, ainda que não se arrependa dela. Pertencente ao "núcleo original", porém sem envolvimento com o crime, ele sempre enfatizou perante a Justiça buscar a verdade, fosse ela qual fosse, mas os sentimentos de afeto e de gratidão por Mãe Flor permanecem fortes. Daí o conflito interior. Transformado em anjo, tal qual o irmão afetivo, também *Luan* deixara para trás o verdadeiro nome — Alexsander. E ele não tem achado fácil voltar no tempo para resgatar uma identidade terrena, sem querubins.

Na época do homicídio, *Luan* já tinha se casado e saído de casa, momento em que reencontrou a família biológica e optou por seguir um rumo independente, embora com dificuldades financeiras. Levava uma vida tão simples em São Gonçalo que precisava pedir ternos e sapatos emprestados para fazer apresentações nos cultos para os quais era convidado. Flordelis tentara incriminá-lo e a *Misael* como mandantes do homicídio, por causa do imbróglio que culminara na carta copiada por Lucas na prisão. Tentara também comprar o silêncio de *Luan* oferecendo-lhe passagens para os Estados Unidos, já que seu maior desejo é morar naquele país com a mulher e o filhinho e ali deslanchar a carreira de cantor gospel. Mas ele renunciou a esse projeto ao recusar as passagens, e depôs contra a mãe que o criou e o ensinou a cantar. Hoje, com o apoio da mulher, atua como pastor e cantor nas igrejas que o respeitam. Como o próprio Anderson, ele completou 42 anos de idade no ano em que o pastor morreu.

Também Lucas, que tinha 18 anos na época do crime, viveria conflitos psicológicos profundos. Por ter revelado a trama arquitetada na casa, uma vez que admitiu na delegacia ter recebido duas propostas para acabar com a vida de Anderson, seu depoimento foi fundamental para que Flordelis perdesse o mandato e fosse encarcerada. Lucas, contudo, teria confidenciado a Regiane, sua protetora, sentir desconforto por ter contado a verdade em seus depoimentos. Desconforto não só pelo amor que sentia pela mãe adotiva, mas também porque tinha orgulho de ser filho de uma deputada federal. Regiane conta que, ao perceber esse detalhe, deu-lhe um puxão de orelha por ousar pensar em posição social num momento tão dramático. Quanto ao carinho do jovem por Flordelis, Regiane diz compreender e reitera sua posição de "guardiã":

— Não posso abandonar o Lucas. Tenho um compromisso com ele. Selamos o pacto de que, se ele falasse a verdade, eu estaria sempre a seu lado.

Condenado a nove anos de prisão, Lucas tem planos para quando ganhar a liberdade: trabalhar como motorista. Ele sequer tem habilitação, mas Regiane pretende ajudá-lo a realizar esse projeto. A paixão que o rapaz sempre demonstrou por carros, e que o fazia parar diante da oficina de Regiane, fascinado, não se perdeu, afinal.

* * *

Com a morte de Anderson e a prisão de Flordelis, os que permaneceram na residência da família viram desaparecer as principais fontes de renda para a manutenção do lar: o salário da deputada, as contribuições diversas, as doações recebidas nas igrejas e o dinheiro arrecadado com os shows-combo. Os desvalidos, como os irmãos de Lucas, não arredavam o pé da casa. Outros, aproveitando os carros que ali ficaram, começaram a enfrentar o mercado de trabalho como motoristas de aplicativo; outros, ainda, se dispuseram a vender bolo de pote nas cantinas de algumas igrejas. Nada muito rentável.

Já na família de André e Simone, a confusão foi maior: não apenas ambos estavam presos, como também Rayane, a filha mais velha, registrada como biológica pelo casal. Quando foi algemada, Rayane tinha 27 anos e dois filhos pequenos, um deles com seis meses de vida. Na cadeia, ela diz que tenta não pensar na falta que as crianças lhe fazem, uma vez que o marido, Luiz Felipe, além de não visitá-la, não permite que os garotos a vejam.

— Apesar da dor de não ver os filhos, ela é a que tem se virado melhor dentro do sistema penitenciário, onde tudo é negociado — relata Paula do Vôlei. — Ela sabe se articular com as presas. Faz o cabelo delas e, assim, tem o próprio dinheiro para comprar coisas na cantina.

Desde o fatídico 24 agosto de 2020, quando Simone e André foram levados por policiais, seus três filhos biológicos — Lorrane, então com 24 anos, Ramon, com 21, e Rafaela, de 19 — tornaram-se os responsáveis pelo filho adotivo do casal, de 5 anos. Os quatro chegaram a ir morar no apartamento de *Misael*, em São Gonçalo. Ao descobrirem que o imóvel estava em nome de André, pediram a saída da família de *Misael*, voltaram para Pendotiba, onde tomaram posse da casinha no quintal em que haviam vivido Cristiana e Carlos Ubiraci, e alugaram o imóvel de São Gonçalo a fim de terem uma renda fixa. Para resolver problemas de escola do menino, Lorrane pediu e a Justiça lhe concedeu a guarda da criança.

Lorrane ainda tentou substituir Flordelis nos cultos da igreja Cidade do Fogo, no Mutondo, a fim de manter vivo o legado do Ministério Flordelis, mas o valor do aluguel ficou além de suas possibilidades e, segundo a advogada Janira, o galpão foi entregue aos proprietários. Lorrane, o produtor cultural Allan Soares, que Flordelis apresentou nas redes sociais como namorado após a morte de Anderson, e Rafaela, cujo maior sonho é ser jogadora de futebol, mantiveram as redes da pastora na internet ativas, um meio usado sobretudo para pedir sua liberdade. Autodenominados "Intercessores de Flordelis", algumas de suas *lives* eram gravadas em igrejas.

Numa das postagens, os filhos de Simone e André entoam os hits da cantora e pedem orações para os prisioneiros "injustiçados". Curiosamente, só invocam o nome da avó, embora tenham os próprios pais, a irmã Rayane e dois tios biológicos (Flávio e Adriano) presos pelo mesmo motivo: associação criminosa para assassinar o pastor. Pelo Instagram, Lorrane certa vez expôs um ensaio fotográfico feito na casa e intitulado "Entre quatro paredes", aparentemente uma alusão à situação dos familiares encarcerados. No entanto, como as imagens não reproduzem partes da casa nem pertences dos parentes transformados em réus, tendo como foco o quarto e as roupas da própria Lorrane, além de *selfies* sensuais, é de supor que o ensaio visa expressar muito mais os sentimentos da jovem, explicitados no título. É Lorrane ainda quem cuida das necessidades de André, Simone e Rayane na cadeia, alternando os dias de visita para atender a todos.

A advogada Daniela Grégio tentou fazer com que Simone fosse julgada antes dos demais, alegando suspeita de retorno do câncer da detenta, uma vez que a filha de Flordelis dizia sentir sintomas físicos. Entretanto, como a juíza Nearis Arce pretende julgar todos os réus da segunda fase na mesma audiência, mostrou-se irredutível quanto a separar processos. Mas liberou Simone para manter a rotina de exames.

* * *

A casa de Flordelis perdeu moradores, mas também ganhou novos, caso de um bebezinho fruto do relacionamento da filha adotiva Annabel com um ex-namorado. Sua irmã, Isabel, é quem assumiu a incumbência de administrar as engrenagens do lar, ao lado de Érica Dias, filha afetiva dos pastores que vinha cumprindo sozinha essa função desde a prisão de Flordelis, certamente por ser a mais velha. Na época, Érica estava com 34 anos, enquanto Isabel tinha 21, e Annabel, 20. A Isabel caberia ainda cuidar das finanças e ficar disponível para as demandas de Flordelis na Talavera Bruce, levando-lhe alimentos especiais por conta de seus problemas de estômago. Além de Isabel, somente Carmozina e Eliane — irmã de Flordelis — estavam autorizadas a visitá-la na penitenciária.

Flordelis fora instalada no Setor Especial do presídio, onde ficam as detentas que revelam algum tipo de comorbidade. Conforme explica Janira, a pastora toma medicamentos para uma isquemia e um acidente vascular cerebral sofridos há certo tempo. Caso não se medique corretamente, segundo a advogada, pode apresentar desmaios e enxaquecas. O setor é reservado também às gestantes que aguardam a hora do parto. Foi entre elas que o carisma da pastora mais teve acolhida. De acordo com Paula do Vôlei, Flordelis oferece um alento às detentas com seus cultos ministrados nos fins de tarde, intercalados com canções cheias de mensagens sensíveis. Ainda conforme Paula — que não foi autorizada a visitar Flordelis e com ela se comunica por cartas —, a pastora, em geral, se apega às detentas. Quando elas dão à luz e são remanejadas para outras alas, ou liberadas para cuidar do bebê em casa, Flordelis sente falta delas.

No dia em que a pastora descobriu que as colegas de cela gostavam especialmente de seus cremes para o rosto, adquiridos na época em que viajava para os shows-combo, teve a ideia de lhes vender esse tipo de produto. Então, pede a seus raros visitantes que levem cremes semelhantes para ela e, por uma pequena quantidade, o suficiente para preencher a tampa do frasco, cobra R$ 30. Essa atividade, além de gerar alguma renda, tem distraído Flordelis na cadeia, enquanto, do lado de fora, Janira se empenha para livrá-la de uma pena pesada. A estratégia da advogada é usar, diante do tribunal do júri, a tese de que Anderson abusava de várias mulheres na casa. Segundo Janira, Simone teria mandado matar o pastor justamente para lavar a honra de todas elas. A tese tomou corpo nas audiências do Conselho de Ética da Câmara, que acabaram servindo de balão de ensaio para que Janira costurasse cuidadosamente os fios de sua argumentação.

A advogada conta que, com a ajuda de Paula do Vôlei, usou a própria experiência de vida para persuadir algumas das "filhas" de Flordelis a tornar públicas as investidas supostamente promovidas pelo pastor. Para criar empatia, a advogada abordava o assunto com elas revelando que havia sofrido abuso por parte do avô aos 8 anos. E, para estabelecer um clima confessional, a conversa era sempre conduzida no ambiente doméstico da casa de Pendotiba.

— Escolhia a cozinha por ser o local de circulação delas — relembra.

Assim, ela teria provocado Lorrane e Rafaela, além de Érica e Isabel, a discorrerem sobre a relação delas com o pastor.

— Algumas paravam na cozinha para contar o que acontecia na casa, principalmente os abusos sofridos por Simone e as propostas sexuais feitas a Rayane — relata Janira, afirmando que pretende beneficiar também Rayane com essa linha de defesa que visa macular a imagem da vítima.

A advogada pontua que o grupo acabou se organizando e hoje todas fazem terapia em unidades públicas.

— Vi que precisavam. Uma delas me disse: "Meu pai era um monstro!"

Janira diz que quer levar ao julgamento de Flordelis, além dos testemunhos e dos laudos médicos e psicológicos das jovens, documentos que confirmem que sua cliente ainda se ressente com lapsos de memória por conta das doenças que sofreu, e que por isso ela não tinha condições mentais de planejar crime algum.

— Anderson a manobrou por um bom tempo. Ela tem um lapso de cinco anos sem memória. Estamos pegando laudos com especialistas para montar o perfil psicológico dela. Flor me disse assim: "Eu era só medo. Como se fosse uma aleijada numa cadeira de rodas. Ele [*Anderson*] só me empurrava. Eu achava que ele me protegia. Ele era a primeira coisa para mim na face da Terra."

Os filhos, no entanto, não se lembram dessa fase de esquecimento da pastora.

A advogada revela também que sua intenção é desvelar em juízo quem era "o verdadeiro" Anderson:

— Ele olha para Flordelis e vê que ela tem potencial: possibilidade para abrir mais e mais igrejas e crescer na política. A ambição dele o transformou num demônio dentro de casa — descreve Janira, acrescentando que Anderson já tentara sufocar Flordelis com um travesseiro.

O que Janira não explica é por que Anderson iria querer matar sua maior fonte de renda, a esposa. Além disso, como Flordelis teria conseguido se tornar uma pastora respeitada, uma cantora famosa e a candidata a deputada federal mulher mais votada no estado do Rio de Janeiro em 2018 com tantas restrições mentais e tantos lapsos de memória? Como ela teria conseguido enganar tanta gente? E como tanta gente teria se deixado enganar por ela?

Nas *lives* de Flordelis, via-se ali uma mulher com desenvoltura, não uma pessoa com limitações de movimento. Aliás, para cantar louvores evangélicos é preciso ter capacidade de decorar as letras das músicas. Soa compreensível que um advogado tente apelar para expedientes os mais diversos, a fim de tentar provar a suposta inocência do cliente que lhe paga os honorários, embora Janira afirme nada receber como defensora da ex-deputada. Mas, para a promotoria, há evidências que revelam um outro lado da pastora pouco conhecido de seu público. É o caso da transcrição da conversa mantida por WhatsApp entre Flordelis e André na qual ela chama o marido de "traste". No diálogo, extraído do celular de André, ela pede ajuda ao filho de criação para se ver livre de Anderson, o que significa que ela precisava de ajuda para executar o crime. Assim, a defesa terá de trabalhar arduamente para encontrar uma forma de isentar Flordelis do mando.

O advogado Rollemberg, ainda à frente da defesa da pastora e alinhado com a advogada Daniela Grégio, julgou que o melhor momento para Simone assumir a condição de mandante do crime seria diante do tribunal do júri. De fato, foi ao longo de seu depoimento à juíza Nearis Arce que a ré afirmou conhecer o plano para matar o padrasto e admitiu o mando. Marzy teria participado da trama apenas para ajudar Simone a encontrar um matador, mas sem sucesso. Após a contratação de Janira, essa versão do assassinato ganharia o requinte de tentar beneficiar, de uma só tacada, Flordelis, Simone, Rayane e até Marzy, já que então a primogênita da pastora não estaria somente inocentando a mãe, estaria também vestindo a pele de heroína. Afinal, teria matado o padrasto por legítima defesa da honra das mulheres da família.

No diálogo com André via aplicativo, o dilema da pastora diante das duas únicas opções que conseguia enxergar para "livrar-se" de Anderson — matá-lo ou pedir o divórcio — é explicitado nitidamente por ela no seguinte trecho: "Fazer o quê? Separar dele não posso, porque senão ia escandalizar o nome de Deus." Para o pastor, teólogo e deputado federal pelo PL Sóstenes Cavalcante, essas duas frases de Flordelis são emblemáticas de uma complexa questão que envolve fundamentos evangélicos:

— Não se fala isso no púlpito, porque seria acusado de heresia, mas a igreja evangélica só aceita que a pessoa se separe quando o cônjuge trai. Mesmo assim, isso poderia virar um escândalo internamente, pois quem trai é [*sempre*] execrado. Então, seguindo esse raciocínio, seria, em tese, mais fácil mandar matar [*do que separar*]. Deus não perdoa assassinos? Matar, no conceito teológico, permite que Deus perdoe. Mas, no caso de adultério, não há perdão. A questão da separação é mais complexa ainda entre os féis da Assembleia de Deus.

Assim, a ideia de assassinar alguém, de acordo com o conceito teológico pentecostal, explica o pastor, traz embutido o contexto de que Deus perdoa e ama o assassino.

— Lógico que o crime de homicídio é bem pior [*do ponto de vista da lei dos homens*], mas como Deus perdoa o assassino passa-se uma mensagem aos pentecostais de que matar não seria tão grave, se compararmos com a separação, que praticamente não é admitida, não é bem-vista. O tema é complexo e precisa ser enfrentado entre os evangélicos — reconhece Sóstenes, que conviveu com o casal.

Ao ser questionada sobre sua motivação para o crime, da cadeia Flordelis manda sua resposta, por meio de Janira, dizendo que é vítima de calúnia e que Flávio é inocente.

***

Em 12 de abril de 2022, teve início o julgamento de Carlos Ubiraci, de Adriano, filho biológico de Flordelis, e do casal Andrea e Marcos Siqueira. Previsto para o mesmo dia, o julgamento de André foi adiado para o dia 6 de junho por conta do adoecimento de seu advogado e, posteriormente, para 12 de dezembro de 2022. De todos os familiares presos, Carlos Ubiraci era o que apresentava menos evidências de envolvimento direto com a morte de Anderson. De início, mentira para a polícia ao assegurar que Daniel era filho biológico do casal de pastores. Depois, admitira na delegacia que tanto ele quanto outros "filhos" haviam ocultado a verdadeira origem do jovem por exigência de Flordelis e Anderson, o que, no entanto, não estava em julgamento. Carlos Ubiraci viu a mulher, Cristiana, ser internada após tomar um suco — provavelmente envenenado — destinado a Anderson, mas se omitiu diante do episódio. E novamente mentiu para os investigadores ao declarar não saber de nenhum plano para assassinar o pastor — motivo que o transformara em réu.

Em seu julgamento, Carlos Ubiraci resolveu se redimir por sua omissão. Ao depor mais uma vez diante da juíza da 3ª Vara Criminal de Niterói, Nearis Arce, e pela primeira vez diante do júri que daria o seu veredito, ele afirmou, com voz firme e serena:

— Acredito que ela [*Flordelis*] tem participação, sim [*no assassinato*].

Naquele momento, pela expressão estampada em seu rosto, Carlos Ubiraci pareceu se libertar de algo muito profundo. Tudo indicava que, por gratidão a Flordelis, por querer protegê-la, ele vinha se omitindo. Nem mesmo o Ministério Público, órgão acusador, encontrara provas contra Carlos Ubiraci, embora ele estivesse sendo mantido numa cela havia um ano e sete meses. Não à toa o promotor Carlos Gustavo Coelho de Andrade, agora acompanhado do colega Décio Viegas, pediu a absolvição de Carlos Ubiraci ao tribunal do júri.

O pedido de absolvição certamente reforçou os argumentos de Carlos Gregório, advogado do filho afetivo de Flordelis. Gregório já vinha ressaltando o fato de vários outros familiares do clã também saberem da tentativa de envenenamento do pastor mas nem por isso estarem sentados no banco dos réus. Contundente, chegou a lançar mão de uma passagem bíblica para convencer os jurados de que estava nas mãos deles "separar o joio do trigo, os inocentes dos culpados". E enfatizou que Carlos Ubiraci levara a Anderson a possibilidade de alguém na casa estar tentando envenená-lo:

— [*Mas*] a vítima não acreditava que estava sendo envenenada. Da mesma forma que não acreditava que Flordelis — frise-se, Flordelis — seria capaz de matá-lo. [*Para Anderson*], ela era uma deusa, um anjo, tamanha a devoção que ele tinha por ela — afirmou o advogado diante do júri.

Os argumentos de Gregório convenceram os jurados. Depois de quase 22 horas de um julgamento que varou a madrugada e só foi concluído às nove horas da manhã seguinte, o Conselho de Sentença decidiu absolver Carlos Ubiraci pelas tentativas de homicídio de Anderson por envenenamento. O réu, contudo, não escapou de ser condenado a dois anos, dois meses e vinte dias de prisão por associação criminosa armada, tipo penal ao qual todos os envolvidos no processo passaram a responder. Preso preventivamente desde 24 de agosto de 2020, como quase todos os outros réus do caso — Flordelis só seria presa um ano depois, em 13 de agosto de 2021 —, Carlos Ubiraci ganhou o benefício do livramento condicional, por já ter cumprido boa parte da pena que lhe garantia tal direito. O filho afetivo da pastora deixou a cadeia em 2 de maio de 2022.

Já Adriano, julgado por ter participado da trama que envolvia a falsa carta de Lucas endereçada a Flordelis, foi condenado a quatro anos, seis meses e vinte dias em regime semiaberto por uso de documento falso e associação criminosa armada. A Justiça concedeu a Adriano o livramento condicional, por ser réu primário e não ter registro de faltas disciplinares nos doze meses anteriores ao veredito. Quanto ao ex-PM Marcos Siqueira e Andrea, as penas foram de cinco anos e vinte dias, para ele, e de quatro anos, três meses e dez dias, para ela.

Ao ouvir a sentença, Carlos Ubiraci abraçou efusivamente seu advogado. Adriano manteve a cabeça baixa, como ao longo de todos os interrogatórios. Andrea caiu em prantos, enquanto Marcos não pareceu se comover com a pena de cinco anos. Anos antes, o ex-PM já ouvira uma sentença de 480 anos de prisão pela morte de 29 pessoas, por conta da Chacina da Baixada.

* * *

Previsto para acontecer no dia 6 de junho de 2022, o julgamento de Flordelis, Simone, Marzy, Rayane e André foi adiado novamente. Dessa feita, para o dia 12 de dezembro, por conta do argumento dos advogados de defesa dos réus de que laudos e documentos ainda não haviam sido anexados ao processo. Os jurados sorteados julgarão se Flordelis mandou ou não matar o marido, o pastor Anderson do Carmo.

AGRADECIMENTOS

Não foi uma história fácil de investigar e contar, esta que apresento aqui. Eram dezenas e dezenas de personagens a ouvir, cada um com seu trauma, sua dor, suas desconfianças e expectativas pessoais diante do futuro. Em meio ao assassinato do pastor Anderson do Carmo, o que mais me sensibilizava durante a apuração era a quantidade de crianças e adolescentes naquele ambiente conturbado de amor e ódio, alguns ainda dependentes da proteção de Flordelis e de seus descendentes. Para detalhar nuances dessa família tão complexa e em estado de choque diante de um crime brutal — que contou com a participação de alguns de seus integrantes —, precisei do apoio de certas pessoas cujos esclarecimentos foram essenciais para eu poder começar a puxar o fio desta narrativa. Assim, não tenho palavras para agradecer os inúmeros depoimentos dados por Bárbara Lomba, Carlos Werneck, Janira Rocha, Luana Vedovi, Marco Antonio Ferraz, Martinho Monteiro, Regiane Rabello, Reinaldo Leal.

A enorme boa vontade de alguns filhos adotivos e afetivos do casal de pastores e de outros parentes de ambos em me atender nas dezenas e dezenas de vezes que os procurava, para tirar esta ou aquela dúvida ou entender melhor isto e aquilo, também sempre me comovia. E, mais que isso, me permitia, a cada instante, não apenas registrar novos dados, como também retificar, confirmar ou corrigir informações anteriores. Não cito seus nomes porque, devido ao teor do assunto aqui abordado, todos me pediram anonimato ao dar suas versões, exceto as que têm sua autoria revelada nos onze capítulos aqui dispostos.

    Agradeço, ainda, o incentivo sempre carinhoso e paciente dos meus editores na Intrínseca — Jorge Oakim, Lucas Telles e Elisa Rosa —, que abraçaram de pronto este projeto e me deram o tempo necessário para que esta reportagem virasse livro. E teço um agradecimento muito especial a Kathia Ferreira, que caminhou linha a linha comigo e cuidou de cada detalhe da escrita e da organização das ideias, num preciosismo sem igual. Não posso deixar de mencionar minha amada família, que me encorajou e suportou a minha ausência enquanto eu escrevia esta que foi uma das mais complexas reportagens que já desenvolvi. Ao final, meu maior desejo é o de que este trabalho aponte para um tema candente em nosso país e carente de solução – o que envolve crianças e adolescentes desvalidos, entregues à própria sorte e sem direito a um destino justo. Ou, pelo menos, mais acolhedor e ameno.